**정신분석의
새로운 길**

*New Ways in Psychoanalysis*

by

Karen Horney

1939

# 정신분석의 새로운 길

카렌 호나이 지음 | 서상복 옮김

연암서가

옮긴이 **서상복**

서강대 철학과와 동 대학원을 졸업하고, 「W. Sellars의 통관 철학: 과학 세계와 도덕 세계의 융합」으로 박사 학위를 받았다. 서강대에서 인식론, 윤리학, 분석철학, 논리학 등을 강의했고, 현재 철학 개론과 논리와 비판적 사고를 가르치고 있다. 역서로는 『러셀 서양철학사』, 『내가 나를 치유한다』, 『부모와 자식 어른과 아이-길동무로 살아가기』, 『왜 세상이 잘못 돌아가나』, 『예일대 지성사 강의』, 『현대 언어철학』 등이 있다.

## 정신분석의 새로운 길

2022년 11월 10일 초판 1쇄 인쇄
2022년 11월 15일 초판 1쇄 발행

지은이 | 카렌 호나이
옮긴이 | 서상복
펴낸이 | 권오상
펴낸곳 | 연암서가

등 록 | 2007년 10월 8일(제396-2007-00107호)
주 소 | 경기도 고양시 일산서구 호수로 896, 402-1101
전 화 | 031-907-3010
팩 스 | 031-912-3012
이메일 | yeonamseoga@naver.com
ISBN 979-11-6087-102-9 93180

값 18,000원

# 옮긴이의 말

20세기 초 널리 지지받은 프로이트의 정신분석학을 계승한 카렌 호나이는 신경증과 심리 문제, 인간의 발달 및 성장에 대해 더 깊이 폭넓게 이해할 정신분석의 새로운 길을 모색했다. 정신의 의식과 무의식의 관계, 유년기의 경험이 인격에 미치는 영향, 임상 심리, 비정상 심리, 여성 심리, 심리 문제에 미치는 인간관계와 문화의 영향을 다룬 여러 저작을 발표했다. 1939년 출간된 『정신분석의 새로운 길』은 프로이트의 정신분석학을 비판적으로 검토한 정신분석 이론서다. 이 책에서 카렌 호나이는 프로이트의 사유를 이끈 정신분석학의 기본 원리와 일반적 전제, 리비도 이론, 오이디푸스 콤플렉스, 자기도취, 죽음 본능, 자아와 이드, 초자아, 신경증 환자의 죄책감, 여성 심리학에 대해 충분히 이해하면서 차근차근 검토한다. 이런 작업의 결과로 정신분석학의 새로운 지평을 열었다.

카렌 호나이는 프로이트 정신분석학의 어떤 논점을 비판적으로 수용하고, 어떤 심리 사실과 심리학적 문제를 추가해 정신분석학의 지평을 넓히는가?

첫째, 프로이트 정신분석학의 기본 학설이 지닌 심리학적 가치를 인정한다. 프로이트가 심리학과 정신 의학에 전해 준 가치 있는 기본 학설은 세 가지다. 심리 과정은 엄밀하게 결정되고, 행위와 감정은 무의식적 동기로 결정될 수도 있으며, 우리를 몰거나 충동하는 동기는 정서적 힘이라는 것이다. 세 기본 학설은 정신분석과 심리 문제를 이해하는 데 필수 요소다. 그러나 카렌 호나이는 프로이트의 생물학과 본능주의로 치우친 방향 감각에 이의를 제기하면서, 신경증은 최종적으로 인간관계에서 생긴 심리 장애며 정신분석 관계는 인간관계의 특별한 형태라는 점을 강조한다. 따라서 기존 심리 장애는 정신분석가와 환자의 관계에도 나타난다. 이를 인정해야 정신분석가는, 환자가 인간관계에서 겪는 장애를 정확하게 분석하고 환자에게 심리 장애의 실존과 성격 구조의 역할을 설득할 수 있다.

둘째, 프로이트가 정신분석 치료를 위한 방법론상 기본 도구로 제공한 전이, 저항, 자유 연상법의 가치를 새롭게 조명한다. 전이는 유아기 경험의 반복 강박이라는 이론적 편견을 걷어낸다면, 정신분석 치료에서 아주 중요한 역할을 할 것이다. 정신분석 작업은 환자가 저항하며 자신의 위치를 방어하는 방식을 연구할 때 완료되고, 이런 분투를 더 많이 인식할수록 정신분석 치료의 효과도 커진다. 자유 연상도 잠재 가치를 여전히 지닌 정신분석 개념이다. 정신분석가는 환자가 자유롭게 표현한 생각과 감정에서 가능한 심리 반응과 연관성, 가능한 표현 형태에 대한 지식을 더 많이 획득할 수 있다.

셋째, 프로이트의 본능 이론을 거부하고, 문화 다양성과 인간관계에 근거해 신경증을 비롯한 심리 문제를 다루자고 제안한다. 신경증을 비롯한 심리 문제가 본질적으로 내면 갈등에서 비롯한다는 프로이트의 발견을 높이 평가하지만, 내면 갈등과 인간관계의 문제가 모두 본능적 충동에 근거한다는 프로이트의 본능 이론을 거부한다. 왜냐하면 프로이트의 본능 이론에서 비롯한 음경 선망 개념과 오이디푸스 콤플렉스, 남성성과 여성성의 엄격한 구별은 특정 문화에 근거한 특수한 편견이며 보편적으로 수용될 수 없기 때문이다.

신경증은 유년기의 불리한 환경과 인간관계의 장애에서 생긴 근본 불안 때문에 발병하고, 신경증 환자는 근본 불안에 대처하려고 자기도취, 피학증, 완벽주의 경향을 계발한다. 자기도취, 피학증, 완벽주의 경향은 '신경증 경향'으로서 본능적 힘의 파생물이 아니라 개인이 미지의 위험이 가득한 세상에서 길을 찾으려는 시도다. 또한 신경증에 발현한 불안은 본능적 충동의 습격에 압도되는 것이나 '초자아'의 처벌에 대해 '자아'가 느끼는 두려움의 표현이 아니라, 특수안전장치의 작동 실패로 생긴 결과다. 신경증 환자가 선택할 수밖에 없었던 생존 전략과 수단이 필요의 허울을 쓰게 되고, 신경증 환자는 이런 가짜 필요에 내몰려서 더욱 불안해지고 심리 문제와 내면 갈등으로 괴로워한다. 신경증 환자가 가짜 필요에 내몰리는 현상은 본능적 충동의 좌절에 따른 반응이나 유아기의 경험이 아니라 환경·문화요인과 다양한 인간관계를 고려해야 이해할 수 있다.

넷째, 정신분석가가 적당한 시기에 적극적으로 개입해 환자를 돕는 정신분석 치료법을 제시한다. 프로이트는 환자가 정신분석가와 분석 상황에 보이는 정서 반응을 치료에 활용할 수 있다는 사실을 발견했다. 그러나 정신분석가가 분석 상황에서 거울처럼 수동적 자세로 있어야 한다는 프로이트의 충고는 적절치 않다. 오히려 정신분석가는 자신이 환자에게 보이는 인격적 반응을 이해해야 하고, 정신분석가와 환자가 서로 좋은 영향을 주고받으며 협력할 때, 정신분석 작업도 성공할 수 있다.

유년기의 경험과 문화 조건이 심리에 미치는 영향을 의식하지 못하는 심리치료사나 정신의학자, 정신과 의사들은 신경증과 정신병의 문제를 순수한 의료 문제로 여기기 쉽다. 물론 정신과 전문의사의 적절한 약물 처방과 환자의 정확한 약물 복용이 심각한 정신 질환 증상을 줄일 수 있다. 하지만 정신분석 치료의 목표는 심각한 증상을 없앨 뿐만 아니라 증상이 재발할 수 없을 만큼 인격의 변화를 위해 노력하는 것이다. 인격의 변화는 약물 처방으로 해결할 수 없고, 환자의 성격을 분석해야 달성할 수 있다. 환자의 성격을 분석할 때 기존 사회의 평균점을 뜻하는 정상성의 기준을 무심코 받아들여 분석 도구로 사용해서는 안 된다. 정신분석 치료의 목표는 '정상성'에 맞춘 적응이 아니라, 신경증 환자의 성격을 분석함으로써 심리 건강을 찾아 주는 것이다. 심리 건강은 '모든 역량이 나를 위해 사용될 수 있는, 내면이 자유로운 상태'다.

카렌 호나이의 『정신분석의 새로운 길』은 신경증을 비롯한 심리 문제로 고민하는 사람들에게 해결의 실마리를 제공한다. 신경증은 개인이 힘들고 어려운 환경과 조건에서 살려고 몸부림치는 특이한 종류의 분투고, 신경증의 핵심은 자기와 타자의 관계에서 생기는 장애와 거기서 비롯한 갈등이다. 정신분석의 목표는 '신경증 경향'을 없애도록 환자의 불안을 덜어주는 것이다. 더 나아가 환자가 자발성을 회복하고 가치의 척도를 스스로 찾아서 살아갈 용기를 얻도록 돕는 것이 정신분석 치료의 목표다.

서상복

# 서론

**정신분석** 이론을 내가 비판적으로 재평가하겠다고 마음먹은 것은 치료의 결과가 만족스럽지 않아서다. 정신분석에 대해 우리가 승인한 지식은 시원한 해결책을 제공하지 못했고, 거의 모든 환자가 풀리지 않는 문제를 남겼다.

정신분석가들이 대부분 그렇듯, 처음에 나도 치료의 결과로 남은 불확실성을 경험이나 이해의 부족, 또는 맹점 탓으로 돌렸다. 노련한 동료들조차 프로이트나 자신들이 '자아'를 무엇으로 이해했는지, 가학증 자극이 왜 '항문 성욕'과 연계되었는지, 다른 여러 경향이 왜 잠복한 동성애의 표현으로 여겨졌는지 같은 문제로 당혹스러워하면서도 만족스러운 대답을 하지 못했던 기억이 난다.

나는 프로이트의 여성 심리학을 읽었을 때 처음 정신분석 이론이 유효한지 능동적으로 의심하기 시작했고, 프로이트의 죽음 본능이라는 기본 전제(postulate)에 이르자 의심은 더욱 커졌다. 하지만 정신분석 이론을 비판적으로 들여다보기 시작한 것은 몇 해 전의 일이다.

이 책의 전반에 걸쳐 살펴보겠지만, 프로이트가 서서히 펼쳐낸 이론 체계는 일관성이 있다. 그래서 프로이트의 이론에 한번 발을 들여놓은 사람은 독특한 사고 체계에 빠져들어 편견 없이 관찰하기 어렵다. 누구든지 프로이트가 받아들인 이론 체계의 전제들이 논란의 여지가 있음을 인지해야 비로소 오류의 원천을 분명하게 통찰할 수 있다. 나는 15년 이상 지그문트 프로이트의 이론을 일관되게 응용한 정신분석가로 활동했으므로, 이 책에서 다루는 주제를 비판할 자격이 충분하다.

비전문가뿐만 아니라 많은 정신과 의사가 정통 정신분석학에 느끼는 저항은, 정서적 원천뿐 아니라 여러 이론의 논란이 될 만한 특성에서 기인한다. 비판하는 사람들은 정신분석학이 완전히 논박되었다는 주장에 자주 기댄다. 그러나 이는 의심스러운 점과 함께 유효한 점까지 제거해서 정신분석이 본질적으로 제공해야 할 핵심을 놓치기 때문에 유감스러운 일이다. 일련의 정신분석 이론에 대해 비판적 입장을 많이 밝힐수록, 프로이트가 발견한 기본 원리에 건설적 가치가 있음을 실감했고, 심리 문제의 이해를 위한 길도 여러 갈래로 뻗어나갔다.

따라서 이 책의 목적은 정신분석학의 잘못된 점을 보여주는 것이 아니라, 논란이 될 만한 요소를 제거해서 정신분석학의 잠재력을 최대로 펼쳐내는 것이다. 내가 이론을 고찰하고 실제 치료에 응용한 경험에 비추어보면, 역사적으로 결정된 일정한 이론적 전제들과 거리를 두고 거기서 생겨난 불필요한 이론들을 제거하면 이해할 수 있는 문제의 범위는 아주 넓어진다.

간략히 말해 정신분석학이 본능주의 심리학과 발생 심리학[1]으로 변모해서 그어진 한계를 넘어서야 한다고 나는 확신한다. 프로이트는 발생 심리학과 관련해 나중에 나타난 심리의 특이한 점(peculiarities)을 대부분 유아기의 충동이나 반응의 직접적 반복으로 여기곤 한다. 따라서 바탕에 놓인 유아기의 경험이 제거되면 나중에 나타난 심리 장애가 사라질 것이라고 프로이트는 기대한다. 특이한 점의 발생에 대한 이런 일면적 강조를 포기할 때, 나중에 나타난 심리의 특이한 점과 유년기 경험의 관계는 프로이트가 가정한 것보다 훨씬 복잡한 현상임을 알 수 있다. 고립된 경험의 반복 같은 것은 없다. 유아기의 경험이 전부 결합해서 특정 성격 구조를 형성하고, 이런 구조에서 어려운 심리 문제가 발생한다. 따라서 실제 성격 구조에 대한 분석이 전면에 등장하고 주목받는다.

정신분석학의 본능주의로 치우친 방향 감각에 대해 다음과 같이 말할 수 있다. 성격 경향은 본능적 충동의 최종 결과로 설명되지 않

---

1   (옮긴이) 발생 심리학(genetic psychology)은 심리 발달의 일반적 경향이나 법칙, 심리 발달의 단계적 특성을 연구하는 심리학의 한 분야다. 'genetic psychology'는 현재 심리학의 발전 경향을 고려할 때 '유전 심리학'으로 옮길 수도 있을 듯하다. 유전 심리학은 '행동 유전학'이라고 불리는 과학 연구 분야로 행동과 관련된 개체 차이의 본성과 기원을 탐구하기 위해 유전학적 방법을 사용한다. 행동 유전학이라는 이름은 유전적 영향에 초점이 맞춰진 것이지만, 행동 유전학은 유전 및 환경 요인이 개체 차이에 영향을 주는 정도를 넓게 탐구한다. 본문에서 유전학적 방법을 뚜렷하게 언급하지 않으므로 '발생 심리학'으로 옮겼다.

으며, 단지 환경으로 개조되는 것이 아니다. 그러면 우리는 성격을 형성하는 삶의 조건을 온전히 강조하고 신경증[2]과 얽힌 갈등의 환경 요인을 새롭게 탐색해야 한다.

신경증 발병의 결정적 원인은 인간관계에서 발생하는 장애다. 그러면 사회학이 해부 생리학을 대신한다. 성욕 이론에 암시된 쾌락 원리에 대한 일면적 고찰이 철회될 때, 안전을 위한 분투가 더 중요해지고 안전한 삶을 위해 분투하며 발생하는 불안의 역할이 새롭게 드러난다. 여기서 신경증 발병과 관련된 요인은 오이디푸스 콤플렉스나 어떤 종류든 유아기의 쾌락 추구가 아니다. 아이가 무력하고 무방비 상태에 놓여 있으며, 세상을 위협이 잠재하는 곳으로 여기게 되는 모든 불리한 영향이 신경증 발병의 요인이다. 아이는 잠재적 위험에 두려움을 느껴 세상에 어느 정도 안전하게 대처하도록 허용하는 몇 가지 '신경증 경향'을 발달시킬 수밖에 없다. 이런 점에서 볼 때 자기 도취, 피학증, 완벽주의 경향은 본능적 힘의 파생물이 아니라 일차적으로 개인이 미지의 위험이 가득한 광야에서 길을 찾으려는 시도다. 신경증에 발현한 불안은 본능적 충동의 습격에 압도되는 것이나 가설로 세운 '초자아'의 처벌에 대해 '자아'가 느끼는 두려움의 표현이 아니라, 특수 안전장치의 작동 실패로 생긴 결과다.

---

2 (옮긴이) 이 책을 읽는 독자라면 이미 신경증이 정신분석학의 핵심어라는 점을 알 테지만, 신경증을 간략히 정의하고 넘어가자. 심리학과 정신 의학에서 신경증(神經症, neurosis)은 신경계를 바탕으로 욕구하고 생각하고 행동하는 인간이 신체 기관의 결함과 상관없이 앓는 기능상 심리 장애를 넓게 의미한다. 신경증의 증상으로는 불안과 방어, 내면 갈등과 타협할 때 나타나는 행동 장애, 감각 장애, 사고 장애 등이 있다.

이렇듯 관점의 근본적 변화가 개인의 정신분석에 미치는 영향은 이어지는 장에서 논의하겠다. 여기서는 일반적 함축을 몇 가지 지적하는 것으로 충분하다.

성과 관련된 문제는 때때로 증상의 그림에서 우세할 수도 있지만, 더는 신경증의 역동적 중심에 있는 것으로 고려되지 않는다. 성과 관련된 어려움은 신경증 성격 구조의 원인이 아니라 결과다.

다른 한편 도덕 문제가 중요해진다. 환자가 표면상 분투하는 ('초자아' 문제나 신경증에 사로잡힌 죄책감 같은) 도덕 문제는 액면 그대로 받아들이면 막다른 골목에 이르는 것처럼 보인다. 이는 가짜 도덕 문제로 드러난다. 그러면 환자가 모든 신경증과 얽힌 진짜 도덕 문제에 직면하고 태도를 정하게 돕는 일도 정신분석 치료의 필수 과제가 된다.

끝으로 '자아'가 본능적 충동을 실행하거나 견제하는 기관으로 고려되지 않을 때 의지력과 판단력, 의사 결정 능력 같은 인간으로서 지닌 능력이 존엄한 지위를 되찾는다. 이때 프로이트가 기술한 '자아'는 보편적 현상이 아니라 신경증 현상으로 드러난다. 그러면 자발적인 개인의 자기가 왜곡되는 현상은 신경증이 발병하고 유지되는 동안에 적어도 가장 중요한 요인이라고 인정해야 한다.

따라서 신경증은 개인이 힘들고 어려운 조건에서 살려고 몸부림치는 특이한 종류의 분투다. 신경증의 핵심은 자기와 타자[3]의 관계

---

3    (옮긴이) 'other'는 내가 아닌 다른 사람을 나타낼 때 '남'이나 '타인'으로 옮기고, 자기를 뺀 나머지 다른 모든 것을 나타낼 때 '타자'라고 옮겼다. '타자'는 사람뿐 아니라 다른 모든 종에 속한 개체들과 추상적인 대상, 유령이나 정령, 절대자 또는 신을 전부 포함하는 용어다.

에서 생기는 장애와 거기에서 비롯한 갈등이다. 신경증에서 고려할 요인을 두고 일어난 강조점의 전환은 정신분석 치료의 과제를 상당히 확대한다. 이때 치료의 목표는 환자가 본능을 지배할 힘을 얻도록 돕는 것이 아니라 '신경증 경향'을 없앨 수 있도록 불안을 덜어주는 것이다. 더 나아가 개인이 자기 자신과 자발성을 되찾아 스스로 중심을 잡도록 도와야 한다는 완전히 새로운 치료 목표가 등장한다.

작가는 책을 씀으로써 이득을 제일 많이 본다고 한다. 나는 이 책을 써서 이득을 보았다. 생각을 글로 써야 할 필요가 명료하게 표현하도록 도왔다. 다른 사람이 이익을 얻는지는 아직 알 수 없다. 정신분석학이 전제한 여러 이론적 주장이 유효하다고 확신하지 못하는 정신분석가와 정신 의학자, 정신과 의사가 많을 것이다. 그들이 나의 공식 진술을 모두 수용하기를 기대하지 않는다. 왜냐하면 나의 공식 진술은 완전하지도 않고 최종적이지도 않기 때문이다. 새로운 '정신분석' 학파의 시작을 의미하지도 않는다. 하지만 나의 공식 진술이 유효한지 시험할 수 있을 만큼 명료하게 드러나기를 바란다. 또한 정신분석학을 교육과 사회복지 사업, 인류학에 적용하려고 진지하게 관심을 기울이는 사람들이 맞닥뜨린 문제의 명료화에 조금이나마 도움을 받게 되기를 기대한다. 끝으로 정신분석학이 놀랍기는 해도 실체적 근거가 없는 가정일 뿐이라며 거부하는 정신 의학자와 정신과 의사, 또는 비전문가들이 이 책을 읽고서 정신분석학이 원인과 결과를 다룬 과학이자 우리 자신과 타인을 이해하기 위한 유일하게 가치가 있는 건설적 도구라는 관점도 얻게 되기를 기대한다.

내가 정신분석 이론의 유효성을 어렴풋이 의심하던 시기에 하랄트 슐츠 헨케와 빌헬름 라이히가 용기를 북돋워 주었다. 헨케는 유아기의 기억이 정신분석 치료에서 가치를 지니는지 의문을 제기하고, 실제 갈등 상황을 일차적으로 분석할 필요성을 강조했다. 라이히는 당시 성욕 이론에 대한 논쟁에 참여해, 신경증 환자의 방어 성격에 나타난 경향을 먼저 분석할 필요성을 지적했다.

나의 비판적 태도에 영향을 미친 다른 요인은 더 일반적이다. 막스 호르크하이머의 영향으로 뼈저리게 깨달은 철학과 관련된 몇 가지 개념을 해명하면서, 프로이트 사고의 심리적 전제를 인지하게 되었다. 미국에 정착해 독단적 믿음에서 더욱 자유로워지면서 정신분석 이론을 당연히 받아들여야 한다는 의무감을 덜게 되었고, 내가 옳다고 생각한 방침에 따라 전진할 용기가 생겼다. 그뿐 아니라 여러모로 유럽과 다른 미국 문화에 익숙해지면서, 많은 신경증 환자의 갈등이 최종적으로 문화 조건으로 결정된다는 점을 실감하게 되었다. 특히 에리히 프롬의 저작을 읽으면서 견문을 넓혔다. 프롬은 논문과 강연에서 프로이트의 저작이 문화적 방향 감각이 부족하다고 비판했다. 그는 개인 심리학의 많은 문제, 예컨대 자기 상실(the loss of self)이 신경증에서 갖는 핵심 의의를 밝힐 새로운 관점을 제공했다. 내가 이 책을 쓸 때는, 심리학에서 사회적 요인의 역할을 다룬 프롬의 체계적 진술이 아직 발표되지 않은 상태여서 많은 경우에 인용 출처를 밝히지 못했다.

책을 편집하고 초고가 명쾌한 구조로 짜이도록 건설적 비판과 제언을 하면서 도와준 엘리자베스 토드 양에게 고마운 마음을 전한다. 비서 업무를 수행한 마리 레비 여사에게 감사한다. 그녀의 지칠 줄 모르는 노동과 섬세한 이해력은 값을 매길 수 없을 만큼 소중했다. 내가 영어를 더 잘 이해하도록 도와준 앨리스 슐츠 양에게도 신세를 졌다.

차례

# 1장 ᗡᗡ　정신분석의 기본 원리

Fundamentals of Psychoanalysis

**프로이트** 심리학의 기본 원리를 구성한 것이 무엇이냐를 두고 의견이 엇갈린다. 심리학을 자연 과학으로 만들려는 시도인가? 감정과 분투의 원천을 최종적으로 '본능'에 돌리려는 시도인가? 너무 많은 도덕적 분개를 일으킨 성욕 개념의 확장인가? 오이디푸스 콤플렉스[1]의 일반적 중요성에 대한 믿음인가? 인격이 '이드', '자아', '초자아'로 나뉜다는 가정인가?[2] 유년기에 형성된 삶의 양식이 되풀이된다

---

1　(옮긴이) 오이디푸스 콤플렉스(Oedipus complex)는 지그문트 프로이트(Sigmund Freud, 1856~1939)가 『꿈 해석』(1899)에서 도입하고 「남자의 특별한 유형의 대상 선택」(1910)에서 상세히 설명했다. 오이디푸스 콤플렉스란 남아가 아버지를 미워하고 어머니와 성관계를 바라는 복잡한 감정으로서 보편적으로 나타난다고 프로이트는 주장한다. 이런 바람은 무의식적일 수도 있다. 나중에 프로이트는 남아와 여아가 둘 다 오이디푸스 콤플렉스의 영향을 받는다고 주장했다. 오이디푸스 콤플렉스 탓에 남아는 거세 불안을 경험하고 여아는 남성 성기 선망을 갖게 된다는 것이다. 반면에 카렌 호나이는 오이디푸스 콤플렉스가 보편적으로 나타나지 않고, 신경증을 일으키는 문화 요인의 특수한 경우일 뿐이라고 여러 저서에서 논박했다.

는 개념과 생애 초기 경험을 되살림으로써 치료 효과를 보리라는 기대인가?

방금 질문형으로 말한 모든 것은 의심할 여지 없이 프로이트의 심리학을 형성한 중요한 부분이다. 그러나 이런 부분을 전체 체계의 중심에 놓을지, 또는 주변부 이론의 정교한 설명으로 여길 것인지는 가치 판단에 의존한다. 나중에 드러날 테지만 이 모든 이론은 비판에 열려 있고, 중심에 놓인 축이라기보다 오히려 정신분석이 짊어진 역사적 부담으로 여겨야 한다.

그러면 프로이트가 심리학과 정신 의학에 전해 준 건설적 요소이자 불멸의 가치는 무엇인가? 간추려 말해보자. 프로이트가 기본 원리를 발견한 이래, 관찰과 사고의 지침으로서 그런 원리를 이용하지 않고서는 심리학과 정신 의학 분야에서 중요한 아무 일도 하지 못했다. 프로이트가 발견한 기본 원리를 폐기할 때 새로운 발견의 가치도 줄어들었다.

기본 개념을 제시할 때 생기는 어려운 문제 가운데 하나는 논란의 여지가 있는 학설과 자주 뒤얽힌다는 점이다. 기본 개념의 핵심을 지

---

2   (옮긴이) 이드(id), 자아(ego), 초자아(super-ego)는 정신분석 이론에서 프로이트의 정신 구조 모형을 이룬 세 부분이고 상호 작용하면서 구별되는 개념이다. 세 부분은 인격의 활동과 정신생활을 기술하는 이론 구성물이다. 정신의 자아 심리 모형에서 이드는 통제되지 않는 본능적 욕구의 흐름이고, 초자아는 비판적으로 판단하고 도덕에 따르도록 만드는 역할을 하고, 자아는 이드의 본능적 욕구와 비판적으로 판단하는 초자아 사이에서 중재하는 조직적이고 현실적인 동작의 주체다. 라틴어 'id(이드)'와 독일어 'es(에스)'는 둘 다 '그것'을 나타내는 지시대명사다. 정신분석학이 발달하던 때 독일에서 본능적 욕구의 흐름을 가리키는 말로 'es'와 'id'가 경합을 벌였고, 'id'라는 용어가 최종적으로 살아남았다.

적하려면, 일정한 이론적 함축을 없애는 작업이 필요하다. 따라서 대중적 발표처럼 보일 수도 있는 작업은 기본 원리를 해명하려는 목적의식이 강한 시도다.

나는 프로이트의 발견 가운데 세 학설을 가장 기본적이고 중요한 의의가 있다고 여긴다. 첫째, 심리 과정은 엄밀하게 결정된다. 둘째, 행위와 감정은 무의식적 동기로 결정될 수도 있다. 셋째, 우리를 몰거나 충동하는 동기는 정서적 힘이다. 여기에 언급한 세 학설은 밀접한 관계가 있으므로, 다소 임의적이라도 어느 것이든 먼저 논의하기 시작해도 괜찮다. 내가 보기에 무의식적 동기 학설은 진지하게 받아들일 경우, 여전히 첫 자리를 차지할 만하다. 무의식적 동기라는 개념은 일반적으로 승인되지만, 함축이 충분히 이해되지 않는 경우가 많다. 아마도 스스로 알아채지 못했던 태도나 목표의 위력(power)을 자신의 내부에서 발견한 경험을 해본 적이 없는 사람은 무의식적 동기 개념을 파악하기 어려울 것이다.

환자에게 완전히 무의식적인데 환자 자신이 실제로 있다고 느꼈으나 삶에 미친 결과가 얼마나 중요한지 모르는 자료를, 정신분석가들이 현실적으로 들추어낸 적이 없다고 정신분석의 비판자들은 주장한다. 이런 쟁점의 명료화를 위해, 지금까지 무의식적 태도를 들추어내지 못한 경우에 실제로 벌어진 일을 떠올려보자. 전형적 예를 들면 다음과 같다. 분석 상황에서 얻은 관찰 자료에 따르면, 어떤 환자는 자신이 실수하지 않으려고 억지로 행동한 적이 없는 것처럼 보이고, 이런 모든 분투를 합리적 회의론의 장막 뒤에 숨기면서 자신이 언제나 옳으며 모든 것을 다른 누구보다 더 잘 알고 있음이 분명하다고 말한다. 환자는 이런 암시가 어쩌면 유효할지도 모른다고 깨달을 때, 자신이 추리 소설을 읽으면서 명탐정의 관찰과 결론을 알아맞힐 때마다 짜릿함을 느끼고, 고등학교 시절 야망이 아주 컸음을 떠올릴 수도 있다. 자신이 토론을 잘한 적이 없으며 다른 사람들의 의견에 쉽게 흔들리지만, 말했어야 할 것에 관해 몇 시간이고 되새기며 생각할 수 있음을, 언젠가 열차 시간표를 읽을 때 실수한 다음 기분이 몹시 상했던 적이 있음을, 자신이 언제나 의심스러운 아무것도 말하거나 쓰지 못해서 가능한 만큼 생산적이지 않았음을, 마술사가 공연에서 부린 속임수를 즉각 이해할 수 없을 때 지독한 피로감이 몰려오리라는 점을 떠올릴지도 모른다.

환자는 무엇을 알아채고 알아채지 못했는가? 환자는 '옳다는 것 (to be right)'이 자신에게 갖는 호소력을 알아챘지만, 적어도 이런 태도가 삶에 미친 중요한 결과를 알아채지는 못했다. 환자는 이를 대수롭지 않은 특이한 점으로 여겼다. 자신의 중요한 반응과 억제 가운데 몇몇이 옳다는 태도와 어떤 방식으로 연결되어 있음도 알아채지 못했다. 물론 왜 자신이 언제나 옳은지도 알지 못했다. 이는 환자가 그 점에 대해 중요한 모든 것을 알아채지 못했음을 의미한다.

무의식적 동기 개념에 대한 반론은 지나치게 형식주의적 관점에서 제기된다. 태도를 알아챔은 태도의 실존에 대한 지식뿐만 아니라 태도의 강력함과 영향에 대한 지식, 태도의 결과와 기능에 대한 지식도 포괄한다. 이에 미치지 못한다면, 이따금 얼핏 흐릿하게 알아챌지 몰라도, 태도가 무의식적이었다는 뜻이다. 우리가 실은 어떤 무의식적 경향도 결코 발견할 수 없다는 추가 반론은 수많은 사례에 비추어 사실과 어긋난다. 타인에 대한 의식적 태도가 타인을 무차별적으로 좋아하는 것이었던 환자의 예를 살펴보자. 환자가 타인을 좋아하지 않고 단지 좋아해야 할 의무감을 느낄 뿐이라는 주장이 대번에 정곡을 찌를 수도 있다. 이것은 환자가 언제나 흐릿하게 알아챘으나 감히 인정하지 않았던 느낌이다. 환자가 타인에게 보이는 우세 감정이 경멸이라는 추가 암시는 완전히 새로 드러난 사실로서 깊은 인상을 주지 못할 수도 있다. 경멸감의 깊이와 정도를 실감하지 못하지만, 자신이 이따금 다른 사람들을 경멸했음을 환자는 알았다. 그러나 여기서 경멸감이 타인을 깔보는 경향의 결과였다고 덧붙이면 환자는 무척 생소하게 여길 수도 있다.

프로이트의 무의식적 동기 개념의 중요성은 무의식적 과정이 실존한다는 진술이 아니라 그런 과정의 특별한 두 측면에 있다. 하나는 분투를 의식에서 밀쳐내거나 알아채지 못하게 하는 것이 분투가 실제로 있다는 것과 분투의 효력을 막지 못하는 측면이다. 예를 들어 우리는 이유를 모르지만 언짢거나 우울해질 수도 있다. 진짜 동기를 모른 채 대부분의 중요한 결정을 내리기도 한다. 우리의 관심, 확신, 애착은 우리가 알지 못하는 힘(forces)이 결정할 수도 있다. 다른 하나는 일정한 이론적 함축을 벗겨낼 경우, 무의식적 동기들이 우리가 그것들을 알아채지 않으려는 데 관심이 있어서 무의식 상태로 남는다는 측면이다. 이렇게 일반적 공식으로 압축된 후자 학설은 심리 현상에 대한 실천과 이론을 둘 다 이해하는 열쇠다. 만약 무의식적 동기를 찾아내려고 시도한다면, 우리는 투쟁해야 할 것이다. 왜냐하면 우리의 어떤 관심이 위태로워지기 때문이다. 간결한 용어로 이를 '저항(resistance)'이라고 부르며, 심리 치료에서 제일 중요한 개념이다. 충동들을 의식하지 않으려는 관심의 본성에 대한 관점의 차이는 비교적 덜 중요하다.

프로이트는 무의식적 과정과 그런 과정의 결과를 인정한 다음에 비로소 가장 건설적인 것으로 입증된 다른 기본 확신에 도달할 수 있었다. 여기서 말한 기본 확신은 심리 과정이 물리 과정으로 엄밀하게 결정된다는 작업가설(working hypothesis)이다. 그것은 이제껏 부수적이거나 무의미하거나 신비스럽게 여겨지던 일상생활에 속한 꿈과 환상, 오류 같은 심리 발현을 다루도록 허용했다. 그리고 지금까지 유기체적 자극들(organic stimuli)로 여기던 현상을 심리학적으로 이해하도록 고무했다. 예를 들어 불안 꿈의 심리적 토대, 수음의 심리적 귀결, 신경증 발작의 심리적 결정, 기능성 질병의 심리적 결정 요인, 일할 때 피로감을 만든 결정 요인에 대해 심리학적으로 이해할 길이 열렸다. 그때까지도 외부 요인의 탓이라고 여겨서 심리학적으로 관심을 받지 못하던 일(occurrences), 예컨대 사고를 자초할 때 뒤얽힌 심리 요인, 일정한 습관을 형성하고 유지할 이유의 심리적 역동성, 예전에 숙명이라고 여기던 반복 경험의 심리적 이해에 대한 건설적 접근이 가능해졌다.

이런 문제와 관련된 프로이트 사고의 중요한 의의는, 해결책이 아니라 이해를 위해 문제에 접근하도록 만든 데서 찾을 수 있다. 예컨대 반복 강박(repetition compulsion)은 만족스러운 해결책과 확실히 거리가 멀다. 사실상 심리 과정이 결정된다는 학설은 정신분석의 전제 가운데 하나로, 이 전제가 없다면 우리는 일상 분석 작업에서 한 발짝도 내디딜 수 없다. 이를 받아들이지 않고서 우리는 환자의 반응 가운데 단 하나도 이해하기를 바랄 수 없을 것이다. 더욱이 심리 과정이 결정된다는 학설은 어떤 환자의 상황에 대한 이해에 빈틈(gaps)이 실제로 있다고 인정하고, 더 완전하게 파악하기 위해 질문을 던질 수 있게 만든다. 예를 들어 자신이 중요하며 가치가 있다는 환상을 품고, 이어서 자신의 중요한 가치를 세상으로부터 인정받지 못해 세상을 향해 강한 적대 반응을 보인 환자가 비현실감(feelings of unreality)에 사로잡힌다는 점을 알아낸다. 이런 적대 반응이 일어나는 동안 비현실감이 나타난다는 점을 알아내고, 비현실감이 환상 속으로 도망칠 출구이자 견딜 수 없는 현실 상황에 대한 철저한 평가절하를 표상한다고 임시로 가정할 수도 있다. 그렇지만 심리 과정이 결정된다는 학설을 마음에 새길 때, 비현실감에 사로잡히지 않는 일반적으로 유사한 구조의 다른 환자들을 보는 경우 어떤 특정 요인이나 요인들의 결합에 대한 우리의 이해가 부족할 수밖에 없다고 인정할 수 있다.

심리 과정이 결정된다는 학설은 양적 요인의 평가에도 마찬가지로 적용된다. 예컨대 만약 정신분석가의 목소리에 약간 드러난 조급한 어조 같은 대수롭지 않은 도발로 환자의 불안이 상당한 정도로 커진다면, 원인과 결과의 불균형은 정신분석가에게 어떤 문제를 제기하는가? 만약 정신분석가가 순간적으로 드러낸 조바심이 강렬한 불안을 초래할 수 있다면, 환자는 기본적으로 자신을 대하는 정신분석가의 태도에서 불확실성을 느낄 수도 있다. 무엇이 이런 불확실성의 정도를 설명하는가? 환자를 대하는 정신분석가의 태도는 왜 이토록 중요한가? 혹시 환자는 정신분석가에게 완전히 의존한다고 느끼는가? 만약 그렇다면 왜 그런가? 불확실성은 환자의 모든 관계에 나타날 만큼 큰가? 아니면 정신분석가와 환자의 관계에서 불확실성을 높이는 특별한 요인이 있는가? 요컨대 심리 과정이 엄밀하게 결정된다는 작업가설은 우리에게 명확한 단서를 주고 우리가 심리 관계를 더 깊이 꿰뚫어 보도록 고무한다.

정신분석 사고의 셋째 기본 원리는 역동적 인격 개념이라고 불렸고, 이미 언급한 두 원리에 함축되어 있다. 정확히 말해 이 원리는 우리의 태도와 행동의 동기가 정서적 힘(emotional forces)에 있다는 일반적 가정이자 어떤 인격 구조든 이해하려면 갈등하는 특성이 있는 정서적 충동을 알아내야 한다는 구체적 가정이다.

방금 말한 일반적 가정이 합리적 동기와 조건 반사, 습관 형성을 다루는 심리학에 비해 건설적 가치와 무한한 우월성을 지닌다는 점은 굳이 지적할 필요도 없다. 프로이트에 따르면 이런 충동하는 힘들(driving forces)은 자연적으로 성 본능이나 파괴 본능의 지배를 받는다. 그런데 만약 우리가 이런 이론적 측면을 버리고, '리비도'[3]를 정서적 충동(emotional drives), 자극(impulses), 필요나 욕구(needs), 정념

(passions)으로 대체한다면, 우리는 그 일반적 가정의 핵심을 알아보고, 이런 가정이 인격을 이해할 때 어떤 가치를 지니는지 평가할 수 있다.

　내면 갈등의 중요성에 대한 구체적인 가정은 신경증을 이해하는 열쇠가 되었다. 이 발견의 논란이 될 만한 부분은 뒤얽힌 갈등의 본성에 관한 것이다. 프로이트에게 갈등은 '본능'과 '자아' 사이에서 생긴다. 그는 본능 이론을 갈등 개념과 묶었고, 이 결합은 격렬한 공격을 받았다. 나도 프로이트의 본능주의로 치우친 방향 감각을 정신분석학의 발전을 가로막는 가장 큰 걸림돌로 여긴다. 그런데 이런 논쟁의 압박 속에서 강조점은 갈등 개념의 본질적 부분, 바로 갈등의 중심적 역할에서 논란의 여지가 있는 부분인 본능 이론으로 이동했다. 내가 왜 갈등 개념을 근본적으로 중요하게 여기는지 지금 길게 설명하는 것은 맞지 않지만, 본능 이론을 통째로 버릴 때도 신경증이 본질적으로 갈등의 결과라는 사실은 여전하다는 점을 이 책의 전반에 걸쳐 상세히 설명할 것이다. 이론적 가정이라는 장애물을 만났는데도 이를 알아보았던 사실이 프로이트의 통찰력을 입증한다.

---

3　(옮긴이) 리비도(libido)는 어떤 사람의 전반적 성욕을 가리키는 정신분석학의 전문 용어로 생물, 심리, 사회 요인의 영향을 받는다. 생물학적으로 성호르몬과 신경 전달물질 따위가 인간의 리비도를 조절한다. 일과 가족 같은 사회 요인, 인격과 압박감 같은 내부 심리 요인, 내과 질환과 약물 치료, 생활 양식, 친족 관계, 사춘기와 갱년기 같은 나이도 리비도에 영향을 미칠 수 있다. 갑자기 리비도가 증가하는 사람은 성욕과다증을 경험하고, 정반대 증상은 성욕저하증이라고 부른다. 정신분석 이론에서 리비도는 특히 성 본능과 결합한 심리적 충동이나 기력이지만, 본능적인 다른 욕구와 충동에도 나타난다.

프로이트는 성격과 신경증이 형성될 때, 무의식적 과정이 중요하다는 점을 드러냈을 뿐 아니라 이런 과정의 역동성에 대해 가르쳤다. 프로이트는 정동(affect)[4]이나 자극(impulse)을 알아채지 못하게 만드는, 다시 말해 차단하는 작용을 억압이라고 불렀다. 억압 과정은 타조 정책[5]과 비교할 수 있다. 억압된 정동이나 자극이 예전과 마찬가지로 효과를 내지만, 우리는 그것이 실제로 없는 척하며 '가식'을 부린다. 억압과 가식의 차이는 흔한 의미로 억압이 일어날 때 주관적으로 충동이 없다고 확신한다는 것뿐이다. 이런 목적을 이루려면 다른 방어 수단이 필요하다. 방어 수단은 어림잡아 두 무리로 구별한다. 하나는 충동 자체에 변화를 일으키고, 다른 하나는 충동의 방향만 바꾼다.

엄밀히 말해 방어의 첫째 무리만 억압이라고 불릴 자격이 충분한

---

4　(옮긴이) 심리학에서 정동(精動, affect)은 느낌, 정서, 기분의 기저 경험(underlying experience)을 가리키는 용어다. 정동 상태는 세 가지 주요 양상에 따라 변한다. 유의(留意, valence)는 개인의 경험에 대해 긍정과 부정 평가의 주관적 범주다. 정서 유의는 정서의 귀결, 유도 상황, 또는 주관적 느낌이나 태도를 가리킨다. 각성(覺醒, arousal)은 교감 신경계의 활성화로 객관적으로 측정할 수 있지만, 자신의 심리 상태를 보고하면서 주관적으로 평가할 수도 있다. 동기의 강도 및 세기는 행위 충동, 자극을 지향하거나 회피하고, 자극과 상호작용하거나 상호작용하지 않음을 나타낸다. 단지 움직이는 것은 접근 또는 회피 동기로 여기지 않는다. 각성이 동기의 강도와 다르다는 점은 중요하다. 각성은 동기의 강도와 밀접한 관계가 있고, 동기는 필연적으로 행위를 함축하지만, 각성은 그렇지 않다.

5　(옮긴이) 타조 정책(ostrich policy)은 타조가 궁지에 몰리면 모래 속에 머리를 처박고 자기가 숨은 것처럼 시늉한다는 속설에서 유래한 용어다. 자기를 기만하는 현실도피 행동이나 무사안일주의로 옮길 수도 있다.

데, 왜냐하면 정동이나 자극이 실제로 있다는 것을 확실히 알아채지 못하게 만들기 때문이다. 이런 결과로 이어지는 주요 방어는 반응 형성과 투사다. 반응 형성은 보상적[6] 특성(compensatory character)을 띠기도 한다. 실존하는 잔혹성은 겉으로 과잉 친절을 보임으로써 보상될 수도 있다. 타인을 착취하는 경향은 억압되면 어떤 사람의 요구에 관해 지나치게 겸손한 태도를 보이거나, 또는 뭔든 요청하기에 관해 소심한 태도를 보인다. 실존하는 억압된 적개심은 사심 없는 태도로 감춰지고, 억압된 애정 갈망은 "나는 아무것도 신경 쓰지 않아"라는 식의 태도로 감춰지기도 한다.

정동을 타인에게 투사해도 같은 결과에 이른다. 투사 과정은 타인이 우리와 같은 방식으로 느끼거나 반응한다고 소박하게 가정하는 경향과 본질적으로 다르지 않다. 때때로 투사는 단지 그런 경향일 수도 있다. 예를 들어 만약 환자가 모든 종류의 갈등과 얽혀 있음에 대해 자신을 경멸한다면, 환자는 정신분석가도 비슷하게 자신을 경멸

---

6    (옮긴이) 심리학에서 보상(補償)은 어떤 분야에 드러난 약점, 좌절, 욕구, 불충분하거나 무능하다는 느낌을 다른 분야에서 얻는 만족감이나 탁월함으로 은폐하는 전략이다. 보상 전략은 현실적이거나 상상한 결함과 인격이나 신체의 열등감을 감출 수 있다. 긍정 보상은 난관을 극복하도록 도울 수도 있지만, 열등감의 강화로 귀결되는 부정 보상은 그럴 수 없다. 부정 보상에는 과잉 보상과 과소 보상이 있다. 과잉 보상은 권력욕, 우세, 자존감, 자신에 대한 평가 절하로 이어진다. 반면에 과소 보상은 용기 부족과 삶에 대한 두려움으로 이어진다. 과잉 보상 실패의 잘 알려진 예는 중년의 위기를 겪는 사람들에게서 찾을 수 있다. 중년기로 접어든 사람들은 대체로 보상 행위를 포함해 심리 방어를 유지할 기력이 부족하다고 느낀다. 개인 심리학의 창시자 알프레드 아들러(Alfred Adler, 1870~1937)는 열등감과 관련해 보상이라는 용어를 도입했고, '보상'은 현재 심리학과 심리 치료 분야에서 일반적으로 받아들이는 중요한 개념이다.

한다고 가정할 수밖에 없다. 여기까지는 투사가 무의식적 과정과 연결되지 않는다. 그러나 어떤 자극이나 느낌이 또 다른 사람에게 엄연히 있다는 믿음은 그 충동이나 느낌이 자신 안에 엄연히 있다는 것을 부정하기 위해 이용되기도 한다. 이런 전위[7]는 여러 이점이 있다. 예를 들어 남편의 혼외정사 소망이 아내에게 투사되면, 남편은 자신의 자극을 의식에서 없앴을 뿐만 아니라 그 결과로 아내보다 우월하다고 느끼며, 아내에게 달리 보증되지 않는 온갖 적개심을 의심과 비난의 형태로 표현할 때 정당하다고 느낄지도 모른다.

　방금 말한 모든 이점 때문에 이런 방어는 흔히 발생한다. 덧붙일 유일한 요점은 투사 개념에 대한 비판이 아니라 뭐든지 증거 없이는 투사로 해석하지 말고, 투사되는 요인을 찾을 때도 꼼꼼히 살피며 주의하라고 경고하는 것이다. 예를 들어 정신분석가가 자기를 좋아하지 않는다고 환자가 확고하게 믿는다면, 이런 느낌은 정신분석가에 대한 환자의 비호감을 투사한 것일 수도 있지만, 환자 자신에 대한 비호감을 투사한 것일지도 모른다. 마지막으로 그런 느낌은 투사가 아니라, 환자가 이를 자신이 정신분석가에게 의존할 위험으로 여길

---

7　(옮긴이) 전위(轉位, displacement)는 어떤 심리 요인이 있어야 할 곳에서 다른 데로 옮아가거나 어떤 심리 요소를 다른 심리 요소로 대체하는 심리 현상이다. 정신분석 심리학에서 전위는 무의식적 방어 기제로 위험하거나 용인될 수 없다고 느껴진 목표를 새로운 목표로 바꾼다. 전위 개념을 심리학의 용어로 도입한 프로이트는 처음에 전위를 꿈 왜곡의 수단으로 보았다. 중요한 요소에서 중요하지 않은 요소로 강조점을 바꿈이나 어떤 것을 한갓 환상으로 대체함도 전위라고 할 수 있다. 대상 전위, 속성 전위, 신체 전위, 공포증 전위, 반응 형성으로 분류한다.

경우, 본질적으로 정신분석가와 정서적으로 얽히지 않기 위해 내세울 정당한 이유로 쓸모가 있을지도 모른다.

다른 방어는 자극 자체를 변경하지 않으면서 충동의 방향을 바꾼다. 여기서 억압되는 것은 정동 자체가 아니라 정동이 어떤 사람이나 상황과 맺는 관계다. 여기서 정서는 몇 가지 방식으로 그것과 얽힌 사람이나 상황과 분리되며, 가장 중요한 경우는 다음과 같다.

첫째, 어떤 사람과 연결된 정동은 다른 사람에게 옮아갈 수도 있다. 이는 분노의 경우에 가장 흔히 발생한다. 관련된 당사자를 두려워하거나 분노를 실제로 느낀 당사자에게 의존하는 상황에 놓이기 때문이다. 또한 특정인을 향한 분노가 보증할 만한 근거 없이 아주 희미하게 의식되는 정도에 머물러 있는 탓이기도 하다. 따라서 분노는 자신이 두려워하지 않는 사람, 예컨대 아이나 가사 도우미에게 옮아가거나, 혹은 자신이 의존하고 있지 않은 사람, 예컨대 시부모 및 장인과 장모, 또는 고용된 사람에게 옮아가기도 한다. 아니면 정당한 근거로 분노를 표출해도 되는 사람들에게 분노가 옮아갈 수도 있다. 예컨대 남편에게 표출해야 할 분노가 속임수를 썼던 종업원으로 옮아가기도 한다. 또한 만약 어떤 사람이 자신에게 짜증이 난다면, 주변에 있는 아무에게나 짜증을 낼 수도 있다.

둘째, 어떤 사람의 정동은 사물, 동물, 활동, 상황으로 옮아갈 수도 있다. 속담에 나오는 예를 들자면 짜증의 원인을 벽에 앉은 파리에서 찾는 격이다. 분노는 그것과 뒤얽힌 사람이 소중하게 여기는 관념이나 활동으로 옮아가기도 한다. 여기서도 심리 과정이 결정된다는 원리는 유용하다. 왜냐하면 정동이 옮아갈 대상을 선택하는 것은 엄밀하게 결정되기 때문이다. 예를 들어 만약 아내가 남편에게 온전히 헌신한다고 믿으면서 느끼는 실제 원망을 남편의 직업으로 전위한다면, 여기서 원망의 대상이 바뀌도록 결정한 요인은 아내가 남편을 소유하려는 분투다.

셋째, 다른 사람과 연결된 정동은 방향을 틀어 자기로 향하기도 한다. 눈에 띄는 예는 죄를 스스로 덮어쓰기, 곧 자책(self-recrimination)으로 둔갑한 타인에 대한 비난과 관련이 있다. 이 전위 개념의 장점은 프로이트가 여러 신경증에 결정적인 어떤 문제를 지적했다는 것이다. 그 문제는 사람들이 비판과 비난, 원망을 표현할 수 없는 상태와 자신들의 결점을 찾아내려는 경향이 빈번하게 연결되어 있음을 관찰하는 데서 생겨난다.

넷째, 어떤 사람이나 상황과 연결된 정동은 아주 막연한 상태로 널리 퍼질 수 있다. 예를 들어 자기나 타인에 대한 분노는 매사에 짜증을 내는 산만한 상태로 나타난다. 궁지에 몰린 어떤 상황과 연결된 불안은 아무 내용도 없는 막연한 불안으로 나타날지도 모른다.

흥미로운 사실을 보여주는 일련의 다른 정보는 의식적으로 알아채지 못한 정동이 어떻게 드러나게 되느냐는 문제와 관련이 있다. 프로이트는 네 가지 방식을 알아냈다.

첫째, 위에서 말한 모든 방어 대책은 정동이나 정동의 현실적 의미와 방향을 알아채지 못하도록 만드는데 쓸모가 있더라도, 때때로 멀리 돌아가는 방식으로 정동을 에둘러 표현하도록 허용한다. 예컨대 자녀를 과잉보호하는 어머니는 과잉보호로 많은 적개심을 배출한다. 적개심을 다른 누군가에게 투사하더라도, 개인은 타인에 대해 증거 없이 내세운 적개심에 반응함으로써 여전히 자신의 적개심을 배출할 수도 있다. 어떤 정동은 다른 데로 옮아갈 뿐이라도 엉뚱한 방향으로 배출되기도 한다.

둘째, 억압된 감정이나 충동은, 합리적 공식으로 정확히 말할 경우, 에리히 프롬이 썼듯 사회적으로 용인되는 형태로 나타나면 표현되기도 한다.[8] 소유하거나 지배하려는 경향은 사랑의 말씨로, 개인의 야망은 대의에 헌신함이라는 말로, 남을 얕잡아 보려는 경향은 영리한 회의론의 용어로, 적대적 공격성은 진리나 진실을 말해야 할 의무로 표현될 수도 있다. 이런 합리화 과정은 늘 대충 알려져 있었다. 그런데 프로이트는 합리화 과정의 범위와 이용되는 미묘한 차이를 보여주었을 뿐만 아니라 치료할 때 무의식적 충동을 밝혀내기 위해 체계적으로 활용하도록 가르쳤다.

방금 말한 후자에 관해, 합리화는 방어 자세를 유지하고 정당한 근거를 대려는 목적으로 이용되기도 한다는 점을 인식하는 것이 중요하다. 누군가를 고발하거나 자신의 이익을 방어할 역량이 없음은, 타인의 감정이나 정서를 걱정하거나 사람들을 이해할 역량으로 의식에 나타날 수도 있다. 자신 내부에 어떤 무의식적 힘(unconscious

---

8　막스 호르크하이머(Max Horkheimer, 1895~1973)가 편집해 출간한 『권위와 가족연구(*Studien über Autorität und Familie*)』(1936)에 실린 프롬(Erich Fromm, 1900~1980)의 논문 참고.

forces)이든 허용하길 꺼리는 마음은 자유의지를 믿지 않는 죄짓기에 대한 고려로 합리화되기도 한다. 자신이 원하는 것을 얻으려고 노력할 역량이 없음은 이기심으로 나타날 수도 있고, 건강염려증에서 기인한 두려움은 자신을 돌볼 의무감으로 나타나기도 한다.

이런 합리화 개념의 가치는 실제 응용할 때 자주 오용된다는 사실 때문에 줄어들지 않는다. 누구든지 좋은 외과 수술용 칼로 수술을 잘못할 수 있음을 거론하며 수술용 칼을 비난할 수 없다. 하지만 합리화 개념을 연구하는 작업은 위험한 도구를 다루는 일과 비슷하다는 점을 누구나 알아채야 한다. 제시된 태도나 확신이 다른 무언가의 합리화라고 아무런 증거 없이 가정해서는 안 된다. 합리화(rationalization)는 의식적으로 가정한 것과 다른 동기가 현실적 자극(impulse)일 경우에 일어난다. 예컨대 만약 어떤 사람이 신념과 관련해 타협을 강요하는 까닭에, 어렵지만 보수가 많은 지위를 수락하지 않는다면, 현실적으로 자기 확신이 너무 강해서 이를 방어하는 일이 재정상 이득이나 특혜보다 더 중요해진 것일 수도 있다.

다른 가능성은 의사결정 과정에서 일차 동기가 실제로 있더라도 자기 확신이 아니라 자신이 해당 지위를 적절히 채울 수 없거나, 비판이나 공격에 노출되리라는 두려움인 경우다. 후자의 경우에 만약 두려움이 없었다면, 필요한 타협을 무릅쓰고 어렵더라도 보수가 많은 지위를 수락했을 것이다. 물론 두 동기는 상대적 비중에 따라 여러 가능한 형태로 바뀐다. 두려움이 실제로 영향을 더 많이 미치는 경우에만 합리화에 대해 말해도 괜찮다. 불신해도 되는 조짐은, 예컨대 다른 때에 당사자가 타협을 주저하지 않았음을 알게 되는 경우다.

셋째, 억압된 감정이나 사유는 무심코 저지른 행동으로 표현되기도 한다. 프로이트는 이런 표현을 일상생활의 기지와 오류 심리학에 관한 발견에서 지적했다. 이런 발견은 많은 세부 사항에서 논란의 여지가 있지만, 정신분석과 관련된 정보의 중요한 원천이 되었다. 감정과 태도는 무심결에 목소리의 어조와 몸짓에, 의미를 실감하지 못한 채 무언가를 말하거나 행동할 때 표현되기도 한다. 이 점에 관해 쉽게 이해하도록 만든 관찰도 마찬가지로 정신분석 치료의 귀중한 부분이다.

넷째, 마지막으로 억압된 소망이나 두려움은 꿈과 환상 속에 다시 등장할 수도 있다. 억압된 복수 충동은 꿈에 나타나기도 하고, 의식적 사유로 감히 내세우지 못하는 누군가에 대한 우월감은 꿈속에서 실현되기도 한다. 특히 만약 우리가 이 개념을 구체적인 꿈과 환상뿐만 아니라 무의식적 착각도 포함하도록 확장한다면, 지금까지 얻은 것보다 훨씬 더 풍성한 결실을 보게 될 것이다. 환자가 병이 나아지기를 주저함은 흔히 자신의 착각을 버리지 않으려는 마음인 만큼, 이를 인정하는 것은 치료의 관점에서 중요하다.

프로이트의 꿈 이론으로 되돌아가지 않을 것이므로, 여기서 꿈 이론의 최고 가치를 짚고 넘어가겠다. 프로이트가 가르쳐서 이해하게 된 꿈에 특이한 여러 세부 사항은 제쳐 두더라도, 꿈이 소망 충족 성향(wish-fulfilling tendencies)의 표현이라는 작업가설은 프로이트의 가장 중요한 공헌이라고 생각한다. 꿈의 숨겨진 내용을 이해한 후에 꿈이 어떤 성향을 표현하는지, 그런 특수 성향을 표현할 수밖에 없도록 만든 기저 필요나 욕구를 고려할 경우, 꿈은 실존하는 심리의 역동성에 대한 단서를 제공한다.

단순한 예로 어떤 환자가 보고한 꿈의 본질이 정신분석가를 무지하고 주제넘고 못생긴 모습으로 재현한다고 가정하자. 꿈에 표현된 경향은 첫째로 이 꿈이 어떤 의견에 대한 깔보는 성향을 포함하고, 둘째로 환자가 정신분석가를 깔보도록 충동하는 실제 필요나 욕구를 찾아야 한다는 점을 보여준다. 다음으로 환자가 정신분석가의 어떤 말로 굴욕을 느꼈거나 자신의 지배권이 위태로워졌다고 느껴서 정신분석가를 깔봄으로써 지배권을 회복할 수 있었음을 인정하는 데까지 이를 수도 있다. 여기서 연쇄 반응이 환자의 전형적 반응 방식인지에 대한 문제가 추가로 제기될지도 모른다. 신경증에서 꿈의 가장 중요한 기능은 불안에 대해 안심시키려는 시도거나 실생활에서 해결할 수 없는 갈등에 대해 타협안을 찾으려는 시도다.

프로이트의 꿈 이론은 빈번하게 논란을 불러일으켰다. 내가 보기에 두 측면이 자주 혼동되었던 듯하다. 꿈 해석이 따라야 할 원리와 도달해야 할 사실적 꿈 해석을 혼동하는 것 같다. 프로이트는 형식적 본성을 가질 수밖에 없는 방법론적 관점을 제공했다. 이런 원리들에 바탕을 두고 도달한 사실적 결과(factual results)는 꿈을 꾼 개인에게 본질적으로 속한 충동, 반응, 갈등에 전적으로 의존할 것이다. 따라서 같은 원리는 개인마다 다른 차이에 따라 무효가 되지 않으면서 서로 다른 해석의 바탕이 된다.

프로이트의 다른 중요한 공헌은 신경증 환자가 느끼는 불안의 본성과 신경증에서 불안의 역할을 이해하기 위한 길을 열었다는 점이다. 이 논점은 나중에 상세히 논의할 것이므로, 여기서는 언급만 하겠다.

같은 이유로 유년기 경험과 관련된 프로이트의 발견을 간단히 언급할 수 있다. 이 발견의 논란을 불러일으키는 측면은 주로 세 가정과 관련이 있다. 첫째, 일련의 반응이 환경의 영향보다 더 중요하다. 둘째, 영향을 미친 경험은 본성적으로 성과 관계가 있다. 셋째, 생애 후기 경험은 대부분 생애 초기에 겪은 유년기 경험의 반복이다. 많은 논란을 불러일으킨 쟁점이 제거되더라도, 프로이트가 찾아낸 본질은 아직도 남아 있다. 성격과 신경증은 지금까지 생각지도 못했을 만큼 생애 초기의 경험으로 형성된다는 것이다. 이 발견이 정신 의학뿐 아니라 교육과 민족학에 미친 혁명적 영향은 따로 지적할 필요가 없을 정도로 크다.

많은 논란을 불러일으킨 쟁점 가운데 프로이트가 성과 관련된 경험(sexual experiences)을 강조한 점이 꼽히는 이유는 나중에 자세히 설명하겠다. 성별 특징(sexuality)에 대한 프로이트의 평가에 제기된 모든 반론에도, 프로이트가 성과 관련된 문제(sexual problems)를 사실적으로 고찰하고 그런 문제의 의미와 의의를 이해하기 위한 길을 열었다는 점은 잊지 말아야 한다.

특히 중요한 점은 프로이트가 우리에게 치료를 위한 방법론상 기본 도구를 제공했다는 것이다. 정신분석 치료에 공헌한 주요 개념은 전이, 저항, 자유 연상법이다.

전이(transference)가 본질적으로 유아기 태도의 반복이냐를 둘러 싼 이론적 논쟁에서 벗어날 경우, 전이 개념은 정신분석 상황에서 보 이는 환자의 정서 반응에 대한 관찰, 이해와 논의가 환자의 성격 구 조와 그에 따른 어려움에 대해 이해할 가장 직접적인 방법을 구성한 다. 전이 개념은 정신분석 치료의 매우 강력하고 정말로 없어서는 안 될 도구가 되었다. 치료에서 전이 개념의 가치와 별개로, 정신분석의 앞날은 대부분 환자의 반응을 더 정확하고 심층적으로 관찰하고 이 해하는 데 달렸다. 이런 확신은 모든 인간 정신의 본질이 인간관계에 서 밟는 과정을 이해하는 데 놓여 있다는 가정에 근거한다. 정신분석 관계는 인간관계의 한 형태로, 인간관계에서 밟는 과정을 이해할 때 전례 없는 가능성을 열어젖힌다. 따라서 이런 관계에 대한 더욱 정확 하고 심층적인 이해는 정신분석이 최종적으로 제의할 심리학에 아 주 크게 공헌할 것이다.

저항(resistance)은 개인이 억압된 감정이나 사유를 의식적으로 자 각하고 통합하는 것에 맞서 보호하는 기력을 의미한다. 앞에서 언급 했듯, 저항 개념은 환자가 일정한 충동을 의식하지 않아야 할 적절한 이유가 있다는 정신분석가의 지식에 근거한다. 이런 관심에 대해 논 란을 불러일으키는 문제가 있다는 점은, 내 생각에 잘못이더라도, 그 런 문제가 실제로 있다고 인정하는 태도의 중요한 기본 가치를 훼손 하지 않는다. 많은 정신분석 작업은 환자가 저항하며 자신의 위치를 방어하는 방식, 다시 말해 환자가 쟁점과 씨름하고 쟁점에서 물러나고 쟁점을 회피하는 방식을 연구할 때 완료되었다. 그리고 이런 분투의 수많은 개별 형태를 우리가 더 많이 인식할수록, 정신분석 치료는 더욱 빨라지고 효과도 더욱 커질 것이다.

정확한 관찰을 가능하게 만드는 정신분석의 특수 요인은 환자가 스스로 생각하거나 느낀 모든 것을 지성과 정서의 반대에 개의치 말고 표현해야 할 의무다. 정신분석 치료의 기본 규칙으로 사용하는 작업 원리는 사유와 감정의 연속성이 분명하게 보이지 않을지라도 실존한다는 것이다. 이 작업 원리는 정신분석가가 사유와 감정의 순서에 날카롭게 주목하도록 강제하고, 환자의 발현된 표현(manifest expression)에 동기를 부여하는 성향이나 반응에 대해 잠정 결론을 서서히 내리게 할 수 있다. 심리 치료에 사용되는 자유 연상(free association)은 잠재 가치를 여전히 지닌 정신분석 개념이다. 나의 경험에 따르면 정신분석가들이 자유 연상으로 환자의 가능한 심리 반응과 연관성, 가능한 표현 형태에 대한 지식을 더 많이 획득할수록 자유 연상 개념의 가치도 점점 커진다.

환자의 몸짓과 목소리의 어조 같은 행동에 대한 전반적 관찰과 더불어 환자가 표현한 것의 내용과 순서를 관찰하면, 기저 과정을 추론할 수 있다. 여기서 추론이 얼마간 잠정적 해석의 형태로 환자에게 전달되면, 추론은 차례차례 새로운 연상을 일으킨다. 정신분석가의 가정을 입증하거나 반증하고, 새로운 측면을 보여줌으로써 넓어지거나 더 구체적인 조건에 이르기까지 좁혀지며, 일반적으로 해석에 보인 환자의 정서 반응이 드러난다.

이런 방법은 다음과 같은 논증으로 공격받았다. 해석은 임의적이고 어떤 해석에 뒤따른 연상이든 해석에 따라 발생하고 해석의 영향을 받는다. 따라서 전체 정신분석 절차는 성격상 지극히 주관적이다. 심리학 분야에서 도달 불가능한 종류의 객관성 요구는 제쳐 두더라도, 이런 반론이 어떤 의미가 있다면, 다음과 같은 가능성에 관한 것일 뿐이다. 영향받기 쉬운 환자에 대해 권위적인 방식으로 만들어진 잘못된 해석은 환자를 잘못된 길로 이끌 수도 있다. 선생님이 무엇을 찾아야 할지 말해 준다면, 영향받기 쉬운 학생이 현미경으로 보고 뭔가가 있다고 믿을 때 잘못된 길로 이끌리는 것과 대체로 같다. 잘못된 해석은 물론 가능하다. 어떤 해석이 잘못된 길로 빠질 위험성은 완전히 배제할 수 없다. 단지 줄일 수 있을 따름이다. 정신분석가가 심리에 대해 더 많이 알고 이해할수록, 정설의 확증을 덜 바랄수록, 해석의 권위를 덜 주장할수록, 자신의 문제가 관찰을 덜 방해할수록 이런 위험은 더 적어진다. 만약 환자의 가능한 순응도(possible compliance)를 끊임없이 고려하고 마침내 분석하고 나면, 위험은 상당히 줄어들 것이다.

여기까지 해온 예비 논의는 프로이트의 생산성 높은 발견을 빠짐없이 제시하려는 것이 아니다. 내 경험상 가장 건설적이라고 입증된 심리학적 접근법의 기본 원리와 관련이 있을 뿐이다. 기본 원리들을 비교적 간단히 제시할 수 있었다. 그 기본 원리들은 내가 분석 작업에 사용한 도구들이고, 이어질 각 장에서 유효하다는 점과 용도가 드러날 것이기 때문이다. 다시 말해 기본 원리들은 이 책을 관통하는 정신적 배경이다. 프로이트의 다른 많은 선구적 관찰은 나중에 지적하겠다.

## 2장 ▷▷ 프로이트 사고의 일반적 전제

Some General Premises of Freud's Thinking

**천재**의 특징 가운데 하나는 통찰력과 현재 유행하는 편견을 인정할 용기다. 이런 뜻에서 프로이트는 다른 천재와 마찬가지로 확실히 천재라고 부를 만하다. 구식 사고방식에서 벗어나 심리 관계를 얼마나 자주 새롭게 조명했는지 믿기지 않을 정도로 대단하다.

다른 한편 천재를 포함해 자신이 몸담고 살아가는 시대에서 벗어날 수 있는 사람은 아무도 없고, 예리한 통찰력이 있더라도 사고는 여러 면에서 시대 정신에 영향받을 수밖에 없다고 덧붙이는 것은 진부한 말처럼 들린다. 하지만 시대가 프로이트의 작업에 어떤 영향을 미쳤는지 알아내는 일은 역사적 관점에서 흥미로울 뿐만 아니라 정신분석 이론의 복잡하고 난해해 보이는 구조를 더 충분히 이해하려고 애쓰는 사람들에게도 중요하다.

역사와 관련된 나의 관심은 정신분석과 철학의 역사에 대한 지식과 마찬가지로 너무 제한적이어서, 프로이트의 사고가 어떻게 19세기에 널리 보급된 철학 이념들과 당시 정신분석학파의 영향을 받아 결정되었는지 완전히 이해하지 못한다. 나의 의도는 단지 프로이트가 심리 문제와 씨름하면서 해결한 독특한 방식을 더 잘 이해하기 위해, 프로이트의 사고를 이끈 몇 가지 전제들에 집중하려는 것이다. 암암리에 받아들인 철학적 전제들에 따라 형성된 정신분석 이론들은 나중에 논의하겠다. 2장의 목적은 프로이트 사고의 일반적 전제들이 미친 영향을 상세히 따라잡지 않고 간추려 개관하는 것이다.

첫째로 언급할 영향은 생물학에 치우친 방향 감각이다. 프로이트는 자신이 과학자임을 언제나 자랑스럽게 여기고 정신분석학이 과학이라고 강조했다. 정신분석 이론의 기본 원리를 탁월하게 제시했던 하인츠 하르트만[1]은 "정신분석이 생물학에 근거한다는 것이 정신분석학의 가장 중요한 방법론상 이점이다"[2]라고 선언했다. 예를 들어 하르트만은 알프레드 아들러의 이론을 평가할 때, 아들러가 신경증의 가장 중요한 요인으로 가정했던 권력 분투의 유기적 바탕을 발견하는 데 성공했다면, 이득이 아주 컸으리라는 의견을 표명한다.

프로이트의 생물학에 치우친 방향 감각의 영향은 세 가지다. 하나는 심리 발현(psychic manifestations)을 화학 생리학적 힘(chemical-physiological forces)으로 여기는 성향에 나타나고, 다른 하나는 심리

---

1    (옮긴이) 하인츠 하르트만(Heinz Hartmann, 1894~1970)은 정신과 의사이자 정신분석가였다. 오스트리아 빈대학교에서 의학 박사 학위를 받았고, 프로이트의 제자였다. 1941년 미국으로 이주해 뉴욕 정신분석 학회의 일원으로 활동했다. 자아 심리학의 주요 대표자다.

2    하인츠 하르트만, 『정신분석의 기본 원리(*Die Grundlagen der Psychoanalyse*)』(1927).

경험 및 연속된 심리 경험을 체질이나 유전 요인에 따라 일차적으로 결정된다고 여기는 성향에 나타나며, 마지막은 남성과 여성의 심리적 차이를 해부학적 구조 차이의 결과로 설명하는 성향에 명백하게 나타난다.

첫째 성향은 프로이트의 본능 이론, 곧 리비도 이론과 죽음 본능 이론에서 결정 요인이다. 프로이트가 심리 생활이 정서적 충동으로 결정된다고 확신하고 정서적 충동에 생리적 바탕(a physiological basis)이 있다고 가정하는 한, 프로이트는 본능 이론가에 속한다.[3] 프로이트가 생각한 본능은 계속 작용하고 긴장 완화 경향을 보이는 신체 내부의 자극이다. 그는 이런 해석이 본능을 유기체의 과정과 심리 과정의 경계선에 놓이게 한다고 되풀이해 지적했다.

둘째 성향, 다시 말해 체질이나 유전 요인을 강조하는 성향은 유전으로 규정되는 일정 단계에 리비도가 발달하며 구강기, 항문기, 음경기, 생식기를 거친다는 학설에 크게 공헌했다. 리비도는 또한 오이디푸스 콤플렉스가 주기적으로 발생한다는 가정에 아주 큰 책임이 있다.

셋째 성향은 여성 심리학에 대한 견해에 영향을 미친 결정적

---

3   이 사실은 에리히 프롬이 출판되지 않은 원고에서 강조했다. 본능 이론가라는 용어는 여기서 한물간 낡은 뜻으로 사용한다. 현대적 의미로 본능이라는 용어는 윌프리드 트로터가 말한 '신체적 필요나 외부 자극에 따른 유전된 반응 방식'을 지시한 것으로 사용한다. 윌프리드 트로터, 『평화와 전쟁 속 무리 본능(Instincts of the Herd in Peace and War)』(1915). (옮긴이) 윌프리드 트로터(Wilfred Trotter, 1872~1939)는 영국의 외과 의사이자 신경 외과학의 선구자다. 사회 심리학 분야에서 무리 본능에 대한 연구로 공헌했다.

요인 가운데 하나다. 이 성향은 "해부 구조가 운명이다(anatomy is destiny)"[4]라는 문구로 아주 날카롭게 표현되고, 프로이트의 양성애 개념에도 나타난다. 예컨대 남자가 되고 싶은 여자의 소망이 본질적으로 음경을 갖고 싶은 소망이라는 학설과 '여성스러운(feminine)' 태도를 드러내는 것에 맞선 남자의 저항감은 궁극적으로 거세 공포 탓이라는 학설에 분명히 드러난다.

둘째로 언급할 역사적 영향은 부정적이다. 최근에야 비로소 사회학과 인류학에서 연구한 작업의 결과가 알려지면서, 우리는 문화와 관련된 문제를 다룰 때 고지식하게 행동하지 않게 되었다. 19세기에는 문화의 차이와 관련된 지식이 거의 없었고, 자신의 문화에 속한 특이성을 인간의 일반적 본성으로 돌리는 경향이 우세했다. 이런 견해를 따랐던 프로이트는 자신이 본 인간상, 자신이 관찰한 후에 해석하려고 시도한 그림이 세계 어디에서나 일반적으로 유효하다고 믿는다. 프로이트의 불충분한 문화적 방향 감각은 생물학적 전제와 밀접한 관계가 있다. 특수한 경우의 가족과 일반적으로 문화라는 환경의 영향에 관해, 프로이트는 대부분 자신이 생각한 본능적 충동을 환경이 형성하는 방식에 관심을 가졌다. 다른 한편 그는 문화 현상을 본질상 생물학에 속한 본능적 구조가 영향을 미친 결과라고 여긴다.

셋째로 심리 문제를 다룬 프로이트 접근법의 특징이 영향을 미치

---

4 지그문트 프로이트, 「남녀 양성의 해부학상 차이의 심리학적 귀결(Some Psychological Consequences of the Anatomical Distinction Between the Sexes)」(1927), 『국제 정신분석 학회지(International Journal of Psychoanalysis)』.

는데, 명시적으로 어떤 가치 판단이든 삼가고 도덕 판단을 자제하는 것이다. 이런 태도는 자연과학자라는 프로이트의 주장과 일관되는데, 관찰 내용을 기록하고 해석할 때만 정당화된다. 프롬이 지적했듯,[5] 이는 부분적으로 자유주의 시대의 경제·정치·철학적 사고에 널리 보급된 관용설의 영향을 받은 것이다. 나중에 이런 태도가 어떻게 정신분석 치료뿐 아니라 '초자아' 같은 이론적 개념에 영향을 미쳤는지 보게 될 것이다.

프로이트 사고의 넷째 바탕은 심리 요인을 대립 쌍이라고 여기는 성향이다. 19세기 철학 정신에도 역시 깊이 배어든 이런 이원주의적 사고는 프로이트의 이론 공식화 과정에 내내 드러난다. 프로이트가 제안한 본능 이론은 각각 모든 심리 발현을 엄밀하게 대조되는 두 무리의 경향으로 이해한다. 이런 정신과 관련된 전제에 대해 가장 중요한 표현은 본능과 '자아'의 이원성이며, 프로이트는 이를 신경증과 관련된 갈등 및 불안의 바탕으로 여긴다. 이원론적 사고는 '여성성(feminity)'과 '남성성(masculinity)'을 정반대 극으로 생각한 데서도 나타난다. 이런 이원론적 사고와 얽힌 경직성이 변증법적 사고와 대조되는 기계론적 성질이다. 이에 따라 우리는 한쪽에 포함된 요소들이 다른 반대쪽에 낯설다는 프로이트의 가정, 예컨대 '이드'는 만족을 위한 모든 정서적 분투를 포함하지만 '자아'는 오로지 감시하고

---

5  에리히 프롬, 「정신분석 치료의 사회적 제약(Die gesellschaftliche Bedingtheit der psychoanalitischen Therapie)」, 『사회연구 학술지(Zeitschrift für Sozialforschung)』(1935).

견제하는 기능만 한다는 가정을 이해할 수 있다. 이 분류를 인정하더라도, 현실적으로 '자아'는 '이드'와 마찬가지로 어떤 목표를 이루기 위해 기력을 쏟으며 분투할 수도 있을 뿐만 아니라 규칙적으로 분투한다. 기계론적 사고 습관은 한쪽 계통에 들인 기력이 자동으로 다른 반대쪽 계통을 허약하게 한다는 발상, 예컨대 남을 사랑하는 것은 자기애에 장애를 초래한다는 발상도 설명한다. 결국 일정한 상반된 경향들이 한번 자리 잡히면, '악순환'의 형태로 그대로 남아 있다는 신념이다. 이것은 상호작용이 항상 일어날 수도 있다는 깨달음과는 반대다.

방금 언급한 것과 아주 비슷한 마지막 중요한 특징은 프로이트의 기계·진화론적 사고(mechanistic-evolutionistic thinking)다. 이런 사고의 함축은 일반적으로 인식되지 않고, 중심에 놓인 정신분석 이론을 이해하려면 아주 중요하므로 다른 전제보다 상황에 맞게 더 진술하겠다.

진화론적 사고는 오늘날 실존하는 사물이 애초부터 같은 형태로 있었다는 것이 아니라 앞선 단계들에서 발전했다고 선제[6]하는 사고

---

6 (옮긴이) '선제(先提, presupposition)'는 대화나 담론, 특히 논증에서 명시적으로 내세운 전제(前提, premise)와 달리 암묵적으로 미리 가정된 명제나 진술이다. 특정 선제가 성립하지 않으면, 특정 대화나 담론, 논증은 아무것도 아니게 된다. 다시 말해 화자가 말하려고 의도한 것을 제대로 전달하는 데 실패한다. 타당한 연역 논증의 전제들이 참이라면 결론은 반드시 참이고, 전제들이 참이 아니라면 결론도 참일 수 없다. 그러나 어떤 주장이나 이론의 선제(presupposition)가 참이라면 해당 주장이나 이론이 참이 될 수 있으나, 선제가 거짓이

를 의미한다. 선행 단계들은 현재 형태와 닮은 점이 거의 없을지 몰라도, 현재 형태는 선행 단계들이 없었다면 생각조차 할 수 없었을 것이다. 진화론은 18~19세기 내내 과학적 사고를 지배했으며, 당대 신학적 사고와 크게 대비되었다. 물리 우주의 생명 없는 물질들에 일차로 진화론을 적용했고, 생물 및 유기체의 현상에도 적용하게 되었다. 다윈은 생물학 분야에서 진화론을 대표하는 가장 뛰어난 학자였다. 진화론은 심리학적 사유에도 강한 영향을 미쳤다.

기계·진화론적 사고는 진화론적 사고의 특별한 형태다. 이는 현재 발현(present manifestations)이 과거에 성립한 조건에 좌우될 뿐만 아니라, 과거 말고 아무것도 포함하지 않음을 함축한다. 현실적으로 발달 과정에서 새로이 만들어지는 것은 아무것도 없다. 우리가 오늘 보는 것은 옛것이 변화한 형태일 뿐이다. 윌리엄 제임스[7]의 책에서 인용한 다음 구절은 기계론적 사고의 예를 보여준다. "진화론자들이 고수하는 논점은 현상을 만드는 새로운 형태가 모두 실은 원래 변치 않는 재료를 다시 배열한 결과에 지나지 않는다는 것이다."[8] 의

---

라면 해당 주장이나 이론은 거짓이 되는 것이 아니라 참값을 아예 갖지 못하고 아무것도 아니게 된다. 여기서 진화론적 사고의 선제는 사물이 앞선 단계에서 발전했다는 것이고, 이 선제가 성립하지 않으면 진화론적 사고는 아무것도 아니게 된다.

7    (옮긴이) 윌리엄 제임스(William James, 1842~1910)는 미국의 철학자이자 심리학자다. 실용주의 철학과 기능주의 심리학을 세웠다. '의식의 흐름'이라는 용어를 처음 사용했으며 빌헬름 분트와 함께 근대 심리학의 창시자로 평가받는다. 하버드대학교에서 의학을 전공했고 하버드대학교 교수로 재직하면서 미국 최초로 실험 심리학 연구소를 창설했다. 대표 저술인 『심리학의 원리』는 기능주의 관점에서 풀어낸 심리학으로 후대에 영향을 크게 미쳤다.

식의 발달에 대해 제임스는 이렇게 선언한다. "이 이야기에는 처음에 제시되지 않은 어떤 새로운 본성도, 어떤 요인도 나중 단계에 도입되지 않는다." 의식은 동물이 발육하는 동안 새로운 성질로서 나타났을 수 없다. 따라서 이 새로운 성질은 단세포 생물 속에 있어야 한다. 이런 예는 또한 기계론적 사고에서 주목할 점을 보여준다. 주목할 점은 유전과 관련이 있고, 언제 어떤 형태로 사물이 앞서 나타났고, 어떤 형태로 다시 나타나거나 스스로 반복하느냐는 질문을 함축한다.

기계론적 사고와 비(非)기계론적 사고에 드러난 강조점의 차이는 익숙한 여러 예로 보여줄 수도 있다. 물이 수증기로 바뀌는 현상과 관련해, 기계론적 사고는 수증기가 다른 형태로 나타난 물일 뿐이라는 선제를 강조할 것이다. 다른 한편 비기계론적 사고는 수증기가 물에서 나왔지만, 수증기는 완전히 새로운 성질이고 다른 법칙의 규제를 받으며 다른 결과를 일으킨다고 강조할 터다. 18~20세기 기계의 발전을 고려할 때, 기계론적 사고는 주로 18세기 초에 실제로 있던 기계와 공장의 다양한 유형을 주로 지적하면서 단지 양의 발전으로 여겼다. 비기계론적 사고는 양의 증가가 질의 변화를 일으켰다고 주장한다. 양의 발전이 새로운 생산 규모, 완전히 새로운 직종에 고용된 사람들, 새로운 유형의 노동 문제를 초래했다고 강조할 것이다. 여기서 변화는 단순히 성장의 문제가 아니라 완전히 새로운 요인을 덧붙인다. 여기서 강조점은 양이 질로 바뀐다는 데 있다. 비기계론의

---

8  윌리엄 제임스, 『심리학의 원리』(1891).

관점에 따르면 유기체의 발달에서 앞선 단계의 단순한 반복이나 이전 단계로 퇴행하는 일은 결코 있을 수 없다.

심리학에서 이런 관점의 차이를 증명하는 가장 단순한 예는 나이의 문제다. 기계론의 선제를 받아들이면 마흔 살 남자의 야망을 열 살 때와 똑같은 야망의 반복으로 여길 것이다. 기계론을 거부하는 사고는 유아기 야망의 요소가 대부분 성인기의 야망에 확실히 포함되지만, 후자에 함축된 것은 나이 때문에 소년기의 야망에 함축된 것과 완전히 다르다고 주장할 터다. 미래에 관해 거창한 이상을 좇는 소년은 이 공상을 언젠가 실현할 수 있으리라고 희망을 품는다. 40세가 된 남자는 이런 야망을 충족하는 일이 불가능하다고 막연히 깨닫거나 잘 알고 있을지도 모른다. 그 남자는 잃어버린 기회, 내부의 한계, 외부의 어려운 점을 알아챌 것이다. 만약 그 남자가 야망을 드러낸 공상에 계속 빠져 있다면, 이런 공상은 무력감과 절망을 필연적으로 함축할 것이다.

프로이트는 사고 측면에서 진화론적이지만 기계론적 방식으로 기운다. 도식적으로 말하면 프로이트의 가정은 다섯 살 이후 우리의 발달 과정에 그다지 새로운 일이 일어나지 않고, 나중에 보이는 반응과 경험은 과거에 일어난 일의 반복이라는 것이다. 프로이트가 받아들인 전제는 여러 방식으로 정신분석 문헌에 등장한다. 예컨대 불안의 문제를 지각하면서, 프로이트는 불안의 앞선 발현을 어디에서 찾을 수 있을지 탐구했다. 출생이 불안의 최초 발현 지점이고, 나중에 나타난 불안의 형태는 출생할 때 형성된 원형 불안의 반복이라는 결론에 이르렀다. 이와 같은 방식의 사고는 또한 발달의 단계를 계통 발생적 사건의 반복(repetitions of philogenetic happenings)으로 생각할 때, 예컨대 '잠복'기를 빙하기의 잔재로 여길 때 프로이트가 가졌던 큰 관심도 설명한다. 이는 인류학에 보인 프로이트의 관심도 부분적으로 설명한다.『자연물 숭배와 금기』[9]에서 프로이트는 원시인의 심리 생활이 우리 자신의 잘 보존된 앞선 발달 단계를 보여주기 때문에 특별히 흥미롭다고 선언한다. 여성 성기의 감각이 입이나 항문의 감각에서 전이된다고 설명하려는 이론적 시도는, 중요하지 않지만 이런 종류의 사고를 보여주는 추가 예시로 언급할 수도 있다.

프로이트의 기계·진화론적 사고를 보여주는 가장 일반적인 표현은 반복 강박 이론에 있다. 자세히 말하면 반복 강박 이론의 영향은 무의식의 무시간성 학설을 함축하는 프로이트의 고착 이론과 억압 이론, 전이 개념에서 볼 수 있다. 일반적으로 프로이트의 기계·진화론적 사고는 어떤 경향들이 유치하다고 지적되는 정도와 현재를 과거로 설명하는 성향을 설명한다.

나는 프로이트 사유의 기본 전제들을 비판적 논평 없이 제시했다. 여기서 말한 전제들의 유효성에 대해 나중에도 논의하지 않겠다. 왜냐하면 그런 일은 심리치료사의 능력과 관심을 넘어서기 때문이다. 심리치료사는 프로이트의 철학적 전제가 건설적이고 유용한 개념으

---

9  지그문트 프로이트,『자연물 숭배와 금기(*Totem and Taboo: Resemblances between the Psychic Lives of Savages and Neurotics*)』(1913).

로 이어지는지 탐구하는 데 관심이 있다. 이런 개념과 그 결과에 대한 논의를 내가 예상해도 괜찮다면, 나의 판단은 이렇다. 정신분석학의 잠재력을 아주 크게 계발하려면, 정신분석학은 과거의 유산을 떨쳐내야 한다.

# 3장 ▷▷  리비도 이론
## The Libido Theory

**마음**의 힘(psychic forces)이 화학 생리학적 기원을 가진다는 학설은 프로이트의 본능 이론에 등장한다. 프로이트는 세 가지 이원적 본능 이론을 연속으로 세웠다. 여기서 말하는 이원론에서 프로이트는 이원적 본능 가운데 하나가 성과 관련된다고 믿었지만, 다른 본능에 관해서는 관점을 바꾸었다. 본능 이론 가운데 리비도 이론이 특별한 자리를 차지하는 까닭은 성별 특징의 이론(a theory of sexuality)이고, 성별 특징의 발달과 성별 특징이 인격에 미치는 영향을 다루기 때문이다.

정신 장애를 일으키는 성별 특징의 의의(the significance of sexuality)에 프로이트가 주의를 기울이게 된 바탕은 임상 관찰이었다. 신경 발작증 환자(hysterical patients)에게 적용한 최면 치료에서, 성과 관련된 잊힌 사건이 자주 말썽의 근원이었다는 점을 보여주었다. 대다수 신경증 환자가 사실상 성과 관련된 어려움(difficulties)을 겪는 만큼, 이후 관찰은 초기 관찰을 확증하는 것처럼 보였다. 몇몇 신경증에서 성과 관련된 문제는 그림의 전경에, 예를 들어 발기부전이나 도착증으로 나타난다.

프로이트의 첫째 본능 이론은 우리의 삶이 주로 성 본능과 '자아 충동' 사이에 일어나는 갈등으로 결정된다는 것이다. 프로이트가 의미하는 자아 충동은 자기보존(self-preservation) 및 자기주장(self-assertion)과 관련된 충동의 총합이고, 순전한 생존의 필수 요소와 관련이 없는 모든 충동이나 태도의 기원이 성이라고 프로이트는 주장했다.

그러나 이렇게 심리 생활에 미치는 많은 영향이 성별 특징에서 기인했을 때도, 분명히 성별 특징(sexuality)과 아무 관계도 없어 보이는 다양한 분투와 태도를 성별 특징에 근거해 해석하는 것은 불가능하다. 예컨대 탐욕, 인색함, 반발심 같은 태도와 예술을 향한 분투, 불합리한 적개심, 불안처럼 성격의 다른 특이한 점은 성별 특징과 직접적 관계가 없어 보인다. 우리가 익숙하게 여기는 성적 본능은 이런 엄청난 분야를 다 포괄했을 수 없다. 이 모든 심리 현상을 성별 특징에 근거해 설명하고 싶었다면, 프로이트는 성별 특징 개념의 범위를 확대해야 했을 것이다. 어쨌든 그런 범위 확대는 이론상 필요하다. 성별 특징 개념의 범위 확대는 경험적 발견에 근거한다고 프로이트는 언제나 공언했다. 그리고 프로이트가 리비도 이론을 세우기 전에 아주 많은 임상 관찰 자료를 수집했다는 것은 사실이다.

리비도 이론은 성별 특징 개념의 범위 확대와 본능의 변형 개념이라고 간략히 부르는 두 학설을 포함한다.

프로이트가 성별 특징 개념의 범위를 확대할 권한이 있다고 느끼게 만든 자료는 간략히 다음과 같이 정리할 수 있다. 성적 분투는 이성애의 대상으로만 향하지 않고, 동성 사람이나 자기, 또는 동물로 향하기도 한다. 또한 성적 목표(sexual aim)는 언제나 성기의 결합으로 향하지는 않고 다른 기관, 특히 구강과 항문이 성기를 대체할 수도 있다. 그리고 성적 흥분(sexual excitement)은 성교를 원한 상대뿐만 아니라, 가장 중요한 예로 가학증과 피학증 행위, 관음증과 노출증의 행동으로 일어나기도 한다. 이런 행위와 행동은 성도착자들에 국한되지 않고 다른 모든 점에서 건강한 사람들에게도 조짐이 발견된다. 예컨대 장기간 좌절이나 욕구불만으로 압박을 받은 정상인은 동성의 사람에게 의지한다. 미성숙한 사람은 도착 행동의 유혹에 넘어갈 수도 있다. 이런 기색은 입맞춤이나 공격 행동 같은 정상적 성관계의 전희에 나타나기도 하고, 꿈이나 공상 속에 나올 수도 있는데, 흔히 신경증 증상의 본질적 요소인 듯하다. 끝으로 유아기 쾌락 분투는 엄지손가락 빨기, 대변보기나 소변보기 과정에 강렬한 쾌감을 느끼며 주목하는 행동, 가학 환상과 활동 및 행위, 성적 호기심, 벌거벗은 자기 몸을 보여주거나 다른 사람의 벗은 모습을 지켜보며 느끼는 쾌감처럼 도착증에 나타나는 분투와 어느 정도 닮았다.

　프로이트는 성 충동이 다양한 대상과 쉽게 결부되고 성애 경향(eroticism)과 만족을 다양한 방식으로 찾아낼 수 있으므로, 성 본능 자체는 단위가 아니라 복합체라는 결론에 이르렀다. 성은 성기와 결부된 만족을 위해 반대 성으로 향하는 본능적 충동이 아니다. 이성애자의 생식 충동은 불특정 성적 기력(non-specific sexual energy), 곧 리비도의 발현일 뿐이다. 리비도는 성기에 집중되기도 하지만, 구강이나 항문, 또는 다른 '성감'대('erogenic' zones)에 성기의 가치를 넘겨주면서 같은 강도로 집중될 수도 있다. 프로이트는 구강과 항문 충동에 더해 성별 특징(sexuality)을 구성하는 다른 충동, 예컨대 가학증과 피학증, 노출증, 관음증을 규정했다. 이런 다른 충동이 신체의 어느 부위에 위치하는지는 만족스럽게 지정할 수 없다. 리비도의 성기 외부 표현은 유년기에 널리 퍼져 있어서 '생식기 이전' 충동('pre-genital' drives)이라고 부른다. 이런 충동은 정상으로 발달할 때 5세 즈음 생식기의 충동에 종속됨에 따라 흔히 성별 특징(sexuality)이라고 불리는 단위를 형성한다.

리비도 발달의 장애는 두 가지 주요 방식으로 발생한다고 해도 된다. 바로 고착과 억압이다. 고착이 발생해서 몇몇 요소 충동은 '성인'의 성별 특징으로 통합되는 과정에서 저항을 불러올 수도 있는데, 요소 충동이 체질적으로[1] 너무 강하기 때문이다. 좌절이나 욕구불만의 압박이 심할 때 억압이 발생해서, 이미 성취한 복합된 성별 특징이 요소 충동들로 쪼개지기도 한다. 두 경우에 생식기의 성별 특징에 장애가 발생한다. 이때 개인은 생식기 이전의 충동이 규정하는 방식으로 성적 만족을 추구한다.

---

[1]    지그문트 프로이트는 '체질적(constitutional)'이라는 말로 유전된 것과 초기 경험으로 획득한 것을 둘 다 의미한다. 어쨌든 이것이 프로이트가 『국제 정신분석 학회지』(1937))에 실린 자신의 논문 「끝이 있는 분석과 끝이 없는 분석」에서 밝힌 용어 정의다.

명시적으로 진술하지 않지만, 리비도 이론에 암시된 기본 주장은 쾌락 본성을 지닌 모든 신체 감각이나 쾌락 분투는 자연적으로 성과 연결된다는 것이다. 빨기, 배변, 소화, 근육 운동, 피부 감각 같은 단순 기관의 쾌락이 이런 분투에 속하고, 매질을 당하거나 남에게 자신을 보여줄 때, 타인이나 타인의 신체 기능을 관찰할 때, 또는 남에게 상해를 입힐 때 경험하는 쾌락도 마찬가지다. 이런 주장이 유년기를 관찰해 얻은 근거로 입증될 수 없다고 프로이트는 인정했다.

젖을 먹은 아기의 만족감 표현이 성교한 사람의 만족감 표현과 유사하다고 프로이트는 지적한다. 물론 프로이트가 방금 말한 유비를 결정적 증거로 제시하려던 것은 아니었다. 하지만 빨기와 먹기, 걷기 따위에서 쾌락이 생길 수 있다는 점을 아무도 의심하지 않기 때문에, 유비를 왜 제시한 것인지 궁금하다. 그러므로 프로이트가 제시한 유비는 아기의 쾌락이 성과 관계가 있는지에 대한 의심스러운 논점을 간과한다. 프로이트에 따르면 신체의 쾌락 감각이나 쾌락 추구에 속한 성과 관련된 본성은 유년기에서 확인할 수 없지만, 이런 감각이 도착, 성관계의 전희, 수음 환상에 나타나는 성인의 명확한 성적 활동과 밀접한 관계가 있을지도 모른다고 암시한다. 이 암시는 그럴듯하다. 그러나 성관계의 전희와 마찬가지로 도착증에서 최종 만족은 성기에 달려 있다는 점을 반드시 살펴야 한다. 프로이트의 가정에 따르면 **구강성교**(fellatio)에서 구강의 흥분은 성질과 강도의 측면에서 질의 흥분과 유사해야 한다. 현실적으로 입맞춤 같은 구강성교의 경우, 구강 점막의 흥분은 별로 중요하지 않다. 구강 성행위는 때리거나 맞을 때, 벌거벗은 몸이나 나체의 일부를 볼 때, 특정 자세로 있는 타인을 볼 때 그렇듯, 성기의 만족을 위한 조건일 따름이다. 프로이트는 이런 반론을 인정했으나 이를 자신의 이론에 반대한 증거로 고려하지는 않았다.

요컨대 프로이트는 성적 흥분(sexual excitement)을 자극하거나 만족을 위한 조건이 될 수도 있는 다양한 요인에 관한 우리의 지식에 크게 공헌했다. 그러나 이런 요인이 성과 관계가 있다고 증명하지는 못했다. 더군다나 프로이트의 추리(reasoning)는 부주의한 일반화를 포함하고 있다. 일정한 유형의 사람들이 잔혹한 행동을 지켜보면서 성적 만족을 끌어낸다는 사실에서 잔혹성이 성적 충동에 일반적으로 통합된 부분이라는 결론은 따라 나오지 않는다.

신체의 쾌락을 얻으려 분투하는 성과 관련된 본성을 지지하는 추가 증거로서, 프로이트는 때때로 성별 특징(sexuality)과 무관한 육체의 갈망이 성적 갈구를 교체할 수도 있다고 지적한다. 신경증 환자들은 성행위 주기와 강제 식사 주기를 뒤바꿀 수도 있다. 음식과 소화에 집착하는 사람들은 흔히 성교에 흥미를 거의 느끼지 않는다. 나중에 이런 관찰 결과와 거기서 끌어낸 결론으로 돌아가 논의하겠다. 여기서는 다음과 같은 점만 말하겠다. 한 가지 쾌락 분투를 다른 분투로 대체한다는 사실은 둘째 항이 어떻든 첫째 항과 같은 종류임을 증명하지 못한다. 이 사실에 대해 프로이트는 설명이 가능할 수도 있음을 간과했다. 어떤 사람이 영화 보러 가기를 원하지만 그렇게 할 수 없어서 대신에 라디오를 듣게 된다고 하더라도, 영화를 보면서 언는 쾌락과 라디오를 들으면서 얻는 쾌락이 본성적으로 종류가 같다는 결론은 따라 나오지 않는다. 원숭이가 바나나를 먹지 못하고 나무에 매달려 흔들면서 대체 쾌락을 얻더라도, 이것이 흔들기가 먹기를 구성하는 충동이나 먹을 때 느끼는 쾌락이라는 결정적 증거가 되지는 않는다.

위에서 고찰한 모든 내용에 비추어 볼 때, 리비도 개념은 입증되지 않았다고 결론지어야 한다. 증거로 내놓은 것은 보증되지 않은 유비와 일반화일 뿐이며, 성감대에 관한 자료가 근거로서 지닌 효력은 대단히 의심스럽다.

만약 리비도 개념이 성적 일탈이나 유아기 쾌락 분투에 대한 특이한 해석으로 이어졌을 뿐이라면, 해석의 유효성에 대한 문제는 그리 중요하지 않을 것이다. 그러나 리비도 개념의 현실적 의의는 본능의 변형에 대한 학설에 있다. 이 학설은 대다수 성격 특징, 자기와 타자를 향한 분투와 태도가 단순한 생존 경쟁과 관련이 없는 한, 원천을 리비도로 돌리게 할 수 있다. 이 학설에 함축된 경향은 프로이트의 둘째 본능 이론에 여전히 더욱 두드러져 보이고, 자기도취(narcissism)와 대상 리비도(object libido)의 이원성과 관련이 있으며, 리비도와 파괴 본능의 이원성에 대한 프로이트의 셋째 이론에도 여전히 나타난다. 둘째와 셋째 이론은 둘 다 나중에 계속 논의할 것이므로, 리비도 표현의 형태에 대한 이어질 논의에서는 프로이트가 리비도에 기원이 있다고 언급한 가학증과 피학증 같은 일부 태도를, 나중에 리비도 충동과 파괴 충동의 혼합물로 여겼다는 사실은 무시하겠다.

　프로이트는 리비도가 성격을 형성하고 태도와 분투의 방향을 잡는 몇 가지 방식을 제언한다. 일부 태도는 목표 억제 리비도 충동(aim-inhibited libidinous drives)으로 여겨진다. 따라서 권력 분투(striving for power)뿐만 아니라 모든 종류의 자기주장(self-assertion)은 가학증의 목표 억제 표현이라고 해석한다. 애정은 어떤 종류든 리비도 욕구의 목표 억제 표현이다. 타자에게 복종하는 태도는 어떤 종류든 잠재하는 수동적 동성애의 표현이라는 의혹을 받는다.

　목표 억제 분투라는 개념은 리비도 충동의 승화 개념과 거의 같은 종류에 속한다. 이 개념에 따르면 원래 '생식기 이전' 충동에 있었던 리비도의 흥분과 만족이 유사한 성격을 띤 성과 무관한 분투로 넘어가서, 원형 리비도 기력(original libidinal energy)은 기술되지 않는 형태로 탈바꿈할 수도 있다. 사실상 승화와 목표 억제를 분명하게 구별할 기준은 없다. 두 개념의 공통분모는 리비도와 무관한 다양한 특징이 있는데도 성적 요소가 제거된 리비도의 표현으로 여기는 독단적 단언이다. 두 개념을 구별하는 기준이 분명치 않은 까닭은 승화라는 용어가 원래 본능의 충동을 사회적으로 가치 있는 무언가로 변형한다는 생각(notion)을 포함하기 때문이다. 그렇지만 자기 이상(self-ideals), 곧 이상적인 자기를 만들어내려고 자기도취의 자기애를 이용하는 것과 같은 이런 변형이나 탈바꿈이 승화나 자기애의 목표 억제 형태라고 단정하기는 어렵다.

승화라는 용어는 대부분 '생식기 이전' 충동이 성과 무관한 태도로 넘어가는 변형에 사용하려고 남겨둔다. 여기서 말하는 이론에 따르면 인색함 같은 성격 특징은 대변보기로 이루어지는 승화된 항문 성애 쾌락(anal-erotic pleasure)이고, 그리기에서 얻는 쾌락은 배설물을 가지고 놀 때 얻는 성적 요소가 제거된 쾌락이다. 가학증에서 비롯한 분투는 수술이나 간부직 편애에 다시 나타나고, 억누르고 다치게 하며 거칠게 다루는 성과 무관한 일반적 경향으로 보여줄 수도 있다. 성적 피학대 충동은 불공정하게 대우받는다고 느끼거나 모욕 또는 굴욕을 당한다고 느끼는 경향 같은 성격 특징으로 변형되기도 한다. 구강 리비도 갈망은 수용, 획득, 탐욕 따위의 일반적 태도로 바뀌기도 한다. 요도 성애는 야망으로 탈바꿈할 수도 있다. 또한 경쟁심은 성 요소가 제거된 상태로 부모나 형제들과 벌이는 성적 경쟁의 연속으로 여겨진다. 무언가를 창조하고 싶은 소망은 일부는 아이가 아버지에게서 벗어나려는 중성화 소망으로, 일부는 자기도취의 표현으로 설명한다. 성적 호기심은 과학적 연구를 하는 성향으로 승화될 수 있거나, 또는 그런 점에서 억제의 이유가 되기도 한다.

일정한 태도는 리비도 충동의 직접적 결과나 수정한 결과가 아니라 성생활(sexual life)의 어떤 유사한 태도를 본뜬 것으로 여겨진다. 프로이트는 삶 전반에 깔린 성적 충동의 전형에 대해 말한다. 삶 전반에 깔린 성적 충동이라는 개념의 실천 측면의 귀결은, 성과 유관한 영역에 생긴 어려움이 제거된다면 성과 무관한 영역에 생긴 어려움이 해결되리라는 기대다. 이런 기대는 실현되는 경우가 드물다. 도식으로 표현하면, 이런 개념이 요구하는 해석은 다음과 같다. 예를 들어 감정을 억제할 강박의 이유는 자신을 성적으로(sexually) 포기할 능력이 없다는 데 있다. 원형 불감증은 이른 시기 성관계의 상처나 근친상간 집착의 여파, 동성애 경향, 가학증이나 피학증 요소 같은 성적 요인으로 돌려지는데, 후자의 예는 본질적으로 성과 연결된 현상이다.

　다시 한번 분류 작업에 어려운 문제가 발생한다. 어떤 행동 유형은 성과 관련해 반복되는 양식에 자동으로 뒤따르기 때문에 피학적인가?[2] 혹은 성과 무관한 피학증은 성과 관련된 경향의 성 요소가 제거된 목표 억제 표현인가? 그러나 실제로 이런 차이가 중요하지 않은 까닭은 관련된 모든 것이 같은 기본 신념의 다양한 표현에 지나지 않기 때문이다. 인간은 일차적으로 압도되어 일정한 자연의 본능을 채우도록 내몰린다. 자연의 본능은 본능이 규정한 목표를 이루도록 인간을 직접적으로 강제할 뿐만 아니라 매우 기만적인 방식으로 어쩔 수 없이 그렇게 만든다. 인간은 스스로 종교 같은 가장 높은 승화 감정을 가진다거나, 또는 예술이나 과학 같은 가장 고상한 활동을 한다고 믿을 때도, 여전히 주인 노릇을 하는 본능에 무심코 봉사한다.

　이와 같은 독단적 확신은 일정한 성격 특징들이 과거 리비도 관계

---

2　산도르 라도(Sandor Rado, 1890~1972), 『정신분석 계간지(*Psychoanalytic Quarterly*)』에 발표한 「여성의 거세 공포(Fear of Castration in Women)」(1933) 참고.

의 잔재거나 타자에 대한 실제 잠복한 리비도와 결부된 태도의 표현이라고 여기는 경향의 바탕이 된다. 여기서 두 가지 주요 문제는 태도를 이전에 누군가와 동일시한 결과나 잠복한 동성애의 표현으로 설명하려는 시도와 관련된 것이다.

다른 성격 특징은 리비도의 분투에 맞서는 반응 형성(reaction-formation)으로 여긴다. 반응 형성은 리비도 자체로부터 기력을 이어받는다고 가정한다. 따라서 청결이나 질서정연함은 항문 성애적 자극에 맞서는 반응 형성을, 친절함은 가학증에 맞서는 반응 형성을, 겸손은 노출증이나 탐욕에 맞서는 반응 형성을 나타낸다.

그밖에 다른 감정이나 성격 특징은 본능적 욕구나 욕망의 불가피한 귀결로 여긴다. 따라서 타자에 의존하는 태도는 구강 성애 갈망의 직접적 결과로 여기고, 열등감은 '자기도취' 리비도의 결핍으로, 예컨대 타자에게 리비도를 쏟아부은 노력에 대해 '사랑'을 돌려받지 못한 결과로 나타난다. 완고함은 항문 성애 영역과 관계가 있으며 그것을 바탕으로 환경과 충돌을 빚은 결과로 여긴다.

끝으로 두려움과 적개심 같은 중요한 감정은 리비도 충동의 좌절에 따른 반응이라고 이해한다. 주요 긍정적 충동의 기원을 리비도라고 생각할 때, 공포심을 가져야 할 위험이 어떤 종류든 리비도와 결부된 소망의 좌절이라는 결론이 도출된다. 예를 들어 사랑을 잃음에 대한 두려움은 어떤 사람들에게 기대되는 리비도 충족의 상실과 같으며, 기본 공포심 가운데 하나다. 그리고 성적 질투심(sexual jealousy)의 표현으로 해석되지 않을 때, 적개심은 좌절감이나 욕구불만과 일면적으로 연결된다. 본능적 충동의 좌절은 외부 상황의 강요든 공포나 억제 같은 내부 요인의 강요든 본능의 억눌린 긴장감이라고 가정하는 한에서, 신경증 환자의 불안은 최종적으로 좌절이나 욕구불만에서 비롯한다. 프로이트는 자신의 최초 불안 개념에 대해 내부나 외부적 이유로 리비도를 방출하지 못하면 불안이 생겨날 수 있다고 믿었고, 나중에 심리학에 더욱 가까운 개념으로 바꿨다. 그런데 불안은 이렇게 억눌린 리비도 긴장감에 대한 개인의 공포심과 무력감으로 정의되지만, 여전히 억눌린 리비도의 표현으로 남았다.

지금까지 논의한 내용을 요약해보자. 프로이트에 따르면 어떤 성격 특징, 태도나 분투는 리비도 충동의 직접적 표현, 다시 말해 목표가 억제된 표현이거나 승화된 표현일 수도 있다. 그것은 성과 관련된 특이한 점에 근거해 형성되기도 하고, 리비도의 자극이나 그런 충동의 좌절에 따른 반응 형성을 나타낼 수도 있고, 리비도에서 비롯한 애착의 내부 잔재일 수도 있다. 심리 생활에 리비도가 압도적 영향을 미친다고 보기 때문에, 정신분석학은 모든 심리 현상을 성별 특징(sexuality)으로 설명하는 이론이라는 혐의를 자주 받곤 했다.[3] 이 혐의는 리비도(libido)가 사람들이 흔히 이해하는 성별 특징과 다르고, 정신분석도 성적 충동을 억제하는 인격 내부의 힘을 고려한다는 논증으로 논박되었다. 이런 논증은 오히려 쓸데없는 것처럼 보인다. 중

---

3　조셉 재스트로, 『프로이트가 지은 집(*The House That Freud built*)』(1932) 참고. (옮긴이) 조셉 재스트로(Joseph Jastrow, 1863~1944)는 폴란드 출신 미국의 심리학자로 실험 심리학, 실험 설계, 정신물리학의 발명으로 잘 알려졌다.

요한 문제는 성별 특징이 프로이트가 가정한 만큼 실제로 성격에 영향을 미치느냐는 것이다. 이 질문에 답하려면 우리는 태도가 본능적 충동으로 생성되거나 동기를 얻는다고 프로이트가 믿는 방식을 각각 비판적으로 논의해야 한다.

일정한 감정이나 충동이 성별 특징의 목표 억제 표현(aim-inhibited expressions of sexuality)이라는 가정은 몇몇 가치 있는 임상적 발견을 포함한다. 애정과 유연함이 성별 특징의 목표 억제 표현일지도 모르고, 성욕의 전조일 수도 있다. 그리고 어떤 성관계는 그냥 애정 관계의 일부가 되기도 한다. 타인을 통제하거나 타인의 삶을 조종하려는 욕망은 가학증 경향이 경감된, 이를테면 합리화된 형태일 수도 있지만, 가학증 경향이 성과 결부된 기원과 본성을 지닌다는 점은 의심스럽다. 애정이나 권력을 향한 모든 경향이 본능적 충동의 목표 억제라는 일반화를 지지할 어떤 증거도 없다. 애정이 리비도와 무관한 다양한 원천에서 생겨나지 않을 수도 있다는 사실, 예컨대 애정이 모성의 돌봄이나 보호의 표현이 아닐 수도 있다는 사실은 입증되지 않는다. 완전히 간과한 점은 애정의 필요가 불안에 따른 안심시키는 수단일 수 있다는 것이고, 이 경우에 애정은 성적 색채를 띨지라도 본질적으로 성별 특징과 아무 관계도 없는, 전혀 다른 현상이다.[4] 마찬가지

---

4   카렌 호나이, 『우리 시대의 신경증 인격(*The Neurotic Personality of Our Time*)』(1937), 6~9장 참고.

로 통제하려는 욕망은 가학적 자극의 목표 억제 표현일지 몰라도, 가학증과 전혀 다른 것일 수도 있다. 권력을 쟁취하려는 가학적 분투는 취약성, 불안, 복수의 자극들(impulses)에서 나오지만, 가학증과 무관한 권력 분투는 힘이 세다는 느낌(a feeling of strength), 지도력을 발휘할 역량이나 대의에 헌신함에서 나온다.

성적 요소(sexual elements)가 분투와 태도를 결정한다는 독단적 신념은 어쩌면 승화 학설에 훨씬 노골적으로 나타날 것이다. 이런 가정을 지지할 자료는 부족하고 결정적이지 않다. 관찰이 보여준 바에 따르면 아이는 성적 호기심(sexual curiosity)이 일어나는 시기에 태양 아래 모든 것을 찾아서 묻는데, 아이의 일반적 호기심은 성적 호기심이 충족될 때 가라앉을 수도 있다. 그러나 모든 지식욕이 성적 호기심의 '성이 제거된(desexualized)' 형태라고 결론짓는 것은 성급한 일반화다. 어떤 종류든 연구에 보이는 특정 관심은 뿌리가 여러 갈래일 수도 있다. 몇몇 뿌리는 유년기의 구체적인 특정 경험까지 자주 거슬러 올라갈 테지만, 그렇다고 해도 반드시 또는 우세하게 성과 본성적으로 결부된 것은 아니다. 이런 비판에 맞서 정신분석은 결코 '과잉 결정하는(overdetermining)' 요인들을 간과한 적이 없다고 반론을 제기할 경우, 쟁점은 흐려질 뿐이다. 모든 심리 현상은 다중 방식으로 결정된다고 가정하는 것이 안전하다. 이와 비슷한 논증은 리비도와 결부된 뿌리가 본질적이라는, 논란의 여지가 있는 주장을 건드리지 못한다.

다시 한번 적절한 증거를 바탕으로, 성과 무관한 영역의 충동이나 습관이 리비도 영역의 유사한 특이한 점과 자주 공존한다는 점을 지적한다. 책을 '집어삼킬 듯이 읽고' 돈 문제에 욕심이 많은 사람은 먹거나 마실 때와 유사하게 게걸스러울 수도 있고, 식욕 장애를 겪거나 기능성 복통을 앓을지도 모른다. 구두쇠는 때때로 변비에 걸리기도 한다. 수음하는 경향이 있는 사람은 혼자 놀기에 대한 똑같은 강제적 필요나 욕구에 시달리며, 이에 관해 똑같은 수치심을 느끼고, 그것을 포기하겠다는 똑같은 결정을 반복할 수도 있다.

물론 방금 언급한 유기체의 발현이 유사한 정신 태도와 자주 결합한다는 사실을 발견할 때, 전자는 본능적 바탕으로 여기고 후자는 이런저런 방식으로 그 바탕에서 나온다고 여기는 것은 본능 이론가에게 솔깃한 일이다. 사실 그것은 솔깃함 이상이다. 본능 이론의 이론적 전제에 근거하면, 인과 관계를 입증하기 위해 요인들의 두 계열이 연합해 발생하는 것보다 더 많은 증거가 요구되지 않는다. 그렇지만 만약 누구든지 이런 전제를 공유하지 않는다면, 이런 특징들의 빈번한 동시 발생은 아무것도 증명하지 않는다. 이는 예전의 본능 이론가들이 가정했듯[5] 눈물과 비탄의 빈번한 동시 발생이나 우연의 일치(coincidence)가, 비탄이 눈물의 정서적 표현이라는 증명만큼이나 증명이 아니다. 오늘날 우리는 눈물이 비탄의 신체적 표현이라고 추정하고, 비탄이 눈물의 정서적 표현이라고 가정하지 않을 것이다.

달리 말해 먹거나 마실 때 보이는 탐욕은 먹기나 마시기의 원인이

---

5    윌리엄 제임스, 『심리학의 원리』(1891).

아니라 일반적 탐욕의 여러 표현 가운데 하나라고 해서는 안 되는 가? 기능성 변비[6]는 소유하고 통제하려는 일반적 경향의 여러 표현 가운데 하나여서는 안 되는가? 어떤 사람에게 수음하도록 강요할 수도 있는 똑같은 불안이 혼자 놀기를 강요할지도 모른다. 혼자 놀기를 부끄러워함이 결국 금지된 성적 쾌락을 추구한 사실에서 발생한다는 점은 자명하지 않다. 만약 어떤 사람이 예컨대 완벽한 외양을 다른 무엇보다 중시하는 유형이라면,[7] 방종의 함축과 자제력의 부족이 당사자의 자책(self-condemnation)을 충분히 결정할 수도 있다.

이런 관점에 따르면 성과 무관한 충동이나 습관과 리비도 발현의 유사성에서 끌어낼 어떤 인과 관계도 없다. 탐욕, 소유욕, 강박적 혼자 놀기는 달리 설명해야 한다. 세부 내용을 따지면 본론에서 너무 벗어나게 될 것이다. 어림잡아 말해보면 도박과 연루된 다른 요인을 살피는 경우와 마찬가지로 강박적 혼자 놀기의 경우에도 다른 요인을 살펴봐야 한다. 어떤 사람은 자신이 우연의 무력한 희생자여서 운을 자신의 편으로 돌리고 한 수 앞서려고 기력을 쏟아야 한다는 느낌과 함께 내면의 고집을 누군가에게 내세우기 때문에 자기 스스로 노력하는 것에 저항한다.

탐욕이나 소유욕의 경우, 어떤 사람은 정신분석 관련 문헌에서 '구강기'나 '항문기'로 기술하는 성격 구조에 대해 생각한다. 그러나

---

6    폴 오번도프(Clarence Paul Oberndorf, 1882~1954)의 『뉴욕주 의학지』에 실린 「천식의 심리 발생 요인(The Psychogenetic Factors in Asthma」(1935) 참고.

7    이 책의 8장 '초자아' 개념을 보라.

다른 어떤 사람은 이런 성격의 특징을 '구강'이나 '항문' 부위와 연결하지 않고, 초기 생애의 환경 속에서 겪은 경험의 총합에 따른 반응이라고 이해한다. 이런 초기 경험의 결과로 개인은 두 경우에 모두 적의가 잠재한다고 여기는 세상에 대해 깊은 무력감, 자발적 자기주장이 부족하다는 느낌, 자진해서 무언가를 창조하거나 통달할 자신의 역량에 대한 불신감을 습득한다. 이때 개인이 왜 타인에게 매달리며 얻을 수 있는 것을 받아내려는 경향과 타인이 기꺼이 착취당하도록 만들 수단을 개발하는지 이해해야 한다. 그리고 다른 어떤 사람은 왜 타인에게서 물러나고 자부심과 반항심의 벽으로 자신과 세상을 차단할 때 안도감과 만족감을 얻는지도 이해해야 한다. 후자 유형에서 조임(tightness)의 다른 신체적 표현이 자주 발생할 것이다. 예컨대 변비뿐만 아니라 꽉 다문 입술로 드러나기도 한다.

따라서 관점의 차이는 다음과 같이 표현할 수도 있다. 어떤 사람은 괄약근의 팽팽함 탓에 입을 꽉 다무는 것이 아니라, 한 가지 목표에 집중하고 자신이 가진 것에 매달리고 돈이든 사랑이나 자발적인 어떤 종류의 감정이든 양보하지 않으려는 경향 탓에 입을 꽉 다물게 된다. 이 유형에 속한 개인이 꿈속에서 대변으로 사람들을 상징할 때, 리비도 이론의 설명에 따르면 사람들이 꿈을 꾼 당사자에게 대변으로 나타나기 때문에 경멸할 것이다. 반면에 나는 사람들을 대변의 상징물로 표상한 것이 사람들에 대해 이미 지닌 경멸감의 표현이라고 말하겠다. 타인과 자신에 대한 일반적 태도에서 이런 경멸감의 이유를 찾아야 한다. 예컨대 자기 비하(self-contempt)는 타인에게 경멸당하는 것에 대한 두려움뿐 아니라 신경증에 따른 취약성 때문에 생기고, 그 결과로 타인을 경멸해서라도 자존감에 유리한 평형 상태에 이르려 시도한다. 그뿐만 아니라 더 깊은 무의식에 타인을 비하함으로써 승리의 기쁨을 만끽하려는 가학적 자극이 있는 경우가 잦다. 마찬가지로 만약 어떤 남자가 성관계를 배설과 같은 것으로 여긴다면, 단지 기술하는 방식으로 '항문' 성교 개념에 대해 말할 수도 있지만, 상황의 역동성 측면에서 그 남자가 여자들뿐 아니라 개연적으로 남자들과 맺는 관계에서 겪는 정서 장애를 전부 고려해 해석할 것이다. 그때 '항문 성교 개념'은 여자들을 더럽힐 가학증 자극의 표현으로 보인다.

승화 학설을 지지할 자료가 빈약하다는 점은 승화의 신체적 바탕으로 가정된 것이 이론상으로만 있을 뿐이라는 사실로도 분명해진다. 눈물을 흘리지 않으면서 비탄을 경험할 때처럼, 소유욕은 장내 운동이나 다른 신체 기능의 특이한 점이 없이 발생하기도 한다. 지식욕은 먹거나 마심의 특이한 점이 없이 일어나기도 하고, 연구에 대한 깊은 관심은 문제가 되는 성적 호기심을 느끼지 않으면서 생길 수도 있다.

정서 생활의 양식이 성생활 이후에 만들어진다는 학설은 어떤 사람의 일반적 태도와 성생활 또는 성적 기능 사이에 유사점을 드러내는 데 중요한 역할을 한다. 스키를 타고 언덕을 미끄러져 내려갈 능력이 없는 것이나 남자들을 폄훼하는 태도가 불감증과 공통점이 있다거나, 또는 성적으로 학대당한 느낌이 고용주에게 속고 창피를 당했다고 느끼는 성향과 어떤 연관성이 있다고 생각했던 적이 이전에는 없었다. 성과 관련된 장애와 유사한 어려움이 성격 특징에 일반적으로 나타난다는 증거는 정말로 많다. 어떤 사람은 일반적으로 타인과 감정적으로 떨어져 있으려는 경향을 보일 때, 자신의 냉담한 태도와 거리감이 유지되는 성관계를 선호할 것이다. 타인이 무언가에서 얻는 쾌락을 시샘하는 경향의 시무룩한 사람은 또한 성교 상대에게 주는 만족을 아까워하기도 한다. 일반적으로 타인에게 기대감을 불러일으키는 경향의 가학적인 사람은 성교 대상에게서 기대되는 만족감을 빼앗으려고 할 수도 있다. 이런 경향은 **조루증**의 한 요소가 되기도 한다. 순교자의 역할을 하려는 일반적 성향을 지닌 여자는 성행위도 역시 잔혹함과 굴욕감을 주는 형태로 그려본 다음, 어떤 만족이든 충분히 막을 만한 항의를 하면서 이처럼 상상한 것에 따라 반응할 수도 있다.

그렇지만 프로이트의 주장은 성과 유관한 어려움과 성과 무관한 어려움이 동시에 발생한다는 진술을 넘어선다. 그는 성과 관련된 특이성이 원인이고 다른 특이성은 결과라고 주장한다. 프로이트가 세운 이론은 개인이 성 기능 측면에서 만족스럽기만 하면 다 괜찮다는 그릇된 믿음을 형성했다. 실제로 신경증에 걸렸을 때 성적 기능은 방해받을 수도 있지만, 꼭 그렇지는 않다. 심각한 신경증 환자 가운데 갈등 문제로 생산적인 일을 할 수 없고 불안에 시달리고 전형적으로 망상에 사로잡히거나 정신 분열이 있으면서도 성교에서 완전히 만족감을 얻는 경우는 꽤 많다. 이런 사실은 환자들이 내놓은 피상적 진술이 아니라, 환자들이 완전한 성적 쾌감의 절정에 도달한 경우와 아닌 경우를 명확하게 구별할 수 있다는 경험적 사실 증거에서 추론한 것이다.

리비도 이론을 고수하는 정신분석가들은 앞에서 말한 사실에 의문을 제기했다. 그것이 핵심 논점이기 때문이다. 다른 태도에 비해 성별 특징의 **전형성**에 대한 특별한 주장뿐만 아니라 리비도 이론의 기본 주장, 곧 성별 특징의 위력(the power of sexuality)이 성격을 결정한다는 주장도 여기에 달려 있다. 퇴행 이론도 리비도 이론에 달렸다. 프로이트에 따르면 신경증은 주로 '생식' 단계에서 '생식기 이전' 단계로 퇴행해서 발병한다. 따라서 좋은 성적 기능은 신경증 장애와 동시에 일어날 수 없다. 이 사실을 리비도 이론과 조화시키기 위해 그는 이렇게 주장한다. 일부 신경증 환자의 성 기능이 만족스러울지 몰라도 단지 생리학적으로만 그렇고, 언제나 '성 심리적으로(psychosexually)' 방해받는다고, 다시 말해 성교 상대와 맺는 심리 관계에서 언제나 장애를 겪는다는 것이다.

방금 제시한 논증은 오류가 있다. 물론 모든 신경증에 성교 상대와 맺는 심리 관계의 장애가 발생한다. 그러나 이것은 다른 해석을 허용한다. 나처럼 신경증을 인간관계에서 겪는 장애의 최종 결과로 여기는 사람들의 관점에서 볼 때, 이런 장애는 필연적으로 성과 관련되든 아니든 모든 인간관계에 나타날 수밖에 없다. 더군다나 생리학적으로도 좋은 성적 기능은 '생식기 이전' 충동 이후에만 가능하다는 리비도 이론의 주장은 충분히 극복되었다. 그러므로 어떤 사람이 성적으로 기능을 잘할 수 있어도 신경증 장애를 겪을 수 있다는 사실은 리비도 이론의 근본 오류를 보여준다. 되풀이해 말하면 리비도 이론은 인격이 대체로 개인의 성별 특징에 의존한다고 여긴다.

태도가 엄연히 대립하는 충동에 맞서는 반응 형성일 수도 있다는 발견은, 일반화로 굳어지지 않는다면 대단히 건설적이다. 지나치게 친절한 태도가 가학증 경향에 맞서는 반응 형성일 수도 있다는 점은 기본적으로 타인과 맺는 좋은 관계에 나타나는 진정한 친절의 가능성을 배제하지 않는다. 관대함이나 너그러운 태도가 탐욕에 맞서는 반응 형성일 수도 있다는 점은 진정한 관대함 또는 너그러움이 실존할 수 없다고 증명하지 않는다.[8]

좌절감을 논의의 중심에 놓으려는 프로이트의 취지에 대해 말하면, 여러 방식으로 잘못된 길로 빠진다. 신경증을 앓는 어떤 사람이 늘 좌절을 느낀다는 사실은 특별한 조건에 따른 것이므로 그런 좌절감의 의의에 대한 일반화를 허용하지 않는다. 신경증 환자가 그토록 쉽게 좌절감에 빠져들고, 이런 느낌에 균형이 맞지 않게 반응하는 이유는 세 가지다. 우선 신경증 환자의 기대와 요구의 많은 부분은 불안으로 촉진되고, 이로써 긴급한 명령이 된다. 따라서 좌절감은 환자의 안전에 위협적 요소가 된다. 둘째로 신경증 환자의 기대는 과도할 뿐만 아니라 모순에 빠져 있어서 현실에서 이행이 불가능하다. 끝으로 신경증 환자의 소망은 자신의 의지를 타인에게 강요함으로써 악

---

8  이 책의 11장 '자아'와 '초자아'를 보라.

의에 찬 승리를 거두려는 무의식적 자극(unconscious impulses)으로 자주 촉진된다. 그래서 만약 좌절이 창피스러운 패배로 느껴지면, 잇따른 적대 반응은 소망의 좌절이 아니라 당사자가 주관적으로 경험한 모욕감에 따른 반응이 된다.

프로이트의 이론에서 이와 같은 좌절감은 적개심을 불러일으킨다고 가정한다. 그렇지만 실제로 건강한 사람들은, 어른뿐만 아니라 아이도 적개심이 섞인 어떤 반응도 하지 않으면서 상당한 좌절을 잘 견뎌낼 수 있다. 이런 좌절의 강조는 교육에서 실천적 함축이 하나 있다. 좌절감의 강조는 부모의 태도에서 적개심을 불러일으키는 요소, 간략히 부모 자신의 결핍 요소[9]에서 주의를 딴 데로 돌림으로써 젖떼기, 청결 교육, 형제자매의 탄생 같은 비본질적 요인을 강조하게 만드는 것 같다. 교육자들과 인류학자들도 마찬가지다. 하지만 여기서 '무엇'이 아니라 '어떻게'에 강조점을 두어야 한다.

더욱이 프로이트는 좌절감이나 욕구불만이 본능적 긴장감의 원천으로서 신경증 환자의 불안을 일으키는 최종 원인이라고 믿는다.[10] 이런 해석은 신경증 환자의 불안이 본능적 긴장의 증가에 따른 자아의 반응이 아니라 인격 내부의 갈등을 빚는 경향들의 결과로 보지 못하게 하는 만큼, 신경증 환자의 불안에 대한 이해를 많이 흐려지게 했다.

---

9    이 책의 4장 오이디푸스 콤플렉스를 보라.

10    이 책의 12장 불안을 보라.

좌절감의 학설은 정신분석 치료의 잠재력에도 많은 해를 끼쳤다. 좌절감이나 욕구불만에 돌아간 역할은, 정신분석에서 이를 다루는 기술이 환자의 좌절감이나 욕구불만에 따른 반응을 전면에 드러내기 위해 사용되어야 한다는 충고로 이어졌다. 이런 절차의 함축은 치료의 다른 문제와 연관 지어 9장에서 논의할 것이다.[11]

끝으로 프로이트가 복종심과 기생하는 경향 같은 특징이나 이에 따른 반응의 설명 원리로 사용한 잠복한 동성애에 대해 나의 의견을 덧붙인다. 프로이트의 해석은 기본 가학증 성격 구조[12]를 이해하지 못한 데서 기인하고, 결국 이런 실패는 대체로 가학증을 최종적으로 성과 결부된 현상이라고 생각한 탓이다.

그러면 리비도 이론의 모든 주장은 실체를 드러내지도 않고 입증되지도 않는다. 이는 리비도 이론이 정신분석 사고와 치료가 기댄 모퉁잇돌 가운데 하나가 되었던 이래 더욱 주목할 만하다. 모든 쾌락 분투가 근본적으로 리비도의 만족을 위한 분투라는 가정은 제멋대로 세운 독단에 지나지 않는다. 증거로 내놓은 것은 보증되지 않으며 흔히 일정한 좋은 관찰 자료의 엉성한 일반화다. 생리 기능과 정신적 행동이나 분투 사이에 엄연히 있는 유사한 점은 생리 기능이 정신적 행동이나 분투를 결정한다고 증명하기 위해 사용된다. 성과 결부된

---

11    이 책의 9장 전이 개념을 보라.

12    이 책의 15장 가학 현상을 보라.

영역의 특이성이 즉각 성격 특징의 공존하는 유사한 특이성을 낳는다고 가정한다.

하지만 리비도 이론의 실체를 드러내는 증거가 부족하다는 점은 리비도 이론에 대한 아주 심각한 비판이 아니다. 어떤 이론은 실체를 드러내거나 입증되지 않을 수도 있지만, 여전히 우리의 이해 범위를 넓히고 깊이를 더할 유용한 도구가 되기도 한다. 달리 말해 리비도 이론은 좋은 작업가설일 수도 있다. 사실상 프로이트는 리비도 이론을 '우리의 신화학'[13]이라고 부를 때 자신의 이론이 단단한 땅 위에 서 있지 않다고 실감하지만, 이렇게 인정하는 것이 리비도 이론을 설명 원리로 사용하지 못하게 만든다는 사실을 아직 깨닫지 못한다. 어느 정도까지 리비도 이론은 일정한 관찰에서 건설적 실마리를 제공했다. 리비도 이론은 성과 관련해 겪는 어려움을 편견 없이 주시하고 중요하다고 인정하도록 도왔다. 또한 성격 특징과 성적인 특이성 사이에 나타난 유사점을 인정하고 (구강기와 항문기의 성격 같은) 일정한 경향들의 빈번한 동시 발생을 알아보도록 도왔다. 리비도 이론은 이런 경향들과 공존하는 일정한 기능성 장애를 밝혀낼 도구였다.

리비도 이론의 약점은 많은 태도와 충동이 성과 관련된 기원을 갖는다는 주장에 있지 않다. 사실상 누구든지 '생식기 이전' 충동의 생리학적 기원[14]뿐만이 아니라 이런 충동이 리비도 이론 전체의 본질

---

13　지그문트 프로이트, 『새로운 정신분석 강의(*New Introductory Lectures on Psychoanalysis*)』 (1933).

14　나중에 프로이트는 구강기 충동과 항문기 충동의 몸의 특정 원천에 대해 더욱 유보하

을 포기하지 않으면서 자연적으로 성과 관련된다는 학설도 버릴 수 있다. 프란츠 알렉산더(Franz Alexander, 1891~1964)는 명시적으로 진술하지 않지만, 실천적으로 생식기 이전의 성별 특징 이론을 포기하고, 세 가지 기본 경향이 있다는 학설을 제의했다. 세 기본 경향은 수용하는 경향, 보유하는 경향, 주거나 없애는 경향이라고 부른다.[15]

그러나 우리가 성적 충동에 대해 말하느냐, 또는 프란츠 알렉산더의 용어로 기본 경향에 대해 말하느냐, 그런 충동이나 경향을 구강 리비도 경향이라고 부르느냐, 또는 수용하는 기본 경향이라고 부르느냐는 기본 사유 방식을 본질적으로 바꾸지 않는다. 알렉산더의 시도는 명확한 진보를 이루지만 본질적 가정은 그대로 남는다. 인간은 어떤 일차적 필요나 욕구, 다시 말해 생물학적으로 정해진 필요나 욕구를 충족하도록 내몰리고, 이런 필요나 욕구가 인격과 삶 전체에 결정적 영향력을 행사할 만큼 강력하다고 가정한다.

이 가정이 리비도 이론의 현실적 위험을 만들어내는 요소다. 리비도 이론의 주요 특징과 결함은 본능 이론이라는 데 있다. 리비도 이론은 단일 경향이 한 인격에 발현하는 여러 방식을 보여줄 수 있지만, 리비도 발현이 모든 경향의 최종 원천이라는 착각을 낳는다. 여기서 착각은 이런 해석만이 어떤 경향의 생물학적 뿌리를 추정해 보여줄 만큼 '심층적'이라는 모호한 개념으로 조성된다. 리비도 이론

---

는 태도를 보였다. "몸의 원천과 맺은 관계가 본능에 특정 형질을 주더라도 이는 전혀 분명치 않다."(『새로운 정신분석 강의』, '불안과 본능적 삶'에 대한 장 참고)

15    프란츠 알렉산더, 「위장병에 심리학적 요인이 미치는 영향」(1934), 『정신분석 계간지』

이 심층 심리학이라는 정신분석학의 주장은 무의식적 동기를 다룸으로써 보증된다. 말하자면 어떤 해석은 억압된 분투, 감정, 공포심에 닿을 때 심층적이다. 그러나 유아기 충동과 관련된 해석만 심층적이라고 여기는 것은 이론적 선입관에서 생겨난 착각이다. 리비도 이론은 세 가지 주요한 이유로 해로운 착각을 낳는다.

첫째, 리비도 이론은 인간관계, '자아,' 신경증에서 비롯한 갈등과 불안, 문화 요인의 역할에 대해 왜곡된 관점을 제공한다. 이런 함축은 이어질 장에서 나중에 논의할 것이다.

둘째, 리비도 이론은 모든 부품의 상호연결이 어떻게 일정한 효과를 내는지 이해하고, 그 과정에서 또한 바퀴 하나가 왜 그 자리에 있고 그대로 기능해야 하는지를 이해하려고 하지 않고 기계 전체를 바퀴 하나로 이해하려는 유혹에 넘어간다. 예를 들어 성적 피학증 경향(sexual masochistic trends)을 전체 성격 구조의 한 표현이라고 여기지 않고, 전체 성격 구조의 복잡성을 개인이 매를 맞는 것 같은 고통스러운 경험 속에서 성적으로 흥분한 결과로 설명한다. 혹은 만약 남자가 되고 싶어 하는 어떤 여자가 있다면 그 소망을 전체 인격에 비추어 삶의 상황, 특히 유년기 상황의 총체로 이해하지 않고, 정반대 길을 따른다. 다시 말해 전체 성격 구조를 음경 선망의 결과로 본다. 파괴적 야망, 부족감(feeling of inadequacy), 남자들에 대한 적개심, 자족, 전반적 불만, 월경이나 임신으로 겪는 어려움, 피학증 경향 같은 복잡한 특징들은 이른바 한 가지 생물학적 원인, 곧 음경 선망의 최종 결과로 간주한다.

셋째, 리비도 이론은 정신분석 치료에 실제로 없는 마지막 한계를 보도록 이끈다. 생물학적 요인을 **최종 작용인**(ultima causa movens)으로 여기면 누구든지 치료에서 밑바닥에 이르기 마련이다. 왜냐하면 프로이트가 지적했듯 생물학으로 결정된 것을 아무도 바꿀 수 없기 때문이다.[16]

리비도 이론의 자리에 무엇을 놓아야 할지는 리비도 이론의 개별 주장을 논의할 때 간단히 말했고, 이 책의 전반에 걸쳐 추가로 제언할 것이다. 이 질문에 대한 답은 원리상 두 가지다. 하나는 프로이트가 본능적인 것으로 여긴 충동의 위력(the power of drives)에 관한 구체적인 답이고, 다른 하나는 충동 자체의 본성에 관한 포괄적인 답이다.

일정한 충동들이 본능적이거나 기본적이라는 주장을 받쳐주는 관찰은 저항할 수 없을 것처럼 보이는 힘의 세기, 개인에게 강요함, 개인을 일정 목표로 향하도록 닥치는 대로 몰아댐이다. 이런 본능적 충동들은 개인의 이익에 전체적으로 불리하더라도 만족을 추구한다. 리비도 이론의 이 부분을 지지한 이론적 바탕은 인간이 쾌락 원리의 지배를 받는다는 것이다.

그러나 이렇게 일정한 충동의 불합리하고 맹목적인 것처럼 보이는 몰아대는 특징을 드러낸 사람은 신경증 환자들이다. 이와 관련해

---

16    지그문트 프로이트, 「끝이 있는 분석과 끝이 없는 분석」 참고.

프로이트는 신경증 환자와 신경증을 앓지 않는 사람 사이에 차이가 있다고 실감한다. 건강한 개인은 당장 구할 수 없다면 만족을 유예하고, 미래의 만족을 얻으려는 목적에 맞게 지속적으로 노력할 수 있다. 신경증 환자에게 이런 충동은 전부 긴급한 명령이기도 해서 유예할 수 없다. 프로이트는 이런 차이를 설명하려고 두 가지 보조 가설을 세운다. 하나는 신경증 환자가 더욱 가혹하게 쾌락 원리에 지배당하고, 유아기 상태에 머물러 있어서 어떤 대가를 치르더라도 직접적 만족을 얻어야 한다는 보조 가설이다. 다른 하나는 신경증 환자의 리비도가 괴상한 종류의 집착(adhesiveness)이 있다는 보조 가설이다. 유치증[17]을 설명 원리로 너무 너그럽게 사용하는 것에 대한 논의는 나중에 하겠다. 신경증 환자의 리비도 집착 가설은 단지 사변으로 세운 것일 뿐이며 유치증 현상을 지지할 어떤 심리학적 설명도 없는 경우에만 기대야 한다.

신경증을 앓는 사람들에 관한 한, 일정한 충동의 저항할 수 없는 성질(irresistibility)에 대한 프로이트의 관찰은 유효할 뿐만 아니라 건

---

**17** (옮긴이) 유치증(幼稚症, infantilism)은 나이가 들어서도 유아기 심리 특징이나 신체 특징, 행동 특징을 나타내는 증상을 가리키는 용어다. 심리학에서 유치증은 성도착 및 성 심리와 관련이 있다. 성도착 유치증은 기저귀를 차려는 욕망과 유아기로 돌아가는 환상을 포함한 성도착증이고, 성 심리 유치증은 지그문트 프로이트가 끌어들인 성 심리 발달과 관련된 개념이다. 일반적으로 일상 대화에서 유치증은 어른의 유치한 행동, 특히 판단력 부족과 논리적 추리에 근거해 결론을 내리지 못함, 합리적 이유가 아니라 직접적 인상과 자극에 몰린 행동을 표현한다. 유치증의 범위는 표현의 정도에 따라 정신병부터 행동 장애 또는 다른 모든 점에서 건강한 사람의 심리 기질과 인격 특징까지 걸쳐 있다. 의학에서 유치증은 생리 장애, 발달 장애와 무능력에 비해 구식 용어고, 유아기 말씨를 사용하는 증상, 시상하부 발육부전 비대증, 지방성 성기 발육부전으로 분류한다.

설적 발견으로 정당하게 꼽을 만하다. 신경증에서 자기 팽창과 기생하며 생존하기 같은 충동은 고유한 성 본능보다 더 강해서 대체로 개인의 삶을 결정할 수 있다. 문제는 이런 힘의 세기(strength)를 어떻게 설명하느냐는 것이다. 이미 지적했듯 프로이트는 이를 본능적 만족 추구에서 기인한 것으로 여긴다.

하지만 실제로 모든 충동에 특이한 강도를 더하는 것은 모든 충동이 만족과 안전 둘 다에 쓸모가 있다는 사실이다. 인간은 단지 쾌락 원리가 아니라 안전과 만족이라는 두 길잡이 원리[18]의 지배를 받는다. 신경증 환자는 정신적으로 건강한 개인보다 불안을 더 많이 느껴서 자신의 안전을 지키기 위해 엄청나게 많은 기력을 쏟아부어야 하고, 분투에 강도와 집요함을 더하는 것은 도사린 불안에 맞서 안도감을 얻어야 할 필요 또는 욕구다.[19] 사람들은 만족을 포기한다고 선언할 때 음식과 돈, 주목과 애정을 버릴 수 있다. 그러나 만약 사람들이 빈곤해지거나 굶주리거나, 무력하게 적의에 노출될 위험한 상황에 놓이거나 그렇다고 느낀다면, 달리 말해 안전한 느낌을 잃는다면 음식과 돈, 주목과 애정을 포기할 수 없다.

여기서 충동하는 힘(driving force)이 만족뿐만 아니라 불안이라는

---

18    이 두 길잡이 원리의 중요성은 다른 누구보다 알프레드 아들러(Alfred Adler, 1870~1937)와 스택 설리번(Harry Stack Sullivan, 1892~1949)이 강조했지만, 두 사람 가운데 아무도 불안의 역할을 충분히 강조하지 않았고, 불안은 안전을 확보하려는 분투의 절박함을 설명한다.

19    카렌 호나이, 『우리 시대의 신경증 인격』, 5장 참고.

점도 실험 결과에 가까울 만큼 정확하다. 예컨대 받아들이거나 움켜잡거나, 기생하는 경향이 우세한 사람들은 돈, 도움이나 애정의 유입이 멈출 때 어느 정도 격노 반응을 보인다. 그들은 자립할 수 있는 전망에 겁을 먹는다. 따라서 이런 유형의 사람들은 원하는 것을 얻을 때 불안이 가라앉는다. 불안은 먹기, 물건 사기, 주목이나 보살핌 같은 조짐을 받아들임으로써 누그러질 수 있다. 남을 통제하고 언제나 옳기 위해 눈에 띄게 분투하는 유형은 의로움과 권력을 즐길 뿐만 아니라 틀리게 판단하거나 군중의 일부가 될 때 (지하철에서 느끼는 두려움처럼) 확실히 겁을 먹는다. 잘 잊지 않는 꼼꼼한 유형은 돈, 수집품, 지식을 소중히 여길 뿐 아니라 타인이 사생활 영역으로 들어오거나 자신의 사생활을 타인에게 공개하게 될 상황에 놓이면 언제든 겁을 먹는다. 이런 유형은 성교할 때 불안감이 커지기도 하고, 사랑을 위험으로 느낄 수도 있으며, 자신의 인생에 관해, 특히 감정에 관해 중요하지 않은 자료라도 타인에게 말한 뒤에 곰곰이 되새기며 생각에 잠길지도 모른다. 유사한 자료는 자기도취 및 피학증 태도와 연결해 5장과 15장에서 각각 제시하겠다. 앞에서 말한 유형들은 이런 모든 분투가 뻔히 드러나든 숨어 있든 만족을 낳지만, 불안 덜기를 겨냥한 방어 전략에서 '해야 하고', 그래야 마땅하고 그렇지 않아서는 안 된다고 고집스레 주장하는 성격을 한결같이 보여준다.

이렇게 방어를 늘리는 불안을 앞서 출간한 책[20]에서 나는 근본 불

---

20    카렌 호나이, 『우리 시대의 신경증 인격』, 3~5장.

안이라고 기술했고, 적의가 잠재하는 세상에서 느끼는 무력감이라고 정의했다. 근본 불안은 정신분석 사고가 리비도 이론에 맞춰지는 한에서는 낯선 개념이다. 정신분석학에서 근본 불안과 가장 가까운 개념은 프로이트가 '현실적' 불안( 'real' anxiety)이라고 부른 것이다. 현실적 불안도 환경에 대한 두려움이지만, 개인의 본능적 충동과 온전히 연결된다. 현실적 불안 개념의 주요 함축에 따르면, 아이는 금지된 본능적 충동을 추구하면 거세나 사랑 상실로 처벌받는다고 여겨서 환경을 두려워한다.

근본 불안 개념은 프로이트의 '현실적' 불안보다 더 포괄적이다. 환경이 미덥지 않고 허위가 판을 치고 감사할 줄 모르며 불공평하고 불의와 시샘이 가득하고 무자비하다고 느끼는 까닭에 환경 전체가 몹시 두려워진다. 이런 개념에 따르면 아이는 금지된 충동 탓에 처벌받거나 버림받게 될까 봐 두려워한다. 또 환경이 자신의 온전한 발달과 더없이 정당한 소망 및 분투를 위협한다고 느낀다. 아이는 자신의 개성이 말살되고, 자유가 박탈되고, 행복이 막힐 위험을 느낀다. 이런 두려움은 거세 공포와 반대로 환상이 아니라,[21] 철저히 현실에 근

---

21    안나 프로이트, 『자아와 방어 기제(*Das Ich und die Abwehrmechanismen*)』(1936). (옮긴이) 안나 프로이트(Anna Freud, 1895~1982)는 정신분석학을 창시한 지그문트 프로이트의 막내딸로 아동 심리학의 권위자로 평가받았다. 빈 정신분석학회 회장으로 재직하는 동안 아동 정신분석에 대한 연구법을 개괄한 논문을 썼다. 인간의 기본적 방어 기제는 억압인데, 충격을 받을 때 자신에게 위험하다는 것을 아이가 학습함으로써 발달하는 무의식적 과정이다. 자신의 감정을 다른 것에 투사하는 것, 공격적 충동을 자신에게 돌리는 것, 압도적 힘을 가진 공격자와 자신을 동일시하는 것, 사고와 감정의 분리 따위를 예로 들 수 있다.

거를 두고 있다. 근본 불안이 생기는 환경에서 아이는 기력을 자유롭게 사용하지 못하고, 자존감과 자립심은 손상되고, 협박과 고립으로 공포가 스며들고, 확장 성향(expansiveness)은 야만적 행위, 기준, 과잉 보호하는 '사랑'으로 왜곡된다.

근본 불안에서 다른 본질적 요소는 아이가 권리 침해에 맞서 자신을 적절하게 방어할 수 없도록 만든다는 점이다. 아이는 생물학적으로 무력하고[22] 가족에게 의존할 뿐만 아니라 온갖 자기주장(self-assertion)에 필요한 용기를 잃는다. 아이는 흔히 원망이나 비난을 표현할 때 너무 겁을 내서 죄가 있다고 느낀다. 억압될 수밖에 없는 적개심이 불안을 촉진하는 까닭은 자신이 의존하는 누군가에게 향할 때 위험 요소가 되기 때문이다.

이런 상황에 맞닥뜨릴 때 아이는 일정한 방어 태도를 강화함으로써 거기에 기대려 할 것이다. 아이는 전략이라고도 부르는 방어 태도로 세상에 대처할 수 있게 되는 동시에 일정한 충족 가능성(certain possibilities of gratification)을 얻는다. 아이가 어떤 태도를 보이느냐는 전체 상황에 나타난 요인들의 결합에 전적으로 의존한다. 다시 말해 아이의 우세한 분투가 통제하거나 복종하거나 주제넘게 나서지 않으려고 하거나, 또는 자신을 벽 속에 가두고 마법의 원으로 자신을 에워싸서 아무도 자신의 사생활 영역에 들어오지 못하게 하려는 것인지는 어떤 길이 현실적으로 아이에게 닫혀 있거나 접근 가능한지

---

22    무력감(helplessness)은 정신분석 문헌에서 일면적으로 강조되고 있다.

에 달렸다.

프로이트는 불안이 '신경증의 중심 문제'라고 인정하면서도, 널리 퍼진 불안의 역할을 일정한 목표로 몰아대는 역동적 요인으로 여기지 않았다. 불안의 역할을 이렇게 인정함에 따라 좌절감(frustration)의 역할도 달리 보게 된다. 우리는 쾌락의 좌절을 프로이트가 가정한 것보다 훨씬 쉽게 받아들일 뿐만 아니라 쾌락의 좌절이 안전을 보장한다면 심지어 쾌락의 좌절을 대단히 좋아할 수도 있다는 점이 분명해진다.

이렇게 되면 이해하기 쉽게 새로운 용어를 도입할 필요가 있다. 나는 안전을 추구함으로써 위력이 주로 결정되는 분투를 '신경증 경향(neurotic trends)'이라고 부르자고 제언한다. 신경증 경향은 프로이트가 본능적 충동과 '초자아'라고 여긴 것과 여러모로 우연히 일치한다. 프로이트는 '초자아'를 다양한 본능적 충동의 복합체로 여기지만, 나는 초자아를 일차로 안전장치(a safety-device), 다시 말해 신경증 환자의 완벽주의 성향으로 여긴다. 프로이트는 자기도취 충동이나 피학증 충동이 자연적으로 타고난 본능이라고 주장하지만, 내가 판단컨대 이런 충동은 자기 팽창(self-inflation)과 자기 폄하(self-disparagement)로 향하는 신경증 경향이다.

프로이트의 본능적 충동이 내가 말한 '신경증 경향(neurotic trends)'과 같다고 여겨서 얻는 이점은 프로이트의 관점을 나의 제언과 비교하기가 한결 쉬워진다는 것이다. 그러나 이처럼 같다고 여기는 것이 두 가지 점에서 부정확하다는 점을 고려해야 한다. 프로이트에 따르면 모든 종류의 적대적 공격성은 자연적으로 타고난 본능이다. 내가 보기에 공격성은 신경증 환자의 안전감(a neurotic's feeling of safety)이 공격적인 것에 기댄 경우에만 신경증 경향이다. 다른 경우에 나는 신경증에 드러난 적개심을 신경증 경향이 아니라 이런 신경증 경향에 따른 반응으로 여길 것이다. 예를 들어 자기도취가 심한 사람의 적개심은 자신에 관해 부풀린 생각을 타인이 받아들이지 않는다는 사실에 따른 반응이다. 피학증에 빠진 사람의 적개심은 학대당한 느낌이나 학대당한 것에 대해 복수의 승리감을 만끽하고 싶은 소망에 따른 반응이다.

다른 부정확한 점은 꽤 자명하다. 말할 필요 없이 흔한 뜻에서 성별 특징(sexuality)은 신경증 경향이 아니라 본능이다. 그러나 많은 신경증 환자가 불안을 덜기 위해 (수음이나 성교 같은) 성적 만족이 필요한 만큼, 성적 충동도 신경증 경향으로 변모할 수 있다.

본능으로 여긴 충동의 본성에 대한 포괄적 해석은 에리히 프롬[23]이 공식적으로 제기했고, 인격의 이해와 관련된 특정 필요와 어려움은 성격에 깃든 본능이 아니라 우리가 살아가는 전체 조건에 따라 생겨난다는 가정에 근거한다. 프로이트는 환경의 영향을 소홀히 다룬 것이 아니라 본능적 충동을 형성하는 요인으로만 여긴다. 내가 위에서 개요를 말한 공식적 설명은 환경의 혼란스럽고 이해하기 어려

---

23 에리히 프롬은 강연에서, 특히 사회 문제를 참조해서, 그리고 미출간 원고에서 상세히 설명했다.

운 점들을 중심에 놓는다. 그런데 환경 요인 가운데 성격 형성에 가장 적합한 요인은 아이가 성장하면서 맺는 인간관계의 종류다. 신경증과 관련해 이는 신경증을 구성하면서 갈등을 일으키는 경향이 최종적으로 인간관계에서 생긴 방해와 장애로 결정된다는 것을 의미한다.

최대한 요약해 관점의 차이를 명확하게 말해보자. 프로이트는 신경증 환자의 불가항력의 필요나 욕구를 본능이나 본능의 파생물이라고 여긴다. 환경의 영향이 본능적 충동에 특별한 형태와 힘의 세기를 더하는 것에 국한된다고 프로이트는 믿는다. 내가 개략적으로 그려본 개념은 이런 필요가 본능으로 타고난 것이 아니라 아이가 어려운 환경에 대처할 필요에서 자라난다고 주장한다. 프로이트가 본능적 자연력(elemental instinctual forces)으로 돌린 이 필요는, 개인이 안전하다고 느끼는 유일한 수단이라는 점에 위력이 있다.

# 4장 오이디푸스 콤플렉스

## The Oedipus Complex

**프로이트**가 말하는 오이디푸스 콤플렉스(Oedipus complex)는 한쪽 부모에게 성적으로 끌리면서 다른 쪽 부모를 질투하는 복합 감정을 의미한다. 프로이트는 이런 복합 감정을 경험하는 것이 생물학적으로 결정된다고 여기지만, 개인 수준에서 이런 경험은 아이의 신체적 필요를 부모가 돌보기 때문에 생긴다. 수많은 변이 경험은 개인이 특정 가족 안에서 실제로 배치된 자리(constellation)에 달려 있다. 부모를 향한 리비도 욕구는 리비도 발달 단계에 따라 특징이 달라진다. 리비도 욕구는 부모를 향한 생식 욕구(genital desires)에서 정점에 도달한다.

이처럼 배치된 자리는 생물학적으로 좌우되므로 배치된 자리가 편재한다는 가정이 지지를 얻으려면 두 가정이 추가로 필요했다. 다수의 건강한 성인에게서 오이디푸스 콤플렉스의 흔적을 찾아내지 못하자, 프로이트는 건강한 성인의 경우에 오이디푸스 콤플렉스가 성공적으로 억압된다고 추가로 가정한다. 이는 윌리엄 맥두걸이 벌써 지적했듯[1] 오이디푸스 콤플렉스의 생물학적 본성에 대한 프로이트의 믿음을 공유하지 않는 사람들에게는 설득력이 없다. 더군다나 어머니와 딸 사이, 또는 아버지와 아들 사이에 중요한 유대가 형성된 사례가 많이 발견되자, 프로이트는 오이디푸스 콤플렉스 개념의 적용 범위를 넓히자고 제안했고, 이 제안에 따르면 뒤집힌 동성애적 오이디푸스 콤플렉스는 정상적인 이성애적 오이디푸스 콤플렉스와 마찬가지로 중요하고, 따라서 소녀의 경우에 동성애적 유대는 나중에 아버지에게 느끼는 애착의 정상적 선행 형태다.

오이디푸스 콤플렉스가 어디에서나 발생한다는 프로이트의 확신은 리비도 이론에서 넘어온 선제들[2]에 달려 있는데, 리비도 이론을 받아들이는 누구든지 오이디푸스 콤플렉스의 보편성을 주장하는 학설도 받아들여야 하는 한에서 그렇다. 앞 장에서 지적했듯 리비도 이론에 따르면 모든 인간관계는 결국 본능적 충동에 근거한다.

리비도 이론은 자식과 부모의 관계에 적용될 때 몇 가지 결론을 시사한다. 첫째, 한쪽 부모처럼 되고 싶은 소망은 구강 체내화(oral

---

1    윌리엄 맥두걸, 『정신분석과 사회 심리학』(1936). (옮긴이) 윌리엄 맥두걸(William McDougall, 1871~1938)은 영국 심리학자로서 경력을 쌓았고 나중에 미국에서 활동했다. 영어권 세계의 본능 이론과 사회 심리학의 발전에 중요한 역할을 했다. 행동주의에 반대한 심리학자로 20세기 초반 영미 심리학 발전의 주류에서 속하지 않지만, 그의 저작은 일반인에게 알려져 존경받았다.

2    (옮긴이) 지그문트 프로이트의 리비도 이론과 관련된 선제들(presuppositions)이 거짓이라면 오이디푸스 콤플렉스 학설은 아무 의미도 없는 헛된 주장이 될 것이다.

incorporation) 소망의 파생물일 수도 있다. 둘째, 한쪽 부모에게 의존하는 집착은 증대한 구강 조직화(a intensified oral organisation)의 표현일 수도 있다.[3] 동성 부모에게 순종하는 헌신적 애정은 어떤 종류든 수동적 동성애나 성적 피학증 경향의 표현이고, 동성 부모에게 반항하며 거부하는 태도는 실존하는 동성애 욕구에 맞선 내면의 싸움일 개연성이 있다. 일반적으로 말하면 한쪽 부모에 대한 애정 또는 다정한 태도는 어떤 종류든 정의에 따라 목표가 억제된 성별 특징(aim-inhibited sexuality)을 나타낸다. 두려움은 (근친상간 욕망, 수음, 질투심 같은) 억제된 본능적 욕구에 대한 처벌과 주로 관련되고, 예상되는 위

---

3　오토 페니첼(Otto Fenichel, 1897~1946)은 이렇게 보고한다. "한 어린 소녀는 젖먹이였을 때 위병을 앓아서 충분히 먹지 못했다. 이 때문에 소녀의 특이하게 강한 구강 욕구가 생겼다. 소녀는 병을 앓은 직후 우유를 다 먹으면 병을 바닥에 던지고 깨는 습관이 붙었다. 이런 몸짓은 '내게 빈 병이 뭐가 좋아? 나는 가득 찬 걸 원해!' 같은 의도를 표현한 것으로 해석할 수 있다. 어렸을 때 소녀는 식탐이 매우 강했다. **구강 고착(oral fixation)은 사랑을 잃을까 몹시 두려워하는 마음과 어머니에게 지나치게 매달리는 경향으로 나타난다**(강조 표시는 내가 한 것임). 그러므로 소녀가 세 살 때 어머니가 임신한 것은 소녀에게 큰 실망을 안겨주었다."(오토 페니첼, 「관음증 본능과 동일시」, 『국제 정신분석 학회지』, 1937) 여기 인용한 페니첼의 보고에 암시된 가정은 이렇다. 어머니에게 지나치게 매달리는 경향, 어머니의 사랑을 잃을까 두려워하는 마음, 심술을 부리거나 짜증 내기, 어머니를 미워하는 마음이 단지 강화된 구강 리비도의 결과일 수 있다는 것이다. 내가 평가한 바에 따르면 방금 살핀 그림과 관련된 여러 요인은 빠져 있다. 아이가 음식에 주목하는 만큼 충분히 먹지 못한 것이 중요할 수는 있지만, 나는 먼저 어머니가 아이를 대하는 방식을 들어봐야 한다고 생각한다. 나는 유비 추론으로 다음과 같이 가정할 것이다. 어머니가 아이를 다룬 방식 때문에 아이는 애정이 점점 더 많이 필요해지고, 따라서 무조건적 사랑을 권리로 주장하고 질투심을 더 많이 느끼며 거부당하고 버림받을까 너무 두려워져서 강한 불안과 적개심이 생겨났다. 더군다나 심술을 부리고 짜증 내기와 파괴 환상 및 공상에 나타나는 적개심은 부분적으로 어머니가 아이를 다룬 방식에서 비롯한 적개심의 표현이고, 일부는 권리로 주장한 소유욕이 충족되지 않아서 생긴 분노의 표현이었다.

험은 (거세 공포나 사랑을 잃는 것에 대해 두려워하는 마음 같은) 신체적 만족의 금지다. 끝으로 한쪽 부모에게 보이는 적개심은, 본능적 충동의 좌절과 관계가 없다면, 성적 경쟁(sexual rivalry)의 최종 표현으로 이해할 수도 있다.

이런 감정이나 태도의 일부는 모든 아이와 부모의 관계, 다시 말해 모든 인간관계에 나타나므로, 편재하는 오이디푸스 콤플렉스를 지지할 만한 증거는 이론적 전제를 받아들인 누구든 정말로 압도할 만하다. 나중에 신경증이나 정신병을 앓는 사람이, 이런 유대의 본성이 성과 관련된 것이든 아니든, 부모와 밀접하게 묶여 있으리라는 점은 의심할 여지가 없다. 사회적 금기(social taboos)가 있는데도 아이와 부모의 유대를 알아보고 그 함축을 알아낸 점은 프로이트의 공로다. 그렇지만 부모에게 고착되는 현상이 생물학적 이유로 아이에게 발생하느냐, 또는 이런 현상이 기술 가능한 조건의 산물이냐는 문제는 남는다. 나는 후자가 참이라고 굳게 믿는다. 한쪽 부모에게 더 강한 애착을 느끼게 되는 조건의 중요한 두 계열이 있다. 두 계열은 동류에 속할 수도 있고 아닐 수도 있지만, 둘 다 부모가 만들어낸다.

간략히 말해 한 계열은 부모의 성적 자극(sexual stimulation)이다. 이는 성과 관련된 어설픈 지식에 따라 아이를 다룰 때 생길 수도 있다. 성과 관련된 낌새가 더해진 애정 표시, 혹은 모든 가족 구성원을 둘러싸거나 어떤 자식은 포용하고 반감을 사는 다른 자식은 배제하는 정서 과잉 분위기에서 발생하기도 한다. 이런 부모의 태도는 부모의 정서적 또는 성적 불만족의 결과일 뿐만 아니라 나의 경험에 따르면 거기에는 더 복잡한 다른 원인도 있다. 이는 본론에서 너무 벗어나므로 여기서 자세히 설명하지는 않겠다.

　조건들이 모인 다른 계열은 본성이 완전히 상이하다. 위에서 다룬 가족 집단의 경우 진정으로 성적인 자극에 따른 반응이지만, 지금 다룰 둘째 가족 집단은 자발적이든 자극받든 어떤 식으로도 아이의 성적 욕구(sexual desires)가 아니라 불안(anxiety)과 연결된다. 나중에 보겠지만 불안은 성향들(tendencies) 또는 필요나 욕구들(needs)이 갈등을 빚은 결과로 생긴다. 아이를 불안하게 만드는 전형적 갈등은 고립감 때문에 커진 부모에 대한 의존성과 부모에 대한 적대적 자극(hostile impulses) 사이에서 생긴다. 적개심은 여러 방식으로 싹튼다. 부모가 아이를 존중하지 않아서, 아이에게 불합리한 요구와 금지를 해서, 부당하게 대하거나 의지할 만하지 않아서, 비판을 막아서 생길 수도 있다. 또 부모가 아이를 위압적으로 대하고 이런 성향을 사랑으로 돌리거나, 특권 또는 야심 찬 목표에 맞춰 자식을 밀어붙여서 생기기도 한다. 만약 아이가 부모에게 의존하는 상황에 더해 거칠거나 미묘한 부모의 위협으로 겁을 먹고, 따라서 부모에 대한 적대적 자극의 표현이 어느 것이든 아이의 안전을 위태롭게 만든다면, 이런 적대적 자극은 실제로 불안을 일으킬 수밖에 없다.[4]

---

4　로런스 울리(Lawrence F. Woolley), 「유년기 정서 긴장에 미치는 불규칙한 훈육의 효과(The Effect of Erratic Discipline in Childhood on Emotional Tensions)」(1937), 『정신 의학 계간지』 참고.

여기서 불안을 누그러뜨리는 한 가지 방법은 한쪽 부모에게 매달리는 것이다. 따라서 아이는 안심시킬 애정을 얻을 기회가 오면 매달린다. 단지 불안 탓에 한쪽 부모에게 매달리는 경향은 사랑과 혼동을 일으키고, 아이의 마음속에서 사랑처럼 보인다. 이렇게 한쪽 부모에게 매달리기는 반드시 성적인 색채를 띠는 것은 아니지만 그렇게 되기 쉽다. 어른 신경증 환자에서 알아볼 수 있듯, 그것은 확실히 신경증 환자의 애정 필요(a neurotic need for affection), 다시 말해 불안으로 좌우되는 애정 필요의 모든 특징을 지닌다. 예컨대 의존성, 만족할 줄 모름, 소유욕, 끼어들거나 끼어들지도 모르는 사람에 대한 질투심이다.

결과로 나온 그림은 프로이트가 오이디푸스 콤플렉스로 기술한 것과 똑같아 보일지도 모른다. 한쪽 부모에게 너무 집착하고, 다른 쪽 부모나 배타적 소유권 주장에 간섭하는 사람을 질투한다. 나의 경험상 거의 모든 어른 신경증 환자의 정신분석에 각각 드러나듯, 부모에게 보이는 유아기 애착(infantile attachments)의 대다수는 이런 가족 집단에 속한다. 그러나 이런 애착의 역동적 구조는 프로이트가 오이디푸스 콤플렉스라고 생각한 것과 전혀 다르다. 유아기 애착은 일차적으로 성과 관련된 현상이 아니라 신경증 갈등의 초기 발현이다.

이런 상황과 부모에게 자극받은 성적 애착에 따라 일차적으로 결정되는 상황을 비교하면 몇 가지 중요한 차이점이 드러난다. 주로 불안으로 생기는 애착에서 성적 요소는 본질이 아니다. 성적 요소는 있을지도 모르지만, 완전히 빠지기도 한다. 근친상간 애착에서 목표는 사랑이지만, 불안으로 좌우되는 애착에서 목표는 안전이다. 따라서 전자에서 애착은 사랑이나 성적 욕구를 끌어내는 부모로 향한다. 후자에서 애착은 으레 힘이 더 강하거나 경외심을 더 많이 불러일으키는 부모로 향한다. 그런 부모의 애정을 얻는 것이 안전의 기회를 최대로 약속하는 까닭이다. 만약 후자의 경우 어떤 소녀가 고압적인 어머니에게 향했던 것과 같은 매달리는 태도를 나중에 남편과 맺는 관계에 다시 드러낸다면, 이것은 그 여자에게 남편이 어머니를 표상한다는 뜻이 아니라, 분석되어야 할 이유로 여자가 여전히 불안에 싸여 있고 유년기의 방식으로 불안을 누그러뜨리려고 어머니를 대신해서 이제 남편에게 매달린다는 뜻이다.

두 가족 집단에서 모두 부모에게 보이는 애착은 생물학적으로 주어지는 현상이 아니라 바깥에서 도발한 것에 따른 반응이다. 오이디푸스 콤플렉스가 생물학적 본성에 속한 것이 아니라는 이런 주장은 인류학자들의 관찰로 확증된 듯하고, 그 결과 오이디푸스 콤플렉스의 발생이 가족생활에 작용하는 모든 요소, 예컨대 부모 권위의 역할, 가족의 고립, 가족 규모, 성과 관련된 금지 따위에 의존한다는 점을 보여준다.

여전히 다음과 같은 문제는 남는다. '정상' 조건에서도 부모에 대해 성이 개입된 감정이 자발적으로 생기는가? 다시 말해 자극이나 불안으로 특별한 도발이 발생하지 않을 때는 언제인가? 우리의 지식은 신경증에 걸린 아이들과 어른들에 국한되어 있다. 그러나 성적 본능을 타고난 아이가 부모나 형제자매에게 성적 경향성(sexual inclination)을 보여서는 안 될 어떤 좋은 이유도 없다고 생각하는 편이 좋을 듯싶다. 그런데 다른 요인 없이 이런 성이 개입된 자발적 끌림이 프로이트가 기술한 오이디푸스 콤플렉스를 만족할 만큼 충분한 강도에 도달하는지는 의심스럽다. 오이디푸스 콤플렉스는 너무 많은 질투심과 두려움을 불러일으킬 정도로 강한 성적 욕구(sexual desire)여서 오로지 억압을 통해서만 해소될 수 있다.

오이디푸스 콤플렉스 이론은 현대 교육에 크게 영향을 미쳤다. 긍정적 측면에서 오이디푸스 콤플렉스 이론은 부모가 자식을 성적으로(sexually) 흥분시키고, 또한 응석을 너무 받아주며 과보호하고, 성과 관련된 문제를 지나치게 금지함으로써 자식에게 입히는 지속적 피해를 의식하도록 만들었다. 부정적 측면에서 오이디푸스 콤플렉스 이론은 자식을 성적으로 계몽하고, 수음 금지 행위와 매질을 삼가고, 부모의 성교 장면을 목격하게 두지 말고, 부모에게 너무 강한 애착이 형성되지 않게 하는 것으로 충분하다는 착각을 조장했다. 위험은 이런 제언의 일면성에 있다. 비록 방금 말한 것이 모두 종교적으로 충실히 지켜지더라도, 생애 후기에 발병할 신경증의 싹이 움틀 수도 있다. 왜 그런가? 답은 원리상 정신분석 치료가 충분히 성공적이지 않다는 비난에 따른 대답과 같다. 아이의 성장과 깊이 관련된 너무 많은 요인이 비교적 피상적인 것으로 여겨지고, 따라서 마땅한 가중치를 얻지 못한다. 나는 아이에게 진정으로 관심을 가지고 아이를 진심으로 존중하며 아이에게 참된 온정을 주는 것 같은 부모의 태도와 신뢰감, 성실성 같은 자질에 대해 생각하고 있다.

그런데 한쪽에 치우친 성적 방향 감각으로 입은 실제 손상은 언뜻 생각하는 것보다 덜 해로울지도 모른다. 정신분석학의 제언들은 적어도 교육자에게 합당한 것이고 쉽게 따를 수 있다. 그런 제언들은 주로 일정한 구체적 오류를 피하려는 것인 까닭이다. 그러나 내가 언급한 성장에 유리한 분위기를 조성할 더욱 중요한 요인에 관한 제언은 성격의 변화를 함의하는 만큼 따르기가 훨씬 더 어렵다.

오이디푸스 콤플렉스 이론은 주로 나중에 인간관계에 미친다고 가정한 영향 때문에 의의가 있다. 나중에 사람들이 보이는 태도는 대체로 오이디푸스 콤플렉스와 관련된 태도다. 따라서 예를 들면 남자가 다른 남자들에게 보이는 도전적 태도는 자신의 아버지나 형제에게 향했던 동성애 경향을 피하고 있음을 시사할 것이다. 여자가 자식을 자발적으로 사랑하지 못하는 태도는 자신의 어머니와 자식을 동일시한 것으로 해석될 터다.

이런 종류의 사고에서 논란이 될 만한 논점을 반복 강박 이론과 연결해서 논의하겠다. 여기서는 다음과 같은 점만 짚고 넘어간다. 만약 부모에 대한 근친상간 애착이 유년기에 일어나는 정상적 사건이라는 믿음이 보증된 개념이 아니라면, 나중에 나타난 심리의 특이한 점을 유년기의 근친상간 소망 및 그 소망에 따른 반응과 연결한 해석의 효력도 의심스럽다. 이런 종류의 해석은 오이디푸스 콤플렉스와 그 강력한 여파의 규칙적 발생에 대한 해석자의 확신을 강화하기 위해 주로 쓸모가 있다. 그런데 이렇게 찾아낸 증거는 순환 추리의 결과다.

우리가 오이디푸스 콤플렉스 이론의 이론적 함축을 버린다고 치자. 그러면 오이디푸스 콤플렉스가 아니라 유년기의 인간관계가 **총체적으로**, 과대평가라고 하지 않을 만큼 성격을 형성한다는 대단히 건설적인 발견이 남는다. 그러면 나중에 타인에게 보이는 태도는 유아기 태도의 반복이 아니라 성격 구조에서 나오고, 성격 구조의 바탕은 유년기에 마련된다.

# 5장 ▷ 자기도취 개념
## The Concept of Narcissism

**정신분석** 관련 문헌에서 자기도취라고 부르는 현상은 특성이 매우 다양하다.[1] 자기도취는 허영심, 기만, 위신과 찬사를 갈망하기, 타인을 사랑할 능력이 없음과 결부된 사랑받으려는 욕구, 타인에게서 물러나기, 정상적 자존감, 이상들(ideals), 창조 욕구, 건강을 염려하는 불안증, 외모 가꾸기, 지력 높이기를 포함한다. 따라서 자기도취라는 용어의 임상 정의(clinical definition)를 밝히는 일은 당혹스러운 과제가 될 것이다. 위에서 열거한 현상의 공통점은 자기에 관한 관심이나 염려일 뿐이거나, 어쩌면 단지 자기에 관한 태도에 지나지 않는다. 이렇게 당황스러운 그림을 마주한 이유는 자기도취라는 용어를, 방

---

1    (옮긴이) 자기도취(narcissism)라는 말은 자신의 외양을 지나치게 염려하고 흔히 자신의 전체 인생과 타인을 희생시키면서 특정 필요에 지나치게 몰두하는 자아 본위 또는 자기중심 태도를 나타낸다. 어느 정도 이기적이고 자신을 자랑하는 태도는 인간 본성에서 나온다. 건강한 자기애와 병리학상 정신 질환으로 분류되는 자기도취에 빠진 인격 장애는 구별된다.

금 열거한 발현(manifestations)의 기원이 자기도취 리비도라는 순전히 발생적 의미로 사용한 탓이다.

임상 정의를 밝히는 일은 모호하지만, 자기도취의 발생 정의(genetic definition)는 명확하다. 근본적으로 자신과 사랑에 빠진 사람은 자기도취적이다. 그레고리 질보그[2]의 말을 들어보자. "'자기도취'라는 용어는 흔히 가정하듯 단지 이기심이나 자아 본위 또는 자기중심성(egocentricity)을 의미하지 않는다. 구체적으로 말하면 자기도취는 개인이 타인을 대신해 오로지 자신을 사랑할 대상으로 선택하는 마음 상태, 인간의 자발적 태도다. 자기도취에 빠진 개인은 타자를 사랑하거나 미워하지 않고 자신에게 필요한 모든 것을 원하지도 않는다. 이런 개인은 내부로 방향을 돌려 자신과 사랑에 빠지고, 거울을 여기저기서 찾고 거울에 비친 자신의 영상을 찬미하고 사랑한다."[3]

자기도취 개념의 핵심은 자기에 관한 관심이나 염려, 과대평가가 자기(the self)에게 심취하는 경향, 다시 말해 자기에게 홀딱 빠지는 경향의 표현이라는 기본 전제(postulate)다. 프로이트가 말하듯 우리는 다른 사람에게 심취할 때 단점을 눈감아주고, 좋은 자질은 과대평

---

2   (옮긴이) 그레고리 질보그(Gregory Zilboorg, 1890~1959)는 정신분석가이자 정신 의학을 연구한 역사가다. 정신 의학을 넓은 사회학 및 인본주의 맥락에서 살펴야 한다고 강조했다.

3   그레고리 질보그, 「외로움(Loneliness)」, 『월간 애틀랜틱(*The Atlantic Monthly*)』 (1938).

가하기 쉽지 않은가? 그러므로 자기를 염려하거나 과대평가하는 사람이 근본적으로 자신과 사랑에 빠져 있다는 점은 의심할 여지가 없다. 여기서 말한 가정은 리비도 이론과 일치한다. 이를 바탕으로 자아 본위 또는 자기중심성(egocentricity)이 자기애의 표현이고 정상적 자존감과 이상 추구는 성적 요소가 제거된 파생물이라는 결론을 정말로 도출한다. 그러나 우리가 리비도 이론을 받아들이지 않는다면, 이 가정은 독단에 지나지 않는 것처럼 보인다.[4] 임상 증거는 거의 예외 없이 방금 말한 가정을 지지하지 않는다.

만약 자기도취를 발생적으로 살피지 않고 실제 의미를 참조해 살펴본다면, 내가 판단하기에 자기도취는 본질적으로 자기 팽창(self-inflation)이라고 기술해야 한다. 마음의 팽창(psychic inflation)은 경제의 통화 팽창과 마찬가지로 실제보다 더 큰 가치를 제시한다는 뜻이다. 이는 당사자가 적절한 토대가 없는 가치를 얻으려고 자신을 사랑하고 찬미한다는 것을 의미한다.[5] 마찬가지로 당사자가 자신이 소유하지 않거나, 자신이 가정하는 만큼 소유하지 않은 자질에 대해 타인에게 사랑과 찬사를 기대한다는 뜻이기도 하다. 나의 정의에 따르면 어떤 사람이 자신이 실제로 소유한 자질을 가치 있다고 여기거

---

**4** 마이클 발린트(Michael Balint, 1896~1970), 「자아의 초기 발달 연구(Frühe Entwicklungsstadien des Ichs)」(1937), 『이마고(*Imago*)』.

**5** 강조점은 적절한 토대가 없다는 사실에 있다. 어떤 사람이 자신과 타인에게 제시한 착각에 빠진 그림은 전부 공상이 아니라 당사자가 실제로 지닌 잠재력을 과장한 그림일 수도 있다.

나 타인에게서 가치 있다고 평가받기를 좋아하는 태도는 자기도취에 빠진 것이 아니다. 앞서 말한 두 성향, 곧 자신에게 지나치게 의의가 있는 것처럼 보이기(appearing unduly significant to oneself)와 타인에게서 넘치는 찬미를 갈망하기(craving undue admiration from others)는 분리할 수 없다. 서로 다른 유형에서 하나가 우세하거나 다른 하나가 우세해지더라도 두 성향은 언제나 함께 있다.

사람들은 왜 자신들을 과장할 수밖에 없는가? 과장 성향의 원천을 본능과 연결해 답하는 사변적 생물학에 만족할 수 없다면, 우리는 다른 답을 찾아내야 한다. 모든 신경증 현상에서 그렇듯 장애는 기본적으로 타인과 맺는 관계와 앞 장[6]에서 언급한 유년기 환경의 영향으로 발생한다. 자기도취가 발달하는 가장 근본적 요인은 아이가 남들에게 소외당하는 것이고, 투정(grievances)과 두려움으로 유발된다. 아이가 남들과 맺는 유대는 약해지고 아이는 사랑할 능력을 잃는다.

똑같은 불리한 환경이 아이의 자기에 대한 느낌에 장애를 일으킨다. 더 심각한 경우에 이런 장애는 단지 자존감의 손상 이상을 의미한다. 여기서 생긴 장애는 개인의 자발적 자기를 완전히 억제한다.[7]

---

6  이 책의 3장 리비도 이론과 4장 오이디푸스 콤플렉스를 참고하라.

7  에리히 프롬이 권위에 대한 강연에서 처음 이런 자기 상실이 신경증에 대해 갖는 의의를 지적했다. 랑크(Otto Rank, 1884~1939)도 자신의 의지와 창조성 개념과 관련해 마음속에 자기 상실과 유사한 요인이 있다고 말한 듯하다. 오토 랑크, 『의지 치료(*Will Therapy*)』(1936)을 보라.

다양한 영향으로 이런 결과에 이른다. 의심할 여지가 없는 권위를 지닌 독선적인 부모는 집안의 평화를 위한다는 기준을 아이에게 강요한다. 자기를 희생하는 부모의 태도는 아이가 자신의 권리는 없고 오로지 부모를 위해서 살아야 마땅한 느낌을 끌어낸다. 야망을 자식에게 물려주고 아들을 타고난 천재로 여기거나 딸을 공주로 여기는 부모 때문에 아이는 자신의 참된 자기가 아니라 상상한 자질 때문에 사랑받는다는 느낌을 계발하게 된다. 이런 모든 영향으로 아이는 남들의 마음에 들거나 남들에게 받아들여지기 위해 남들이 기대하는 대로 살아야 한다고 느끼게 된다. 부모는 아이의 마음에 자신을 너무 철저히 포개 놓아서 아이는 무서워 따르고, 이로써 윌리엄 제임스가 '진실한 나'라고 부른 자기를 차츰차츰 잃어간다. 아이 자신의 의지와 소망, 감정, 호감과 비호감, 투정은 마비된다.[8] 그러므로 아이는 자신의 가치를 가늠할 역량을 서서히 잃는다. 아이는 남들의 의견에 의존하게 된다. 아이는 남들이 나쁘거나 어리석다고 생각할 때 나쁘거나 어리석은 사람이 되고, 남들이 영리해지라고 명령할 때 영리한 사람이 되고, 남들이 천재라고 여길 때 천재가 된다. 우리 모두에게

---

8　아우구스트 스트린드베리(August Strindberg, 1849~1912)는 이런 과정을 『동화와 우화(Märchen und Fabeln)』(1920)에 실린 동화, 「자아가 없는 유발(Jubal ohne Ich)」에서 다음과 같이 묘사한다. 한 소년이 자연에 따라 강한 의지를 소유했다. 다른 아이들보다 더 어린 나이에 소년은 일인칭으로 자신에 대해 말했다. 그러나 소년의 부모는 소년에게는 자기가 없다고 말했다. 소년이 조금 더 자랐을 때 의지가 있다고 말했다. 그러나 소년의 부모는 소년이 의지가 없다고 말했다. 소년은 강한 의지를 지녔기에 부모의 이런 판결에 깜짝 놀랐으나 받아들였다. 소년이 다 자랐을 때, 아버지가 소년에게 무엇이 되고 싶냐고 물었지만, 소년은 억제당했을 때 의지가 멈추었기 때문에 뭐라고 대답해야 할지 알지 못했다.

있는 자존감은 어느 정도 타인의 평가에 의존하지만, 이런 경우에는 타인의 평가 말고 아무것도 중요치 않다.[9]

이런 자기 상실은 다른 영향으로도 일어난다. 예컨대 자존심에 입은 직접적 타격, 아이가 착하지 않다고 느끼도록 만들 기회를 놓치지 않는 부모의 경멸적 태도, 다른 형제자매에 대한 부모의 편애가 있다. 여기서 부모의 편애는 아이의 안전감을 서서히 해치며 아이는 다른 형제자매를 능가하는 데 집중하게 된다. 아이의 자족감, 자립심, 주도권을 직접적으로 해치는 모든 요인도 자기 상실에 영향을 미친다.

이런 괴로운 조건 아래서 아이가 삶에 대처하기 위해 써볼 몇 가지 방법이 있다. ('초자아' 같은) 기준에 따르려고 도전하거나, (피학증 경향을 보여서) 주제넘게 나서지 않고 남들에게 의존하거나, (자기도취에 빠져) 자기를 팽창시킨다. 어떤 방식을 선택하냐, 어떤 방식이 우세하냐는 상황들의 특이한 결합에 의존한다.

개인은 자기를 과장함으로써 무엇을 얻는가?

개인은 공상 속에서 자신을 아주 뛰어난 존재로 만듦으로써 고통스러운 허무감에서 빠져나온다. 개인이 자신을 왕자나 천재, 대통령이나 장군, 또는 탐험가로 생각하고 능동적으로 의식하면서 공상 놀이에 빠지든, 자신의 의의에 대해 불분명한 느낌만을 알아채든, 허무

---

9　윌리엄 제임스의 용어로 말하면 남는 것은 '사회적 자기(social self)'다. "인간의 사회적 자기란 인간 동료에게서 얻는 인정으로 형성된다."

감에서 빠져나오는 일은 달성된다. 개인이 타인뿐 아니라 자신에게 더 많이 소외당할수록, 공상에 빠진 상념은 점점 더 쉽게 심리적 현실성(psychic reality)을 획득한다. 개인은 정신병자들처럼 공상에 빠진 상념 때문에 현실을 버리는 것이 아니다. 천국에서 시작할 다른 현실적 삶을 기대하는 그리스도교도의 삶처럼, 개인에게 현실성은 단서가 붙는다. 자신에 대한 공상에 빠진 상념은 손상된 자존감(self-esteem)의 대체물이 되고, 신경증에 걸린 개인의 '진실한 나(real me)'가 된다.[10]

자신이 영웅으로 등장하는 자기만의 공상 세계를 창조함으로써, 사랑과 감사를 받지 못한 것에 대해 자신을 위로한다. 개인은 타인이 자신을 거부하고 낮춰 보고 현실에 있는 그대로 자신을 사랑하지 않아도, 그것은 자기가 타인의 이해력을 훨씬 넘어선 존재이기 때문이라고 느낄 수도 있다. 나의 개인적 인상으로 보건대, 그런 착각은 비밀스러운 대리 만족보다 훨씬 더 많은 일을 한다. 하지만 착각은 완전히 짓밟히는 상황에서 개인을 구해내지 못하고, 따라서 글자 그대로 생명을 구해내지 못하지 않을까.

끝으로 자기를 팽창하는 경향은 타인과 긍정적으로 관계 맺으려는 시도를 대표한다. 타인이 있는 그대로 개인을 사랑하고 존중하지 않더라도, 타인은 적어도 개인에게 주의를 돌리고 찬미해야 한다. 남

---

10   (옮긴이) 여기서 '진실한 나'에 붙은 따옴표는 공상에 빠진 개인이 진실이라고 믿고 있을 뿐임을 강조하기 위한 것이다.

에게 찬미를 받는 것은 사랑을 대체하는 단계로 이동한다. 이후 찬미를 받지 못하면 개인은 남들이 자신을 원치 않는다고 느낀다. 그런 사람은 친절과 사랑이 객관적이거나 심지어 비판적 태도를 포함할 수 있다는 사실에 대한 이해력을 상실한다. 맹목적으로 찬미하지 않을 때 더는 사랑이 아니고, 심지어 적대감이 생겨 사랑을 의심한다. 개인은 남들에게 받는 찬미나 아첨에 따라 그들을 판단할 것이다. 자신을 찬미하는 사람들은 선하고 우월하고, 그렇지 않은 사람들은 신경 쓸 가치가 없다. 따라서 개인의 주요 충족감(gratification)은 찬미를 받을 때 생겨나고, 안전도 거기에 달려 있다. 왜냐하면 찬미를 받는 것이 개인에게 자신이 강하고 주변 세상은 우정으로 가득하다는 착각을 불러일으키기 때문이다. 하지만 그것은 흔들리는 편견에 근거한 안전이다. 어떤 실패든 마음속에 깔린 안전하지 않다는 느낌을 전부 의식의 표면에 떠오르게 할지도 모른다. 사실은 실패가 이런 효과를 초래할 필요도 없다. 다른 누군가에게 받는 찬미가 그런 효과를 충분히 초래할 수도 있는 까닭이다.

따라서 개인은 성격 특징들의 일정한 결합으로 특정 경향을 계발하는데, 이해하기 쉽게 기본 자기도취 경향(basic narcissistic trends)이라고 부른다. 기본 자기도취 경향의 계발은 자기와 타인에게 소외당하는 범위와 불안이 형성되는 정도에 달렸다. 유년기 경험이 지나치게 결정적이지 않고, 나중에 조건이 유리해진다면, 기본 자기도취 경향(basic narcissistic trends)은 자라면서 없어질 수도 있다. 그렇지 않으면 기본 경향은 세 주요 요인에 따라 시간이 지나면서 강해지기 쉽다.

첫째 요인은 점점 늘어나는 비생산성이다. 찬미 받으려는 분투는 업적을 이루거나, 또는 사회에서 바람직하거나 사람을 사랑스럽게 만드는 자질을 계발할 강력한 원동력일지도 모르지만, 찬미 받으려는 분투가 타인에게 미치는 결과에 따라 모든 일을 처리할 위험이 포함되어 있다. 이런 유형에 속한 개인은 어떤 여자를 바로 그 사람이어서 선택하는 것이 아니라, 정복하면 우쭐해지고 위신이 높아지기 때문에 선택한다. 일을 하는 것은 일 자체가 아니라 만들어질 인상을 위한 것이다. 눈부시게 빛남이 알맹이보다 더 중요해진다. 따라서 피상성, 흥행 수완, 기회주의가 생산성을 억누를 위험이 있다. 비록 이런 방식으로 위신을 높이는 데 성공하더라도, 개인은 위신이 지속될 수 없다고 옳게 느낀다. 하지만 마음이 불편한 이유를 알아채지 못한다. 자신의 불편한 마음을 없애기 위해 유일하게 이용할 수 있는 수단은 자기도취를 강화하는 것이다. 더 많은 성공을 좇고, 자신에 관해 더 많이 부풀려진 상념을 만들어낸다. 때때로 단점과 실패를 영광으로 바꿀 어처구니없는 능력(a baffling capacity)이 계발된다. 만약 이런 유형에 속한 사람의 저술이 충분히 인정받지 못한다면, 이는 자신이 시대를 너무 앞서가기 때문이다. 만약 이런 사람이 가족이나 친구들과 잘 지낼 수 없다면, 그것은 남들에게 단점이 있는 탓이다.

개인의 기본 자기도취 경향을 강화하는 둘째 요인은 세상이 그에게 갚아야 할 것에 대해 과도한 기대감을 키우는 것이다. 자기도취에 빠진 남자는 실제 작품을 증거로 내놓지 않아도 자신이 천재로서 인정받아야 한다고 느낀다. 자기도취에 빠진 남자는 실제 작품을 내놓으려고 아무 일도 능동적으로 하지 않지만, 여자들은 그를 선발해야 마땅하다. 예를 들어 그는 마음속 깊이 자신을 아는 여자라면 다른 남자와 사랑에 빠지는 일은 있을 수 없다고 느낀다. 이런 태도의 성격상 특징은 스스로 노력하거나 주도하지 않아도 헌신이나 영광을 받으리라는 기대감이다. 여기서 특이한 유형의 기대감은 엄밀하게 결정된다. 개인의 자발성, 독창성, 주도권에 손상을 입었기 때문에, 그리고 사람들을 두려워해서 필연적으로 그런 기대감이 생겨날 수밖에 없다. 최초로 개인을 자기 팽창으로 밀어붙인 요인들도 당사자의 내면 활동을 마비시킨다. 따라서 내면의 고집스러운 주장은 당사자의 소망 충족이 타인에게서 비롯해야 한다는 것이다.[11] 이런 과정은 함축이 의식되지 않은 채 두 가지 방식으로 자기도취를 강화한다. 타인에게 내세운 권리 주장은 자신의 주장된 가치를 강조함으로써 정당화해야 한다. 그리고 자신의 과장된 기대감에서 불가피하게 잇따르는 실망을 숨기려고 이렇게 강조하는 일을 자꾸 반복해야 한

---

11    하랄트 슐츠 헨케(Harald Schultz-Henke, 1892~1953)은 『운명과 신경증(*Schicksal und Neurose*)』(1931)에서 신경증에서 이 과정이 갖는 의의를 지적한다. 그는 간략히 두려움, 타성, 과도한 요구로 특징 지을 수 있는 계열이 모든 신경증의 본질적인 과정이라고 주장한다. 또한 블리츠스턴(N. L. Blitzsten, 1893~1952)은 『신경학과 정신 의학의 문서기록(*Archives of Neurology and Psychiatry*)』(1936)에 실린 「양극성 장애(Amphithymia)」에서 타인에게 내세우는 합당치 않은 요구와 어떤 노력이든 하지 않으면서 성취하려는 소망의 중요성을 강조한다.

다.

기본 자기도취 경향을 길러내는 마지막 원천은 인간관계가 점점 훼손된다는 것이다. 자기도취 유형에 속한 개인이 품은 환상과 타인에 대한 특이한 기대감으로 당사자는 상처받기 쉬워질 수밖에 없다. 세상이 자신의 비밀스러운 권리 주장을 알아내고 인정해 주지 않으므로, 당사자는 상처받았다고 자주 느껴서 타인에 대한 적개심을 더 많이 계발하고, 더욱 고립되면서 거듭거듭 환상 속으로 피신해 위안을 얻도록 내몰린다. 타인에 대한 불평불만(grievances)이 생겨날 수도 있는데, 자기도취 유형의 개인은 자신의 환상을 실감하지 못한 것에 대해 타인이 책임져야 한다고 주장하기 때문이다. 그 결과로 우리가 도덕적으로 옳지 않다고 반대할 만한 특징이 나타난다. 예컨대 아주 분명한 이기주의, 복수심, 불신, 영광을 높이는 데 쓸모가 없다면 타인을 무시하기 같은 특징이다. 하지만 이런 특징은 자기도취 유형에 속한 사람이 나약한 평균 범위의 인간보다 훨씬 경이로운 존재라는 상념과 양립할 수 없다. 그러므로 앞에서 말한 특징은 반드시 숨겨야 한다. 이런 특징은 억압되어 단지 가장된 형태로 나타나거나 그냥 부정된다.[12] 따라서 실존하는 불균형(disparity)을 다음과 같은 준칙에 따라 감추는 것이 자기 팽창의 기능이다. 우월한 존재인 **내게** 이런 단점이 있다는 것은 말도 안 돼. 그러므로 단점은 실제로는 없

---

12    자기 팽창의 결과로 생기는 억압은 완벽주의적 분투의 결과로 생긴 억압보다 덜 급진적인 듯하다(이 책의 8장 '초자아' 개념을 보라). 개인이 자신에 대해 부풀린 그림과 맞아떨어지지 않는 경향들은 빈번하게 그냥 부정되거나 윤색된다.

는 거야.

자기도취 경향이 아주 분명한 유형에서 발견되는 차이를 이해하려면, 중요한 두 요인을 고려해야 한다. 한 요인은 찬미의 환영을 현실이나 상상계에서 어디까지 추구하느냐는 것이다. 이 차이는 최종적으로 양적 요인의 발생으로 귀착하고, 양적 요인의 정도만큼 개인의 정신은 상처를 입었다. 다른 요인은 자기도취가 다른 성격 경향과 결합하는 방식이다. 예를 들어 완벽주의, 피학증,[13] 가학증 경향과 결합한다. 이런 결합의 빈도는 세 경향이 모두 유사한 원천에서 흘러나오고, 유사한 재앙(calamity)의 다른 해결책을 대표한다는 사실로 설명된다. 정신분석 관련 문헌에서 자기도취에 돌린 당황스러울 만큼 많은 상반된 자질들은 부분적으로 자기도취가 인격 구조 내부에 나타나는 한 경향일 뿐임을 알아보지 못해서 나온 결과다. 자기도취는 인격에 일정한 색을 입히는 경향들의 결합이다.

자기도취 경향은 사람들에게서 물러나는 경향, 정신분열형 인격(schizoid personality)에서 발견되는 경향과 결합할 수도 있다. 정신분석 관련 문헌을 보면 타인에게서 물러나기(withdrawal)가 자기도취 경향에 내재한다고 여긴다. 그런데 타인 소외(alienation from others)는 자기도취 경향에 내재하지만, 타인에게서 물러나기는 그렇지 않다. 이와 반대로 자기도취 경향이 아주 분명한 사람은 사랑할 능력이

---

**13**  프리츠 비텔스(Fritz Wittels, 1880~1950)의 『정신분석 평론지』(1937)에 실린 「피학증의 신비(The Mystery of Masochism)」를 보라.

없더라도 찬미와 지지의 원천으로서 사람들이 필요하다. 따라서 이 경우에는 자기도취 경향이 타인에게서 물러나는 성향과 결합했다고 말하는 것이 정확할 것이다.

자기도취 경향은 서양 문화에서 빈번하게 나타난다. 참된 우정과 사랑을 나눌 능력이 없는 사람들이 생각보다 많다. 그런 사람들은 자아 본위거나 자기중심적이다. 다시 말해 자신의 안전, 건강, 인정을 염려하거나 걱정한다. 자기도취 경향을 보이는 사람들은 안전하지 않다고 느끼고 자신의 인격적 또는 개인적 의의(personal significance)를 과대평가한다. 그들이 자신의 가치에 대한 판단력이 부족한 까닭은 이런 판단을 타인에게 위탁했기 때문이다. 여기서 말한 자기도취 경향의 전형적 특징은 신경증에 걸려 무력해진 사람들에게 국한되어 나타나지 않는다.

프로이트는 자기도취 경향의 빈도에 대해 생물학적 기원이 있다고 가정에 기대 설명한다. 이런 가정은 다시 프로이트가 본능 개념을 믿고 있다는 증거를 제공하지만, 문화 요인을 고려하지 않는 프로이트의 습관도 드러낸다. 실제로 신경증에서 자기도취 경향을 일으키는 두 무리의 요인들은 서양 문화에 일반적으로 작용한다. 사람들 사이에 공포심과 적개심을 조성함으로써 서로 소외감을 느끼게 만드는 많은 문화 요인이 있다. 감정과 사유와 행동의 표준화, 사람들이 본모습이 아니라 겉모습(façade)으로 평가받는다는 사실처럼 개인의 자발성을 빼앗기 쉬운 여러 일반적 영향도 있다. 더욱이 공포심과 내면의 공허감을 극복할 수단으로 위신을 세우려는 분투는 확실히 문화적으로 규정된다.

요약하면 자기를 과장하는 경향과 자아 본위나 자기중심적 태도에 관해 프로이트가 알려준 관찰 결과[14]는 시사한 것과 다른 해석을 허용한다. 다른 심리학적 문제와 마찬가지로 여기서도 본능이 발생 원인이라는 기본 전제(postulate)는 특별한 경향들이 인격에 대해 지닌 의의(significance)를 파악하지 못하도록 만든다. 나의 견해에 따르면 자기도취 경향은 본능의 파생물이 아니라 신경증 경향을 나타내며, 이 경우 자기를 팽창하는 방식으로 자기와 타자를 다루려는 시도다.

프로이트는 정상적 자존감(normal self-esteem)과 자기 과장(self-aggrandizement)이 둘 다 자기도취 현상이며, 둘 사이에 양의 차이가 있을 뿐이라고 가정한다. 내 생각에 자기에 대한 두 가지 태도를 분명히 구별하지 못해서 쟁점이 흐려진다. 자존감과 자기 팽창의 차이는 양이 아니라 질의 문제다. 참된 자존감(true self-esteem)은 개인이 실제로 소유한 자질에 달려 있지만, 자기 팽창(self-inflation)은 적절한 토대가 없는 자질이나 성취를 자기와 타자에게 돌린다는 점을 함

---

14　지그문트 프로이트, 「자기도취 입문」, 『논문 선집』 4권(1914) 참고. 알프레드 존스(Alfred Ernest Jones, 1879~1958)의 신인간 콤플렉스(Der Gottmensch-Komplex)」(1913)와 카를 아브라함(Karl Abraham, 1877~1925)의 「정신분석 방법에 신경증 환자가 보이는 저항의 특이한 형식(Über eine besondere Form des neurotischen Widerstandes gegen die psychoanalytische Methodik)」(1919)도 참고하라. 존스의 논문은 탁월한 관찰 내용이 담겼고, 알프레드 존스의 논문과 카를 아브라함의 논문은 둘 다 『국제 의료정신분석 정기간행 잡지(Internationale Zeitschrift für ärztlice Psychoanalyse)』에 실렸다.

축한다. 개인의 자발적 자기에 적합한 자존감 및 다른 자질이 억눌린다면, 자기도취 경향이 생겨날 수도 있다. 따라서 자존감과 자기 팽창은 상호 배타적이다.

끝으로 자기도취(narcissism)는 자기애(self-love)가 아니라 자기소외(alienation from the self)의 표현이다. 단순하게 말하면 사람이 자기를 상실했기 때문에, 자신에 관한 환상에 집착하는 경향이다. 결론적으로 자기에 대한 사랑과 타자에 대한 사랑 사이에 성립하는 상호관계는 프로이트가 의도한 뜻에 들어맞지 않는다. 그렇더라도 프로이트가 둘째 본능 이론에서 가정한 이원성, 곧 자기도취와 사랑의 이원성은 이론적 함축을 벗겨내면 오래된 중요한 진리를 포함한다. 간략히 말해 여기서 말하는 진리란 자아 본위나 자기중심성은 어떤 종류든 타인에 대한 진실한 흥미를 떨어뜨리며, 타인을 사랑할 능력에 해를 끼친다는 점이다. 그런데 프로이트는 이론적 주장으로 다른 것을 의미한다. 프로이트는 자기 팽창 성향의 기원이 자기애라고 해석하고, 자기도취에 빠진 사람이 타인을 사랑하지 못하는 것은 자신을 너무 많이 사랑하기 때문이라고 믿는다. 자기도취는 개인이 타인을 사랑하는 (다시 말해 리비도를 타인에게 주는) 정도만큼 고갈되는 저수지라고 프로이트는 생각한다. 내 생각에 자기도취에 빠진 사람은 타인뿐만 아니라 자기를 소외시키고, 따라서 자기도취에 빠지는 정도만큼 자신이나 다른 사람을 사랑할 힘이 없다.

# 6장

# 여성 심리학

Feminine Psychology

**프로이트**는 남자와 여자라는 두 성과 관련된 심리의 특이한 점과 어려움이 양측의 양성애 경향에서 생겨난다고 믿는다. 간략히 말해 남자의 심리적 어려움은 자신 안의 '여성스러운' 경향을 거부하는 데서 기인하고, 여자의 심리적인 여러 특이한 점은 남자가 되고 싶다는 본질적 소망에서 기인한다. 프로이트는 이와 같은 생각을 남자의 심리보다 여자의 심리를 설명하려고 정교하게 다듬었다. 그러므로 나는 여성 심리학(feminine psychology)에 대한 프로이트의 견해만 논의하겠다.

프로이트에 따르면 여아의 발달 과정에서 제일 속상한 일은 다른 인간이 음경을 갖고 있으나 자신은 음경이 없다는 발견이다. "거세된 상태의 자신을 발견하는 일은 여아의 삶에서 전환점이다."[1] 여아

---

[1]  지그문트 프로이트, 「여성 심리학」, 『새로운 정신분석 강의 입문(*New Introductory*

는 이 발견에 반응해 자신도 역시 음경을 갖고 싶다는 명확한 소망을 드러내고, 음경이 자라날 것이라는 희망을 품으며, 이를 소유한 운이 더 좋은 존재들에게 부러움을 느낀다. 정상적[2] 발달에서는 음경 선망이 이렇게 계속되지 않는다. 여아는 자신의 '결핍(deficiency)'을 바뀔 수 없는 사실로 인정한 다음, 자라면서 음경에 대한 소망을 자식에 대한 소망으로 바꾼다. "자식을 갖게 되리라는 희망은 신체 결함에 대한 보상을 의미한다."[3]

음경 선망은 원래 자기도취 현상일 뿐이고, 자기 몸이 남아의 몸보다 완벽하지 않기 때문에 여아가 기분이 상한 느낌이다. 그러나 음경 선망은 대상 관계[4]에도 뿌리를 내리고 있다. 프로이트에 따르면

---

*Lectures on Psychoanalysis*)』(1933), 프로이트의 관점에 대해 이어질 해석은 일차로 이 문헌에 근거한다.

2 (옮긴이) '정상적(normal)'이란 말은 다른 모든 말처럼 맥락에 따라 상대적으로 사용한다. 여기서는 심리학자들이 정한 특정 기준에 따라 뚜렷한 정신병이나 심리 장애로 혼란을 겪지 않는다는 뜻으로 받아들이면 좋을 듯하다. 물론 초기 정신분석학에서 여아의 음경 선망 주장은 남성 심리학자들의 편견을 반영한 독단적 주장일 뿐이며, 정상 심리와 이상 심리를 나누는 기준은 시대와 장소를 포함한 맥락에 따라 달라질 수 있다.

3 카를 아브라함, 「여성 거세 콤플렉스의 표현 형식(Äusserungsformen des weiblichen Kastrationskomplexes)」(1921), 『국제 정신분석 정기간행물(*nternationale Zeitschrift für Psychoanalyse*)』. (옮긴이) 카를 아브라함(Karl Abraham, 1877~1925)은 독일의 영향력 있는 정신분석가로 1907년 처음 프로이트와 만나 평생 좋은 관계를 유지했다. 1910년 베를린 정신분석학회를 설립했고, 1914~1918년까지 국제정신분석학회의 회장을 지냈다. 프로이트와 함께 조울병을 연구했다.

4 (옮긴이) 대상 관계(object relations)는 유년기의 아이가 대상들과 맺는 관계를 총체적으로 의미한다. 대상 관계 이론은 프로이트의 이론을 바탕으로 멜라니 클라인(Melanie Klein, 1882~1960)이 세웠다. 대상 관계 이론에서 대상 관계는 유년기 환경 속에서 타자와 관계를 맺으며 심리가 발달하는 과정을 나타낸다. 대상 관계 이론은 내부의 심상뿐 아니라

어머니는 남아뿐만 아니라 여아에게도 최초 성적 대상(the first sexual object)이다. 여아는 자기도취에 빠진 자부심뿐 아니라 어머니에 대한 리비도 욕구 때문에 음경을 갖고자 소망한다. 어머니에 대한 리비도 욕구는 본성상 성기와 관련이 있는 만큼 남성적 형질이다. 프로이트는 이성애적 끌림의 자연력을 인정하지 않으면서, 여아가 왜 애착을 아버지로 바꿀 필요가 있는지에 대해 질문을 던진다. 프로이트가 애착의 변화를 지지한 이유는 두 가지다. 음경 결여에 책임이 있는 어머니에 대한 적개심과 그토록 바라는 기관을 아버지에게서 얻으려는 소망이다. "여아가 아버지 쪽으로 돌아서려는 소망은 의심할 여지 없이 최종적으로 음경을 얻으려는 소망이다." 따라서 원래 남아와 여아는 둘 다 하나의 성, 바로 남성만을 안다.

음경 선망이 여자의 발달에 지울 수 없는 흔적을 남긴다고 프로이트는 가정한다. 지극히 정상적인 발달에서도 기력을 엄청나게 쏟아부어야만 음경 선망을 극복한다. 프로이트가 이를 보여주려 의도한 주요 주장을 간략히 열거해도 좋겠다.

여자의 강력한 소망은 남아에 대한 소망이라고 프로이트가 생각한 까닭은 남아에 대한 소망이 음경을 갖고 싶다는 소망을 계승한 것이기 때문이다. 여자에게 아들은 음경 소유라는 뜻에서 일종의 소망 충족(wish-fulfillment)을 표상한다. "어머니에게 희석하지 않은 강

---

외부의 진짜 사람들과 거기서 발견되는 관계들을 모두 탐구한다. 유아와 어머니의 관계가 일차로 성인기의 인격 형성을 결정한다고 주장하며, 특히 애착 형성의 필요는 자기 계발의 바탕이자 정체감을 만들어내는 심리적 바탕으로 여긴다.

한 만족을 주는 것은 자신과 아들의 관계뿐이다. 어머니는 스스로 억압해야 했던 모든 야망을 아들에게 넘겨주고 자신의 남성성 콤플렉스로 남은 모든 것에 대한 만족을 아들에게서 얻으리라 희망할 수 있다."

임신 중의 행복, 특히 임신하지 않았을 경우 나타났을 신경증 장애가 가라앉을 때 찾아오는 행복은 음경을 (바로 자식에게 있는 음경을) 소유한 것에서 얻는 상징적 충족감이라고 부른다. 기능상 이유로 출산이 늦춰질 때 여자는 음경을 가진 아이와 분리되고 싶어 하지 않는다는 의심을 받는다. 다른 한편 모성은 여성성을 생각나게 해서 거부되기도 한다. 마찬가지로 월경 중에 일어나는 우울감과 초조감이나 짜증은 여성성을 생각나게 하는 월경의 결과로 여겨진다. 월경통은 아버지의 음경을 흡수하는 환상의 결과로 자주 해석되곤 한다.

남자들과 맺는 관계에서 생기는 장애는 음경 선망의 최종 결과라고 여긴다. 여자들은 주로 (음경을 가진 아이를) 선물로 얻으리라 기대하거나, 자신들의 모든 야망이 충족되리라 기대할 때 남자들에게 의지하게 되므로, 남자들이 이런 기대에 미치지 못하면 쉽게 등을 돌린다. 남자들을 부러워하는 태도는 그들을 능가하려는 경향이나 어떤 종류든 폄하하기에, 또는 남자의 도움을 무시한다는 뜻이 함축된 독립을 위한 분투에도 드러난다. 성별 영역에서 여성스러운 역할을 거부하는 태도는 처녀성 상실 이후 공공연하게 나타날지도 모른다. 처녀성 상실은 일종의 거세로 경험되기 때문에 성교 상대에게 적개심을 불러일으킬 수도 있다.

사실상 여성의 성격 특징 가운데 음경 선망에 본질적으로 뿌리가 있다고 가정되지 않는 것은 거의 없다. 여성의 열등감은 음경이 없어서 여자 자신의 성에 대해 경멸감을 표현한 것으로 여긴다. 프로이트는 여자가 남자보다 허영심이 더 강하다고 믿고, 이를 음경이 없다는 것에 대한 보상의 필요성 탓으로 돌린다. 여자가 신체에 보이는 조심성은 최종적으로 성기의 '결핍'을 숨기려는 소망에서 나온다. 여성의 성격에서 시샘과 질투의 역할이 더 큰 것은 음경 선망의 직접적 결과다. 여자의 시샘하거나 부러워하는 성향은 '남자의 영역에 속한 정신적이고 직업적인 이익에 대한 여자의 선호뿐 아니라 여자가 '정의감을 너무 적게' 가진 점도 설명한다.[5] 관행적으로 여자의 모든 야망 분투는 프로이트에게 최종 충동하는 힘(the ultimate driving force)으로서 음경을 갖고 싶어 하는 여자의 소망을 암시한다. 또한 평소에 여성에게 특이한 것으로 여겨지는 야망, 예를 들어 제일 아름다운 여자가 되고 싶다는 소망이나 가장 유명한 남자와 결혼하고 싶다는 소망은 카를 아브라함에 따르면 음경 선망의 표현이다.

음경 선망이라는 개념은 해부학적 차이와 연결되지만, 생물학적 사고와 어긋난다. 특별히 암컷 기능을 하도록 신체적으로 구성된 여자가, 다른 성이 가진 속성을 갖고 싶어 하는 소망에 따라 심리적으로 결정된다는 점을 그럴듯하게 만들려면 엄청나게 많은 증거가 필요할 것이다. 그러나 실제로 이를 뒷받침하는 자료는 빈약하며, 주요

---

5   카를 아브라함, 「여성 거세 콤플렉스의 표현 형식」 참고.

한 세 관찰과 관련이 있다.

첫째, 여아들이 음경을 갖고 싶어 하는 소망이나 음경이 자랄 것이라는 희망을 자주 표현한다는 점이다. 하지만 여아들의 이런 소망이, 똑같이 빈번한 가슴을 갖고 싶어 하는 소망보다 더 중요한 가치가 있다고 생각할 어떤 이유도 없다. 더욱이 음경을 가지고 싶어 하는 소망은 서양 문화에서 여성스럽다고 여겨지는 행동과 함께 나타난다.

둘째, 사춘기 이전에 일부 소녀들이 소년이 되고 싶어 할 뿐만 아니라 소녀의 말괄량이 행동이 현실적으로 소년이 되려고 했음을 보여주기도 한다는 점이다. 하지만 문제는 이를 액면 그대로 받아들이는 것이 정당하냐는 것이다. 그런 소녀들의 정신을 분석할 때, 우리는 겉보기에 남성스러워지고 싶어 하는 소망과 반대되는, 소녀로서 매력적이지 않은 것에 대한 절망감 따위를 찾아낸다. 사실상 소녀들이 자유를 더 많이 누리면서 자라게 된 이래 이런 말괄량이 행동은 드물어졌다.

끝으로 성인 여자들이 남자가 되고 싶어 하는 소망을 때로는 명시적으로 표현하기도 하고, 때로는 음경이나 음경 상징물이 나오는 꿈으로 나타내기도 한다는 점이다. 이런 여자들은 다른 여자들에 대해 일반적으로 경멸감을 표현하고 실존하는 열등감을 여자인 탓이라고 여길 수도 있다. 거세와 관련된 성향(castrative tendencies)은 의식에 나타나거나 꿈에 변장하거나 변장하지 않은 모습으로 표현되기도 한다. 그런데 후자의 자료는 있더라도 몇몇 정신분석 저술에서 시사하듯 자주 나타나지 않는다. 거세와 관련된 성향은 또한 신경증에 걸린 여자에게만 적용된다. 결국 거세와 관련된 성향은 다른 해석을 허용하고, 따라서 거세에 관한 주장은 논란의 여지가 많다. 거세와 관련된 성향에 대해 비판적으로 논하기 전에, 먼저 프로이트 및 다른 여러 정신분석가가 음경 선망이 여자의 성격에 미친 결정적 영향을 지지하는 압도적 증거를 어떻게 보게 되는지 이해하려고 해보자.

나의 평가에 따르면 이와 같은 확신을 설명하는 주요 요인은 두 가지다. 현재 문화적 선입관(cultural prejudices)과 어느 정도 일치하는 이론적 편견(theoretical biases)에 근거해서, 정신분석가는 여자 환자들에게 나타난 다음과 같은 경향이 즉각 음경 선망을 시사한다고 여긴다. 남자를 쥐고 흔들고 큰 소리로 꾸짖으며, 남자의 성공을 시샘하고, 도움받기를 싫어하는 성향(tendencies)이다. 나는 이런 경향(trends)이 이따금 추가 증거 없이 기저 음경 선망의 탓으로 돌려지는 것은 아닌지 의심스럽다. 그런데 추가 증거는 (월경 같은) 여성의 기능에 관해 동시에 터져 나오는 불평이나 불감증, 또는 남자의 사회적 지위의 이점을 지적하려는 성향, 혹은 (여자가 막대기를 쥐고 있거나 소시지를 썰고 있는 것과 같은) 꿈의 상징물에서 쉽게 발견된다.

검토를 거치면 이런 경향은 신경증에 걸린 여자뿐 아니라 신경증에 걸린 남자에게도 나타나는 특징이라는 점이 명백해진다. 독재 권력을 휘두르고, 자아 본위나 자기중심적 야망을 실현하고, 타인을 시샘하고 질타하는 경향은 신경증 구조에 따라 역할이 다양하더라도 현재 발병하는 신경증에 끊임없이 나타나는 요소다.

게다가 신경증에 걸린 여자들에 대한 관찰은 위에서 말한 모든 경향이 남자들뿐 아니라 다른 여자들이나 아이들에게도 나타난다는 점을 보여준다. 타인과 맺는 관계에서 그런 경향의 표현이 단지 남자와 맺는 관계에서 뻗어 나온다는 가정은 독단적 주장처럼 보인다.

끝으로 꿈 상징에 대해, 남성성을 갖고 싶어 하는 소망의 어떤 표현이든 가능한 심층 의미를 회의적으로 살피지 않고 액면 그대로 받아들인다. 이는 관례적 정신분석 태도와 반대되며, 이론적 선입관에 따라 결정하는 힘에서 기인할 따름이다.

음경 선망의 의의를 정신분석가가 확신하도록 이끈 다른 원천은 정신분석가 본인이 아니라 여성 환자들에게 있다. 어떤 여자 환자는 자신의 고생(troubles)이 음경 선망의 탓이라는 해석에 전혀 감동하지 않는다. 그러나 다른 여자 환자는 이런 해석을 쉽게 받아들이고 재빨리 학습해서 여성성과 남성성의 측면에서 고생을 말하거나 심지어 이런 사고에 맞는 상징물로 꿈까지 꾼다. 이런 환자는 특별히 잘 속아 넘어가는 환자가 아니다. 경험 많은 모든 정신분석가는 환자가 온순하고 남의 영향을 받기 쉬운지 알아채고 이런 경향을 분석함으로써 그 원천에서 생겨난 오류를 줄이려고 할 것이다. 그리고 몇몇 환자는 정신분석가로부터 어떤 암시도 받지 않았지만, 당연히 누구든지 문학의 영향을 배제할 수 없는 까닭에 자신의 문제를 남성성과 여성성의 측면에서 본다. 그런데 많은 환자가 음경 선망의 측면에서 제안된 설명을 기꺼이 받아들이는 심층 이유가 있다. 이와 같은 설명이 비교적 해를 덜 끼치고 단순한 해결책을 제시한다는 이유다. 어떤 여자는 남편에게 못되게 군다고 생각하기가 훨씬 더 쉬워진다. 불행히도 여자는 음경이 없는 상태로 태어났고, 자신이 질문하거나 의견의 불일치를 너그럽게 봐넘기지 못하게 만든 것이 자기만 옳다는 독선적 태도와 무오류성을 지녔다는 태도였다고 생각하지 않고, 음경을 가진 남편을 부러워하거나 시샘한 것으로 여길 수 있기 때문이다. 어떤 환자에게는 자신이 실제로 환경에 대해 과도하게 요구하고, 요구가 받아들여지지 않을 때마다 격분하고 있음을 깨닫는 것보다 자연이 자신을 불공평하게 다루었다고 생각하는 편이 훨씬 더 쉬운 일이다. 따라서 정신분석가의 이론적 편견과 환자가 자신의 진짜 문제를 건드리지 않고 놓아두려는 경향이 우연히 일치한 것처럼 보인다.

남성성을 갖고 싶어 하는 소망이 억압된 충동을 숨길 수도 있다면, 무엇이 그렇게 만드는가?

여기서 우리는 문화 요인을 알아보게 된다. 아들러가 지적했듯 여자의 남자가 되고 싶어 하는 소망은 우리 문화에서 남성스럽다고 여기는 강인함과 용기, 독립과 성공, 성생활의 자유와 배우자를 선택할 권리 같은 모든 자질과 특권을 갖고 싶어 하는 소망의 표현일 수도 있다. 오해하지 않도록 분명히 말해두자. 나는 음경 선망이, 서양 문화에서 남성스럽다고 여기는 자질을 갖고 싶어 하는 소망의 상징적 표현일 뿐이라고 말하려는 것이 아니다. 이 말은 그럴듯하지 않다. 왜냐하면 그런 자질을 갖고 싶어 하는 소망은 억압될 필요가 없어서 상징적 표현이 필요치 않기 때문이다. 상징적 표현은 의식에서 밀려난 성향이나 감정에 대해서만 필요하다.

그러면 남성성을 갖고 싶어 하는 소망으로 숨겨진 억압된 분투는 무엇인가? 답은 모두 아우르는 공식이 아니라 환자와 상황을 각각 분석해서 찾아내야 한다. 억압된 분투를 발견하기 위해, 열등감을 자신이 여자라는 사실에 어떤 식으로든 근거 지우려는 여자의 성향을 액면 그대로 받아들일 필요는 없다. 오히려 소수자 집단이나 특권을 덜 누리는 집단에 속한 모든 사람이 다양한 원천에서 생긴 열등감을 숨기려고 자신의 그런 상태를 이용하는 경향이 있으며, 중요한 일은 이런 다양한 원천을 찾아내려고 시도하는 것이라고 여자 환자에게 말해주어야 한다. 나의 경험에 따르면 자기에 관해 부풀린 일정한 상념(certain inflated notions about the self)과, 인정받지 못하는 다양한 가식을 숨기기 위해 필요한 상념에 부응하지 못한 것이 열등감의 아주 빈번하고 효과가 아주 큰 원천 가운데 하나다.

게다가 여자의 남자가 되고 싶어 하는 소망은 억압된 야망의 칸막이가 될 가능성이 있다는 점을 마음에 새겨둘 필요가 있다. 신경증에 걸린 사람의 경우, 야망은 너무 파괴적이어서 불안해지고 따라서 억압될 수밖에 없다. 이는 여자뿐 아니라 남자에게도 마찬가지다. 그러나 문화적 상황의 결과로 억압된 여자의 파괴적 야망은 남자가 되고 싶어 하는 소망이라는 비교적 덜 해로운 상징으로 드러날 수도 있다. 정신분석 작업은 그런 야망에 깃든 자아 본위나 자기중심성에 치우친 파괴적 요소를 드러내는 것이다. 또한 무엇이 이런 야망을 갖도록 부추겼는지, 그것이 인격에 대해 사랑을 억제하고 일을 방해하고 경쟁자를 시샘하고 자기를 과소평가하는 경향, 실패와 성공에 대해 두려워하는 방식에 어떤 결과를 낳는지도 분석한다.[6] 남자가 되고 싶어 하는 소망은 여자 환자의 야망에 깔린 문제와 당사자가 어떤 존재이고 어떤 존재여야 하는지에 관한 드높은 견해를 처리하자마자 환자의 연상 체계에서 떨어져 나간다. 그러면 여자 환자가 남성성 소망의 상징적 영사막 뒤에 숨는 것은 더는 가능하지 않다.

요컨대 음경 선망으로 여성 심리를 해석하는 것은 야망 같은 근본적 어려움과 연결된 전체 인격 구조에 대한 이해를 방해한다. 특히 정신분석 치료의 관점에서 이와 같은 해석에 반대하는 가장 설득력 있는 이유는 현실적인 진짜 쟁점을 흐린다는 점이다. 그래서 나는 남성 심리에서 양성애가 중요하다는 가정에 반대한다. 프로이트는 남성 심리에서 음경 선망에 대응하는 것이 "다른 남자들을 향한 수동적이거나 여성스러운 태도에 반대하는 투쟁"[7]이라고 믿는다. 프로이트는 이런 두려움을 '여성성 절연(repudiation of femininity)'이라고 부르고, 완벽하고 우월하게 보여야 할 필요가 있는 유형의 인격 구조에 속한 다양한 어려움을 초래한 원인이라고 여긴다.

프로이트는 내재한 여성스러운 특징에 관해 서로 긴밀하게 연결된 다른 두 가지 제언을 했다. 하나는 여성성이 "피학증과 은밀한 관계"[8]가 있다는 것이다. 다른 하나는 여자가 근본적으로 사랑을 잃을

---

6 카렌 호나이, 『우리 시대의 신경증 인격』(1937), 10~12장 참고.

7 지그문트 프로이트, 「끝이 있는 분석과 끝이 없는 분석」.

까 봐 두려워하고, 이 두려움이 남자의 거세 공포에 대응한다는 것이다.

헬렌 도이치[9]는 프로이트의 가정을 정교하게 다듬었고 일반적으로 적용해 피학증을 여성스러운 정신생활의 자연력(elemental power)이라고 불렀다. 도이치는 여자가 성교에서 강간당하거나 폭행당하기를 원하며, 정신생활에서 창피당하거나 굴욕당하기를 원한다고 주장한다. 월경이 여자에게 중요한 까닭은 피학증 환상을 낳기 때문이며, 출산은 피학증 만족의 절정을 나타낸다. 모성의 쾌락은 일정한 희생과 자식에 대한 걱정을 포함하는 만큼 오래 이어지는 피학증 욕구의 충족을 구성하는 요소가 된다. 여자들은 이런 피학증 분투 때문에, 성교할 때 강간을 당하거나 상처를 입거나 굴욕을 당한다고 느끼지 않으면 많든 적든 불감증에 걸릴 운명을 타고난다.[10] 라도는 여성의 남성성 선호가 여성 피학증 분투에 맞선 방어라고 주장한다.[11]

정신분석 이론에 따르면 심리 태도는 성별 태도가 정해진 다음에

---

8    지그문트 프로이트, 『새로운 정신분석 강의 입문』(1933).

9    (옮긴이) 헬렌 도이치(Helene Deutsch, 1884~1982)는 폴란드계 미국인 정신분석가이자 프로이트의 동료로 빈 정신분석 연구소의 창립자였다. 1935년 매사추세츠주 케임브리지로 이주해 정신분석가로 개업했다. 최초로 여자들을 전문적으로 분석한 정신분석가였다. 가장한 인격(as if personality)을 임상 개념으로 도입함으로써 타자와 동일시하는 여자들의 능력의 기원에 주목하도록 했다. 타인과 진짜 감정 접촉을 다양한 종류의 가짜 접촉으로 대체함으로써 충분히 정상처럼 보이는 분열된 인격들을 추려냈다.

10    헬렌 도이치, 「여자의 정신생활에서 피학증의 의의(The Significance of Masochism in the Mental Life of Women)」(1부 여성의 피학증과 불감증의 관계), 『국제 정신분석 학회지』(1930).

형성되므로, 피학증의 특이하게 여성스러운 바탕에 관한 주장은 더 많은 것을 함축한다. 이 주장은 여자들이 일반적으로, 적어도 대다수 여자가 본질적으로 복종하고 의존하려는 욕구가 있다는 기본 전제 (postulate)를 함의한다. 이를 지지하는 근거는 서양 문화에서 피학증 경향이 남자들보다 여자들에게 더 자주 나타난다는 인상이다. 그러나 이용할 수 있는 자료는 신경증에 걸린 여자들과 관련된 것일 뿐이라는 점을 기억해야 한다.

신경증에 걸린 많은 여자 환자는 성교에 관해, 여자가 남자의 동물적 욕구의 희생물이고, 희생물이 되어야 하며 희생으로 품위가 떨어진다는 따위의 피학증 상념(masochistic notions)에 시달린다. 그들은 성교로 신체에 손상을 입는 환상을 떠올릴 수도 있다. 극소수 신경증 환자는 출산할 때 피학증 만족을 얻는 환상에 빠지기도 한다. 순교자 역할을 연기하면서 계속 자식을 위해 얼마나 많이 희생하고 있는지를 강조하는 대다수 어머니는, 모성이 신경증에 걸린 여자들에게 피학증 만족을 제공할 수 있다는 점을 확실히 입증한다고 말할지도 모른다. 신경증에 걸린 아가씨들은 잠재적 남편에게 붙들려 노예가 되고 학대당하는 모습이 떠올라서 결혼을 겁내기도 한다. 끝으로 여자의 성 역할을 둘러싼 피학증 환상은 여성의 역할을 거부하고

---

11    산도 라도, 「여자의 거세 공포(Fear of Castration in Women)」, 『정신분석 계간지』 (1933). (옮긴이) 산도 라도(Sandor Rado, 1890~1972)는 헝가리아계 정신분석가로 미국에서 30년 동안 활동했다. '정신 분열증의 표현형(schizophrenic phenotype)'의 줄임말로 '정신분열형(schizotype)'이라는 용어를 만들었다.

남성의 역할을 선호하게 만드는 원인이 될 수도 있다.

신경증에 걸린 여자들에게 나타나는 피학증 경향의 빈도가 정말로 신경증에 걸린 남자들의 경우보다 더 높다고 가정하자. 그러면 이 현상을 어떻게 설명할까? 라도와 도이치는 여성의 발달에 특이한 요인 탓임을 보여주려 시도한다. 나는 이들의 시도에 대해 논하지 않겠다. 왜냐하면 두 저자는 음경이 없다는 것, 또는 이 사실의 발견에 따른 여아의 반응을 기본 요인으로 끌어들이는데, 나는 이것이 잘못된 선제라고 믿기 때문이다. 사실 여성의 발달에서 피학증을 일으키는 특이한 요인을 찾아내는 일은 가능하지 않다. 이런 모든 시도는 피학증이 본질적으로 성과 관련된 현상이라는 전제에 의지하는 까닭이다. 사실은 피학증 환상과 도착증(perversions)에 나타나듯, 피학증에서 성적 측면은 매우 두드러져서 제일 먼저 심리치료사들의 주의를 끌었다. 그렇더라도 나는 피학증이 일차적으로 성적 현상이 아니라 오히려 대인관계(interpersonal relations)에서 생겨나는 갈등의 결과라고 주장한다. 이 주장은 나중에 상세히 설명하겠다. 피학증 성향은 한번 굳어지면 성별 영역에서도 우세해지고, 만족을 위한 조건이 될 수도 있다. 이런 관점에서 볼 때 피학증은 여성에게 특이한 현상일 수 없다. 그리고 여자들의 피학증 태도를 설명할 특이한 요인을 여성의 발달에서 찾으려 시도했던 정신분석 관련 저술가들이 그런 요인을 찾아내지 못한 것은 비난받을 일도 아니다.

내 생각에는 생물학적 반응이 아니라 문화적 반응을 찾아봐야 한다. 그러면 여자의 피학증 경향의 발달에서 도구로 쓰인 문화적 요인이 있느냐는 것이 문제다. 이 문제의 답은 피학증의 역동적 과정에서 본질적이라고 어떤 이가 주장하는 것에 달려 있다. 간략히 말해 나의 피학증 개념은 다음과 같다. 피학증 현상은 남의 눈에 띄지 않으려는 태도와 의존성으로 삶의 안전과 만족을 얻으려는 시도로 나타난다. 나중에 논하겠지만, 이런 삶의 기본 태도는 개인적 문제를 어떻게 다룰지 결정한다. 예컨대 취약성과 고뇌로 타인을 통제하고, 고뇌로 적개심을 표현하고, 실패의 구실을 병에서 찾아내도록 이끈다.

방금 말한 선제들이 유효하다면, 여자들의 피학증 태도를 조성하는 문화 요인들이 정말로 있다. 그런 문화 요인은 현재 세대보다 과거 세대에 더 적합하지만, 오늘날에도 여전히 그림자를 드리운다. 간략히 말해 여자에게 의존성이 더 많다는 생각, 여자의 취약성과 여림에 대한 강조, 누군가에게 의지하는 태도가 여자의 본성이고 여자의 삶은 가족과 남편, 자식 같은 타인을 통해서만 내용과 의미를 지닌다는 이념이다. 이런 요인은 그 자체로 피학증 태도를 초래하지는 않는다. 역사는 여자들이 이와 같은 조건에서 행복과 만족감을 얻고 능률적일 수 있다는 점을 보여주었다. 그러나 문화 요인은 신경증이 발병할 때 여성의 신경증에서 피학증 경향이 우세해지는 원인이 될 수 있다.

여자에게 사랑을 잃음에 대한 근본적 두려움이 있다고 프로이트는 주장한다. 이 주장은 부분적으로 여성의 발달에 피학증의 특이한 요인이 있다는 기본 전제(postulate)와 분리되지 않는다. 프로이트의 주장은 그런 가정에 암암리에 포함되어 있기 때문이다. 피학증 경향은 정서적으로 타인에게 의존하고, 불안에 대해 안심시키는 분명한 수단이 애정을 얻는 것이다. 그런 만큼 사랑을 잃음에 대한 두려움은 피학증의 구체적 특징이다.

그런데 프로이트는 여성의 본성에 관해 여자에게 음경 선망이 있으며, 피학증에는 특이하게 여성스러운 바탕이 있다고 주장했다. 이런 두 주장과 반대로, 여자에게 사랑을 잃는 것에 대한 근본적 두려움이 있다는 주장은 서양 문화 속 건강한 여자에게도 어느 정도 유효하다. 여자들이 사랑을 과대평가함에 따라 사랑을 잃을까 봐 두려워하게 된 데는 생물학적 이유가 아니라 중요한 문화 요인이 있다.

여자는 수 세기 동안 경제와 정치적 책임과 동떨어져 정서 중심의 사생활 영역에 갇혀 살았다. 이것이 여자가 책임을 다하지 않고 일을 하지 않았다는 뜻은 아니다. 그러나 여자의 일은 가족의 울타리 안에서 시작하고 끝났고, 그러므로 더 비인격적인 사실관계(more impersonal, matter of fact relations)와 반대로 정서 중심의 생활(emotionalism)에만 바탕을 두었다. 같은 상황의 다른 측면은 사랑과 헌신이 여성의 특이한 이상이자 덕으로 여겨졌다는 것이다. 아직 남은 다른 측면은 여자에게 남자나 자식과 맺는 관계가 행복과 안전, 위신을 얻는 유일한 통로였으므로, 사랑이 현실적으로 추구할 만한 가치를 대표했다. 이 가치는 남자의 영역에서 돈벌이 능력과 연결된 활동과 비교할 수 있다. 따라서 정서 영역 밖에서 추구하는 일은 사실상 기가 꺾였을 뿐 아니라 여자의 마음속에서도 단지 이차적으로 중요하게 여겨졌다.

이처럼 서양 문화 속에서 여자가 사랑을 과대평가하고 사랑에 대해 가능한 수준보다 더 많이 기대할 수밖에 없고, 남자보다 사랑을 잃을까 봐 더 많이 두려워하는 현실적 이유가 있었고, 아직 어느 정도 현실적 이유가 된다.

여자가 사랑을 인생에서 중요하고 유일한 가치라고 여기게 된 문화적 상황은 현대 여성의 일정한 특징을 드러내는 함축이 있다. 하나는 늙음에 대한 태도, 바로 여자의 나이 공포증과 그 함축이다. 오랫동안 여자의 성취는 사랑이나 성과 관련이 있든 가정이나 자식과 관련이 있는 남자를 통해서만 가능했으므로, 남자의 비위를 맞추는 일이 필연적으로 가장 중요했다. 이런 필요의 결과로 생겨난 아름다움과 매력 숭배는 적어도 몇 가지 점에서 대단히 효과적이었을지도 모른다. 하지만 이렇듯 성애적 매력(erotic attractiveness)의 중요성에 집중하는 태도는 그 매력이 줄어들 때 불안을 암시한다. 남자들이 50대로 접어들 무렵 갑자기 두려움을 느끼거나 우울해지면 신경증의 징후로 여겨야 한다. 여자의 경우에는 자연스러운 것으로 여겨지고, 어떤 면에서 매력이 유일한 가치를 대표하는 만큼 자연스럽다. 나이는 모든 사람에게 문제라지만, 젊음이 주목받는 초점이라면 나이는 절망적인 문제가 된다.

여기서 늙음에 대한 두려움은 여자의 매력이 끝났다고 여겨지는 나이로 제한되지 않고, 여자의 일생에 그림자를 드리워서 삶이 대단히 안전하지 않다는 느낌을 반드시 만들어낼 것이다. 여자의 나이 공포증은 어머니와 청소년기 딸 사이에 자주 나타나는 질투심을 설명하고, 그들의 인격적 관계를 망칠 뿐만 아니라 모든 여자에 대해 적개심의 잔재를 남길 수도 있다. 그것은 여자가 성애 경향(eroticism)의 영역 밖에 있는 성숙함과 침착함, 독립, 자율적 판단, 지혜로 특성이 가장 잘 드러나는 자질들을 제대로 평가하지 못하게 한다. 만약 여자가 원숙기의 가치를 낮게 평가하는 태도를 끊임없이 받아들여 원숙한 시기를 쇠퇴기로 여긴다면, 여자는 애정 생활을 하는 만큼 진지하게 자신의 인격 발달에 필요한 과제를 수행할 수 없다.

사랑과 결합된 포괄적 기대는 어느 정도 프로이트가 음경 선망 탓으로 돌린 여성의 역할에 갖는 불만을 설명한다. 이런 관점에서 볼 때 여성의 역할에 갖는 불만의 주요 이유는 두 가지다. 하나는 일반적으로 인간관계를 방해하는 문화 속에서, 애정 생활(여기서 말하는 애정 생활은 성관계를 의미하지 **않음**)로 행복해지기 어렵다는 점이다. 다른 하나는 이런 상황이 열등감을 초래할 개연성이 있다는 점이다. 때때로 서양 문화 속에서 열등감으로 더 괴로워하는 성이 남자냐, 아니면 여자냐는 문제가 제기된다. 마음의 양을 측정하기는 어렵지만, 다음과 같은 차이는 있다. 일반적으로 남자의 열등감은 자신이 남자라는 사실에서 생겨나지 않지만, 여자는 단지 자신이 여자여서 자주 열등하다고 느낀다. 앞에서 언급했듯 내가 보기에 부족감(feeling of inadequacy)은 여성성과 아무 관계도 없고, 본질적으로 남자와 여자의 경우에 똑같은 열등감의 다른 원천을 숨기기 위한 위장 도구로서 여성성의 문화적 함축(cultural implications)을 이용한다. 하지만 여자의 자신감(self-confidence)이 왜 방해받기 쉬운지 설명하는 일정한 문화적 이유는 그대로 남아 있다.

건전하고 확고한 자신감은 주도권, 용기, 독립, 재능, 성애의 가
치, 상황 속에서 주인이 되는 능력 같은 인간적 자질들의 폭넓은 바
탕을 활용한다. 집안일이 현실적으로 막중한 책임을 지는 과제였
고, 자식의 수가 제한되지 않는 한, 여자는 경제 과정의 건설적 요인
(a constructive factor)으로서 존재한다는 의식을 가졌다. 따라서 여자
는 자존감을 위한 건전한 바탕을 갖추고 있었다. 하지만 이런 바탕은
서서히 사라졌고, 여자는 자신이 가치 있는 존재일 수 있다는 의식의
토대를 하나 잃었다.

자신감의 성적인 바탕에 관한 한, 청교도 신학[12]의 영향은 누가 평
가하더라도 확실히 성별 특징(sexuality)에 도덕적 죄와 저급함이 함
축된 의미를 덧붙임으로써 여자들의 가치를 떨어뜨렸다. 가부장제
사회에서 이런 태도는 여자를 도덕적 죄의 상징으로 만들었다. 이런
많은 간접적 언급(allusions)은 초기 그리스도교 문헌에서 찾아낼 수
도 있다. 이것이 여자가 오늘날에도 성별 특징으로 가치가 떨어지고
더럽혀진다고, 따라서 자존감이 낮다고 여기는 아주 큰 문화적 이유

---

12　(옮긴이) 청교도 신학(puritanism)은 16~17세기 로마가톨릭교회의 전례를 따른 영국
국교회(성공회)의 정화를 주창한 영국의 개신교도가 세우고 믿은 신학이다. 유럽 종교개혁
운동의 핵심인 복음주의를 지향했다. 루터 신학과 칼뱅 신학의 영향을 받았으며, 도덕적 순
수성을 추구하고 낭비와 사치를 배격하고, 근면을 강조했다. 인위적 권위와 전통을 배척하
고, 오직 성경에만 충실하고 신앙인이 저마다 마음으로 신과 만날 수 있다는 믿음을 공유했
다. 영국국교회(성공회)와 당국의 종교적 탄압을 피해 미국으로 이주해 청교도의 부흥 운동
을 주도했다.

가운데 하나다.

끝으로 자신감의 정서적 바탕이 아직 남아 있다. 그런데 만약 누군가의 자신감이 사랑을 주거나 받는 것에 의존한다면, 자신감은 너무 작고 지나치게 위태로운 토대 위에 세워지는 셈이다. 여기서 말한 토대는 너무 많은 인격적 가치를 내버려 두어서 지나치게 작고, 적절한 배우자 찾기처럼 너무 많은 외부 요인에 의존해서 대단히 위태롭다. 그 밖에도 다른 사람들의 애정과 감사에 너무 쉽게 정서적으로 의존하게 되어서, 사랑이나 감사를 얻지 못하는 상황에 놓이면 결국 무가치하다는 느낌에 사로잡힌다.

여자에게 주어져 있다고 주장되는 열등감에 관한 한, 프로이트는 확실히 자신에게 꽤 안도감을 주는 논평을 다음과 같이 했다. "그렇지만 우리가 여자들을 그들의 본성이 오직 성적 기능으로 결정되는 한에서만 기술했다는 점을 잊어서는 안 된다. 물론 여기서 말한 요인의 영향은 광범위하지만, **이와 별개로 개인으로서 여자가 한 인간이기도 하다**는 점을 우리는 기억해야 한다(여기서 강조 표시는 내가 한 것)." 나는 프로이트가 정말로 그것을 의미한다고 확신하지만, 프로이트의 이런 견해는 그의 이론 체계에서 더 넓은 자리를 차지해야 할 것이다. 여성 심리에 대한 프로이트의 최근 논문을 보면, 초기 연구에 비해 여자들의 심리에 문화 요인이 미친 영향을 추가로 고려하고 있다. "그러나 우리는 여자들을 수동적 상황에 강제로 밀어 넣는 사회 관습의 영향을 과소평가하지 않도록 조심해야 한다. 우리는 여성성과 본능적 삶 사이에 끊임없이 나타나는 한 가지 관계를 간과해서는 안 된다. 여자들의 공격성 억압은 그들의 체질과 사회가 강제해서 강한 피학증 자극(strong masochistic impulses)의 발달을 촉진하고, 이것이 내부로 향하는 파괴 성향을 성애 경향으로(erotically) 묶는 효과를 낸다."

그러나 프로이트는 기본적으로 생물학에 치우친 방향 감각을 지녀서 이런 문화 요인의 온전한 의의를 알아보지 못하며, 프로이트의 전제에 근거할 때 이를 알아볼 수도 없다. 프로이트는 문화 요인이 어느 정도 소망과 태도를 형성하는지도 알아보지 못하고, 문화 조건과 여성 심리의 상호관계에 얽힌 복잡성도 평가할 수 없다.

성 체질과 성 기능의 차이가 정신생활에 영향을 미친다는 프로이트의 주장에 모든 사람이 동의하리라고 생각한다. 그러나 이런 영향의 정확한 본성에 대해 사변적으로 추측하는 것은 건설적이지 않을 듯하다. 미국 여자가 독일 여자와 다르고, 두 여자는 푸에블로 아메리카 원주민 여자와 다르다. 뉴욕 사회의 일원인 여자는 아이다호주에 사는 농부의 아내와 다르다. 특정 문화 조건이 남자들뿐 아니라 여자들의 특정 자질과 능력을 낳는 방식은 무엇인가? 이것이 우리가 이해하기를 바라는 문제다.

# 7장 ▷ 죽음 본능
## Death Instinct

**셋째** 최종 본능 이론에서 프로이트는 '자아 리비도'와 '대상 리비도'의 이원성을 포기하는 대신에, 리비도 충동(libidinal drives)과 비(非)리비도 충동(non-libidinal drives)을 대조한 초기의 구별을 다시 도입한다. 그런데 중요한 차이점이 하나 있다. 초기에 프로이트는 자기보존(self-preservation) 충동, 곧 '자아' 충동이 성 충동의 상대자라고 가정했다. 이제 상대자의 역할은 정반대 본능, 곧 자기파괴 본능에 돌아간다. 주요한 임상적 함축에서 보자면 이원성은 이제 대상 사랑(object-love)뿐 아니라 자기도취를 포함한 성 본능과 파괴 본능 사이에 있다.

인류 역사에 등장한 잔혹 행위의 빈도가 파괴 본능 개념을 시사했다. 전쟁, 혁명, 종교 박해, 모든 권위주의적 관계, 범죄와 연루된 잔혹 행위는 너무도 많다. 이런 사실에 비추어 사람들이 적개심과 잔혹성을 분출할 수단이 필요하고 이를 뿜어낼 아주 작은 기회라도 움켜

쥔다는 인상을 풍긴다. 더군다나 우리 문화에서 미묘하고 고약한 수 많은 잔혹 행위는 매일 일어난다. 예컨대 착취, 사기, 폄훼, 무방비 상태에 있는 사람들과 아이들, 가난한 사람들에 대한 억압 따위가 끊이지 않는다. 사랑과 우정이 우세해야 할 관계도 적개심의 저류가 결정요인이 되는 경우가 잦다. 프로이트는 한 가지 인간관계, 곧 어머니와 아들의 관계만 적대적 혼합(hostile admixtures)에서 벗어나 있다고 믿는다. 심지어 그런 예외를 두는 것이 소망 사고처럼 보인다.[1] 그리고 잔혹성과 적나라한 파괴 성향은 실제로 나타나는 만큼 환상 속에도 나타난다. 대수롭지 않아 보이는 공격을 당한 후에, 우리는 공격자가 발기발기 찢기거나 치명적으로 치욕 당하는 꿈을 꾸기도 한다.

끝으로 파괴 성향은 많은 경우에 타인으로 향하지만, 잔혹성은 자기를 향해 훨씬 자주 나타나는 것 같다. 우리는 자신을 죽일 수도 있다. 정신병에 걸린 환자는 스스로 신체에 심각한 손상을 입히기도 한다. 평균 범위에 속한 신경증 환자는 자신에게 심한 고통을 주고 자신을 경시하고 비웃고, 쾌락을 얻지 못하고 자신에게 불가능한 일을 요구하면서, 불가능한 요구가 이행되지 않으면 자신을 거침없이 비하하는 성향이 있는 것처럼 보인다.

초기에 프로이트는 적개심의 자극과 발현을 성별 특징과 연결해

---

1  (옮긴이) 카렌 호나이는 『내가 나를 치유한다』의 49쪽에서 '소망 사고(wishful thinking)'에 대해 '상상력에서 기인하는 현실 왜곡'이라는 정의를 수용하지만 사고라는 말이 협소하므로 사고뿐 아니라 '소망을 담은 관찰, 믿음, 특히 감정'까지 포함해야 한다고 지적한다. 또한 사고나 감정은 소망이 아니라 필요에 따라 결정된다고 덧붙였다. 본문에서 카렌 호나이는 프로이트의 견해가 현실성이 없다는 뜻으로 '소망 사고'라는 표현을 사용했다.

해석했다. 이런 자극과 발현이 일부는 성별 특징을 구성하는 한 요소 충동인 가학증의 표현이고, 일부는 성적 질투심의 좌절에 따른 반응이거나 표현이라고 프로이트는 믿었다. 나중에 그는 이런 설명이 불충분하다고 인정했다. 성 본능과 연결해 설명되는 것보다 훨씬 더 많은 파괴 성향이 있다.

"내가 아는 바로는 가학증과 피학증에서 안과 밖으로 향하는 성애 경향(eroticism)과 결합한 파괴 본능의 발현이 언제나 우리의 눈앞에 있었다. 그러나 우리가 어떻게 성애 경향과 관계가 없는 공격성과 파괴 성향의 보편성을 간과했고, 어떻게 우리의 삶에 대한 해석과 관련된 마땅한 의의를 그것에 부여하지 않았을 수 있는지를 나는 더는 이해할 수 없다."[2]

성(sex)과 독립된 파괴 본능이 있다는 가정은 리비도 이론에 어떤 근본적 변화도 일으키지 않았다. 유일한 이론적 변화는 가학증과 피학증을 이제 온전한 리비도 충동이 아니라 리비도 충동과 파괴 충동의 융합 또는 혼합으로 여겼다는 점이다.

파괴 본능이 자연적 본능이라면, 파괴 본능의 유기체적 바탕은 무엇인가? 이 질문에 답하기 위해, 프로이트는 스스로 사변이라고 말한 일정한 생물학적 고찰에 의지했다. 이런 고찰은 본능의 본성에 관한 개념과 반복 강박 이론에서 비롯한 것이었다. 프로이트에 따르면 본능은 유기체적 자극(organic stimuli)으로 일어난다. 본능의 목표는

---

2    지그문트 프로이트, 『문명 속의 불만(Civilization and Its Discontents)』(1929).

방해하는 자극을 없애고 방해 자극 이전의 평형 상태로 복귀하는 것이다. 프로이트는 자신이 본능적 삶의 기본 원리를 대표한다고 믿는 반복 강박으로 쾌락을 주느냐 고통을 주느냐와 무관하게 예전 경험이나 앞서 밟은 발달 단계를 반복하려는 강박을 이해한다. 이 원리는 유기적 생명체에 내재하는, 초기 실존 형태를 회복하고 거기로 돌아가려는 성향의 표현인 듯하다고 프로이트는 논증한다.

프로이트는 이런 고찰에서 대담한 결론으로 비약한다. 앞선 단계로 퇴행하고 복귀하려는 성향이 있고, 비유기체가 유기체와 생명체의 발달에 앞서 실존했던 까닭에, 비유기적 상태로 복귀하려는 타고난 성향이 분명히 있다. 무생물의 조건은 생물의 조건보다 더 일찍 실존했던 까닭에, 본능적 죽음 충동은 틀림없이 있다. "삶의 목표는 죽음이다." 이것이 프로이트가 죽음 본능(death instinct)을 가정하는 결론에 이른 이론적 방법이다. 살아 있는 유기체가 내부 원인의 작용으로 죽는다는 사실은 자기파괴를 충동하는 본능이 있다는 가정의 실체를 입증하기 위해 사용될 수 있다고 프로이트는 믿는다. 그는 파괴 본능의 생리학적 바탕을 물질대사(metabolism)의 이화작용[3]에서 찾아낸다.

만약 자기파괴 본능에 대항하는 것이 없다면, 우리가 위험에 맞서 우리 자신을 지킨다는 사실을 이해할 수 없을 것이다. 이해할 수 있

---

3    (옮긴이) 여기서 이화작용(異化作用, catabolism)은 물질대사에서, 단백질·다당류·아미노산 따위의 화학적으로 복잡한 구조의 물질을 단순한 물질로 분해하는 반응을 일컫는다. 생물은 이화작용으로 필요한 기력을 얻는다.

는 것은 죽었을 테니까. 어쩌면 자기를 보존하려는 충동으로 보이는 것이 다음에는 유기체가 자신의 방식으로 죽으려는 의지에 지나지 않을지도 모른다. 그러나 죽음 본능에 대항할 무엇, 바로 프로이트가 성 충동으로 나타난다고 생각한 삶의 본능(life instinct)이 있다. 그런 까닭에 프로이트의 이론에 따른 기본적 이원성은 삶의 본능과 죽음 본능 사이에 있다. 두 본능이 유기체에 나타난 형태는 생식질(germ-plasm)과 체세포(soma)다.[4] 죽음 본능이 실제로 있다고 입증할 임상 관찰 증거는 없다. 왜냐하면 "죽음 본능은 내부에서 유기체를 소리 없이 무너져 흩어지게 하기" 때문이다. 우리가 관찰할 수 있는 것은 성 본능과 죽음 본능의 융합과 동맹이다. 죽음 본능이 우리를 파괴하지 못하거나, 적어도 파괴를 미루는 것은 이런 동맹의 영향이다. 맨 처음 죽음 본능은 자기도취 리비도와 결합하게 되고, 두 본능이 함께 프로이트가 말한 일차 피학증을 형성한다.

하지만 성 본능과 맺은 동맹은 그 자체로 자기파괴를 막을 수 있을 만큼 충분하지 않다. 그런 동맹이 자기파괴를 막게 되어 있다면, 자기파괴 성향의 상당 부분이 바깥 세계로 돌아서야 한다. **우리 자신을 파괴하지 않으려면 우리는 타인을 파괴할 수밖에 없다.** 이런 추론을 통해 파괴 본능은 죽음 본능의 파생물이 된다. 파괴 충동은 다시 안

---

4 (옮긴이) 생식질 영속설에 따르면 배아의 일부를 구성하는 생식질이 난자가 개체로 발생하는 과정에서 변하지 않고 그대로 있으며 이를 바탕으로 새로운 생식세포가 만들어진다. 그러므로 생식질은 한 세대에서 다음 세대로 내려가는 영속성을 지닌다. 이 생식질의 성질은 삶의 본능을 표상한다. 반면에 체세포는 일정 주기로 생겨나고 지속하다가 죽는다. 이 체세포의 성질은 죽음 본능을 표상한다.

으로 돌아서서 자신을 해치려는 충동으로 나타날 수 있다. 이것이 임상적으로 드러난 피학증의 발현이다.[5] 밖으로 향한 흐름이 억제되면, 자기파괴의 강도가 높아진다. 프로이트는 방금 말한 가정의 증거를, 신경증에 걸린 사람들이 쌓인 원한이나 원망을 밖으로 뿜어내지 못하게 되면 자신을 심하게 괴롭힌다는 사실에서 찾아낸다.

프로이트는 죽음 본능 이론이 단순한 사변에 기댄다고 인정하고, 지지할 어떤 증거도 없지만, 그래도 죽음 본능 이론이 초기 가정들보다 열매를 훨씬 더 많이 맺으리라고 느낀다. 더욱이 죽음 본능 이론은 본능 이론의 모든 요건을 충족한다. 이원성 구도에 들어맞고, 두 측면이 모두 유기체에 바탕을 둘 수 있고, 죽음 본능과 삶의 본능 및 각 파생물이 모든 심리 발현을 아우르는 것처럼 보인다.

구체적으로 말해 죽음 본능과 그 파생물이 있다는 가정은 프로이트가 신경증에 나타나는 적대적 공격성의 양을 설명하게 만드는데, 예전 관점으로 설명할 수는 없었을 것이다. 의심, 타인이 드러낸 적개심에 대한 두려움, 고소와 고발, 모든 노력에 대해 멸시하는 거부 반응의 양은 리비도 이론의 도구만 가지고 씨름했을 때 수수께끼로 남았다. 그리고 멜라니 클라인[6] 및 다른 영국의 정신분석가들이 관

---

5    지그문트 프로이트, 「피학증의 경제 문제」, 『논문집』, 2권(1924).

6    (옮긴이) 멜라니 클라인(Melanie Klein, 1882~1960)은 오스트리아계 영국의 정신분석가로 아동 정신분석 작업으로 유명하다. 대상 관계 이론의 발전에 공헌한 첫째 인물로 꼽힌다. 『아동의 정신분석(*The Psychoanalysis of Children*)』(1932)에서 아이를 대상으로 정신분석 이론을 전개했다. 아이들의 놀이가 불안을 통제하는 상징적 방법이라고 생각하고, 유년기의 심리적 충격이나 사고를 알아낼 수단으로 장난감을 가지고 자유롭게 노는 과정을 관찰

찰했듯, 파괴 환상의 초기 현상은 이제 죽음 본능 이론과 함께 만족스러운 토대를 찾아낸 것처럼 보인다. 또한 피학증 현상은 방향만 바꾼 가학증으로 이해되었던 만큼 풀리지 않는 수수께끼로 남았지만, 이제 더 잘 설명하게 되었던 듯하다. 자기파괴 본능과 성 충동의 동맹은 피학증에 어떤 기능이, 프로이트가 말했듯 자기파괴를 막는 경제적 가치가 있다고 시사한다.[7]

끝으로 새로운 이론은 '초자아'와 처벌할 필요라는 개념을 위한 이론적 토대를 마련한다. 프로이트는 '초자아'를 인격 내부의 자율적 대행자로 이해하며, 주요 기능은 본능적 충동의 추구를 억제하는 것이다. 초자아는 자기로 향하는 적대적 공격의 매개체로 좌절감을 주고, 쾌락을 못마땅하게 여기고 자기에게 거침없이 요구하며, 요구가 이행되지 않을 때 가차 없이 혹독하게 처벌하는 것이라고 가정한다. 간략히 말해 초자아는 밖으로 뿜어내지 못한 공격성에서 자기 팽창의 힘을 얻는다.[8]

다음으로 나는 죽음 본능의 파생물인 파괴 본능으로 논의를 제한하겠다. 프로이트는 파괴 본능의 의미에 관해 어떤 의혹도 남기지 않았다. 인간은 악, 공격성, 파괴 성향, 잔혹 행위로 끌리는 충동을 타고

---

했다. 대상 관계 이론은 유년기의 자아 발달을 심리적 충동과 연관된 다양한 욕구의 대상, 물리적 대상에 대한 경험과 관련시켰다.

7    지그문트 프로이트, 「피학증의 경제 문제」, 『논문집』, 2권(1924) 참고.

8    이 책의 13장 '초자아' 개념 참고.

난다. "이 모든 것 뒤에 숨은 진실은, 누구든지 열심히 부인하더라도, 사람들이 공격받으면 단순하게 방어하며 사랑을 소망하는 점잖고 친절한 피조물이 아니라는 것, 아주 강력하고 상당히 많은 공격 욕구를 본능적으로 타고난 재능의 한 부분으로 여겨야 한다는 것이다. 결과는 이웃이 사람들에게 가능한 조력자거나 성적 대상(sexual object)일 뿐만 아니라 공격 욕구를 충족하고 업무 역량을 보상 없이 착취하며, 동의 없이 성적으로 이용하고 재산을 강탈하고 모욕하며, 고통을 주고 고문하고 죽이고 싶은 유혹자이기도 하다는 것이다. 인간은 인간에게 늑대다(Homo homini lupus). 달리 말해 만인은 만인의 적이다. 인생과 역사에 드러난 모든 증거와 마주할 때 누가 이에 논박할 용기를 내겠는가?"[9] "인간과 인간이 맺는 모든 애정과 사랑 관계의 바탕에는 미움이 있다. 대상들과 맺는 관계에서 미움은 사랑보다 더 오래되었다."[10] 가장 초기 발달 단계로 구강기에, 대상과 일체가 되려는 경향, 다시 말해 대상의 실존을 완전히 없애려는 경향 속에 미움이 나타난다. 구강기에 대상과 맺는 관계는 대상을 움켜잡거나 세게 누르려는 경향, 다시 말해 증오심과 거의 구별할 수 없는 태도로 결정된다. 생식기에 도달해야만 사랑과 미움이 한 쌍의 대립물로 나타난다.

프로이트는 이런 가정에 대한 정서적 반론을 예상하고, 우리가 인

---

9    지그문트 프로이트, 『문명 속의 불만』.

10    지그문트 프로이트, 「충동과 충동의 운명(Triebe und Triebschicksale)」, 『국제 정신분석 정기간행물』(1915).

간의 본성이 선하다고 믿기를 선호한다고 선언한다. 그러나 이렇게 논증할 때, 인간의 본성이 파괴적이라는 주장을 논박하는 것이 반대로 인간의 본성이 선하다고 주장한다는 뜻이 아님을 프로이트는 알아보지 못한다. 또한 파괴 본능이라는 가정이 사람들의 책임감과 죄책감을 덜어주고, 파괴적 자극에 대한 현실적 반응에 직면할 필요성에서 사람들을 자유롭게 할 수 있기 때문에 사람들에게 정서적으로 호소한 것일지도 모른다는 점을 알아보지 못한다. 중요한 질문은 우리가 프로이트의 가정을 얼마나 좋아하느냐가 아니라 프로이트의 가정이 우리의 심리학적 지식과 일치하느냐는 것이다.

프로이트의 가정에서 논란이 될 만한 점은 인간이 적대적이고 파괴를 일삼으며 잔혹할 수 있고, 이런 반응의 정도와 빈도가 아니라 행동과 환상에 발현한 파괴 성향이 자연에 따른 본능이라는 선언이다. 파괴의 정도와 빈도는 파괴 성향이 본능에 따른다고 입증한 것이 **아니다**.

인간의 본성이 파괴적이라는 가정은 적개심이 어떤 조건에서든 나타나리라는 것, "어떤 도발을 숨어서 기다린다는 것", "우리가 적개심을 뿜어내서 얻는 만족을 빼앗기면 불편하게 느낀다는 것"을 함축한다. 그러므로 논해야 할 문제는 우리가 그럴 만한 적절한 이유 없이도 적개심과 파괴 성향을 드러내느냐는 것이다. 만약 적개심을 드러낼 만한 적절한 이유가 있다면, 만약 적개심이 상황에 따른 적절한 반응이라면, 파괴 본능이 있다는 가정은 지지할 빈약한 증거마저 잃는 셈이다.

표면상 도발로 보장되는 정도보다 더 큰 적개심이나 잔혹성이 있다는 프로이트의 믿음을 지지하기 위해 할 말은 많다. 어떤 아이는 아무런 도발도 하지 않았는데 잔혹한 대우를 받기도 하고, 어떤 동료는 마주친 적도 없으면서 누군가의 성격이나 성취를 폄훼하고, 어떤 환자는 상당한 도움을 받았더라도 적개심을 드러내기도 한다. 군중은 희생자가 자신들을 해친 적이 없는데도 희생자의 고통을 기뻐하면서 잔혹 행위에 매료되기도 한다.

외부의 도발과 드러난 적개심 사이에 비례가 맞지 않는 경우가 자주 있지만, 적개심에 언제나 적절한 이유가 없는 것이냐는 질문이 남아 있다. 이 질문에 답하기 위한 가장 좋은 자료는 정신분석 치료를 통해서 얻는다.

의심할 여지 없이 환자는 지성 면에서 도움을 받았다고 실감하면서도 악질적으로 정신분석가를 폄훼하기도 한다. 환자는 정신분석가의 평판에 흠집을 내려고 소망하거나 심지어 흠집을 내려고 정말로 시도할 수도 있다. 정신분석가의 노력에 대해 환자는 자신을 잘못된 길로 이끌고 해를 입히고 이용해 먹으려고 한다는 경직된 의혹을 제기하며 반응할지도 모른다. 정신분석가는 환자가 이런 적개심을 보증하기 위해 아무 일도 하지 않았다고 느낀다. 물론 정신분석가는 눈치가 없거나 참을성이 부족했을 수도 있고, 정곡을 찌르지 못한 해석을 했을지도 모른다. 전혀 실수하지 않더라도, 그것이 소급 적용한 공통 합의로 확립된 사실이지만, 이 모든 적개심이 계속 정신분석가에게 밀어닥치기도 한다. 그러면 이는 밖에서 도발하지 않은 적개심의 좋은 예가 될 것이다.

하지만 진짜 현실적으로 그런가? 정신분석 상황의 독특한 이점은 누구나 상대에게 무슨 일이 진행되는지를 아주 정확히 알아낼 수 있다는 점이다. 이 때문에 우리는 '그렇지 않다'라고 분명히 답할 수 있다. 정신분석 상황의 요점은 환자의 적개심이 방어를 위해 일어나며, 방어의 정도는 절대적으로 환자가 상처를 입고 위험에 빠졌다고 느끼는 정도에 비례한다는 것이다. 예컨대 환자는 상처받기 쉬운 자부심을 바탕으로 분석이 진행되는 과정 내내 끊임없이 굴욕을 느낄 수도 있다. 혹은 환자는 정신분석이 자신에게 주어야 할 것에 대해 높은 기대감을 지녀서 비교적 자신이 속았고 허를 찔렸다고 느낄지도 모른다. 또는 불안 때문에 차고 넘치는 애정이 필요할 수도 있고, 분석가가 끊임없이 자신을 거부한다고 느끼거나 심지어 자신에게 역겨움을 느낄지도 모른다. 혹은 환자는 완벽과 한계 없는 성취를 위해 내세운 자신의 가차 없는 요구를 정신분석가에게 투사하고 나서, 분석가가 자신에게 불가능한 일을 기대하거나 자신을 불공정하게 비난한다고 느낄 수도 있다. 그러면 환자의 적개심은 실제로 그런 것이 아니라 환자가 그렇다고 느낀 만큼 정신분석가의 행동에 따른 논리적이고 적절한 반응이다.

그런 과정은 적개심이나 잔혹성을 도발하지 않는 것처럼 보이는 다른 여러 상황에서 유사하다고 가정해도 합당하고 안전할 듯하다. 그러나 공격자와 거의 무관한 희생자에게 잔혹성을 드러내는 상황은 어떤가? 동물을 심하게 괴롭히는 아이의 예를 살펴보자. 여기서 문제는 예전에 환경 탓으로 아이를 자극하던 더 강한 사람에게 드러낼 수 없었던 분노와 증오심이 얼마나 중요하냐는 것이다. 어린아이의 가학 환상에 관해서도 같은 질문을 해야 한다. 이런 적개심이 환경이 도발한 영향에 따른 반응이 아니라는 점은 입증되어야 한다. 혹은 긍정적으로 진술하면, 어린아이와 관련된 가학 행동과 가학 환상이, 따뜻하게 존중받으며 자라서 행복하고 안전하다고 느끼는 아이들에게 나타난 적이 있는지 보여주어야 한다.

정신분석 실천이나 관행 속에 파괴 본능이 있다는 가정과 어긋나는 것처럼 보이는 또 다른 경험이 있다. 정신분석으로 불안이 점점 줄어들수록 환자는 자신과 타인에 대해 점점 더 애정을 갖고 진심으로 관용하게 된다. 그러면 환자는 파괴 성향을 더는 드러내지 않는다. 그런데 만약 파괴 성향을 본능으로 타고난다면, 그것이 어떻게 사라질 수 있는가? 어쨌든 우리는 기적을 행할 수 없다. 프로이트의 이론에 따르면 환자가 정신분석을 받은 다음 인생에서 더 많은 충족감을 스스로 인정할 때, 지금까지 '초자아'에 집중된 방향을 바꾼 공격성이 이제 바깥세상으로 향하리라고 우리는 기대해야 한다. 환자는 피학증 경향을 덜 드러내게 되지만, 타인에게는 더 파괴적인 사람이 된다. 하지만 성공적 정신분석 이후 환자는 실제로 덜 파괴적인 사람이 된다. 여기서 죽음 본능을 믿는 정신분석가는 다음과 같이 반론을 제기할 것이다. 환자가 행동할 때나 환상 속에서 정말로 타자에게 덜 파괴적인 사람이 되더라도, 정신분석 이전 환자의 상태에 비해 스스로 나아졌다고 주장할 수 있고 자신의 권리를 옹호하고 자신이 갖고 싶은 물건을 잡으려 손을 뻗고 합당한 요구를 하고 상황을 더 잘 파악할 수 있게 되었음이 분명하다. 이 모든 것은 더 '공격적이게' 된 것이라고 자주 기술되고, 이런 '공격(aggression)'은 파괴 본능의 목표 억제 표현으로 여겨진다.

여기서 반론의 근거로 제시된 기본 전제(postulate)를 검토해보자. 반론이 기댄 기본 전제(postulate)는 애정이 성 충동의 목표 억제 표현이라는 주장과 같은 오류를 포함하는 것처럼 보인다. 신경증에 걸린 사람에게 억눌린 적개심이 쌓여서 궐련에 불을 붙이고 싶다는 소망을 표현하는 것과 같은 어떤 종류의 자기주장(self-assertion)이든 정말로 공격 행위를 나타낼 수도 있고, 그래서 성냥을 달라고 요청할 수 없을지도 모른다. 그러나 이것이 모든 '공격성', 또는 내가 말한 모든 자기주장이 목표 억제 파괴 성향이라는 결론을 허용하는가? 내게는 어떤 종류의 자기주장이든 인생과 자기에 대해 긍정하고 확장하고 구축하거나 건설하려는 태도의 표현인 것처럼 보인다.

끝으로 프로이트의 가정은 적개심이나 파괴 성향의 최종 동기가 파괴적 자극에 있음을 함축한다. 따라서 우리가 살기 위해 파괴한다는 믿음을, 프로이트는 우리가 파괴하기 위해 산다는 믿음으로 바꿔놓는다. 새로운 통찰이 달리 보도록 우리를 가르친다면, 아주 오래된 신념에 대해서도 오류를 인정하는 데 우리는 몸을 사려서는 안 되지만, 여기서는 경우가 다르다. 만약 누군가를 해치거나 죽이기를 우리가 원한다면, 위험에 빠지거나 모욕당하거나 학대당하거나 그렇다고 느껴서, 거부당하거나 부당한 대우를 받거나 그렇다고 느껴서, 우리에게 사활이 걸린 중요한 소망과 관련해 방해받거나 방해받는다고 느껴서 그렇게 원하는 것이다. 다시 말해 우리가 파괴를 소망한다면, 이는 우리의 안전이나 행복, 또는 우리에게 이렇게 나타난 무언가를 방어하기 위한 것이다. 일반적으로 말해 파괴 성향은 삶을 위한 것이지 파괴를 위한 것이 아니다.

파괴 본능 이론은 실체가 증명되지 않고 사실과 어긋날 뿐만 아니라 함축한 내용 측면에서 분명히 해롭다. 정신분석 치료와 관련해, 파괴 본능 이론은 환자가 자신의 적개심을 자유롭게 표현하게 만들기가 그 자체로 목적이라고 함축한다. 프로이트의 주장에 따르면 사람은 파괴 본능을 만족시키지 못하면 마음이 편치 않기 때문이다. 비난과 자아 본위나 자기중심적 요구와 강한 복수 충동을 억압했던 환자가 이런 충동을 표현할 수 있다면 안도감을 얻는다는 것은 사실이다. 그러나 만약 정신분석가들이 프로이트의 이론을 진지하게 받아들인다면, 잘못된 점을 강조하게 될 것이다.

주요 과제는 이런 자극을 자유롭게 표현하게 만드는 것이 아니라 그 이유를 이해하고, 기저 불안을 없앰으로써 표현할 필요성을 제거하는 것이다. 더군다나 파괴 본능 이론은 본질적으로 파괴적인 것과 본질적으로 건설적인 것, 바로 자기주장 사이에 엄존하는 혼동을 그대로 놓아둔다. 예를 들어 어떤 사람이나 원인에 환자가 보이는 비판적 태도는 일차적으로 무의식의 정서적 원천에서 솟아난 적개심의 표현일 수도 있다. 하지만 만약 모든 비판적 태도가 뒤집어엎으려는 적개심(a subversive hostility)을 정신분석가에게 암시한다면, 이 가능성을 표현한 해석은 환자가 비판적 평가 능력을 계발하려는 용기를 꺾어버릴지도 모른다. 정신분석가는 오히려 환자의 적대적 동기와 환자가 스스로 주장하려는 시도를 구별하려고 애써야 한다.

파괴 본능 이론의 문화적 함축도 똑같이 해롭다. 파괴 본능 이론을 받아들일 경우, 인류학자들은 어떤 문화 속에서 사람들이 우호적이고 평화롭다는 점을 알아낼 때마다 적대 반응이 억압되었다고 가정할 수밖에 없다. 이런 가정은 특정 문화 조건에서 파괴 성향이 나타나는 이유에 대해 탐색할 모든 노력을 마비시킨다. 또한 이런 조건에서 무엇이든 변화시키려는 노력도 틀림없이 마비시킬 것이다. 인간이 파괴 성향을 본래 타고난 결과로 불행하다면, 우리는 왜 더 나은 미래를 위해 분투하는가?

# 8장 ⫸ 유년기의 강조

The Emphasis on Childhood

**프로이트** 학설의 파급력이 큰 전제 가운데 하나는 2장에서 기계·진화론적 사고라고 기술한 것이다. 간략히 되풀이해 말해보자. 기계·진화론적 사고는 현재 발현한 것들이 단지 과거라는 조건에 따라 좌우될 뿐 아니라 과거의 반복 말고 아무것도 포함하지 않는다는 것을 함축한다. 이 가정의 이론적 공식은 프로이트가 세운 무의식의 무시간성 개념과 반복 강박 가설로 명확하게 표현된다.

무의식의 무시간성 개념의 의미는 무엇인가? 유년기에 억압된 두려움 및 욕구나 전체 경험이, 억압되었기 때문에 현재 지속하는 것과 분리되고, 개인의 발달에 끼어들지 못하고, 추가 경험이나 성장의 영향도 받지 않은 채 남아 있다는 것이다. 유년기에 억압된 경험은 강도와 특정 성질을 변함없이 간직한다. 이 학설은 어느 산속의 동굴로 이주한 사람들이 주변의 생명이 나고 자라고 사라지는 동안에도 수백 년 동안 변치 않은 채 그대로 살고 있다는 신화와 비교할 만하다.

방금 말한 이론은 임상에 사용하는 고착 개념의 바탕이 된다. 만약 어릴 적 환경에서 한 사람이 아이에게 정서적으로 매우 중요하고, 이 사람에 대한 감정의 본질적 부분이 억압되었다면, 아이는 그 사람과 정서적으로 여전히 묶여 있을지도 모른다. 예컨대 남아가 어머니에 대한 욕망과 이에 동반한 아버지에 대한 질투심과 두려움을 억압했을 때, 이 욕망은 변함없는 강도로 성인기에 효력을 발휘하기도 한다. 그런 욕망은 남아가 자라서 연상의 여자와 결혼하고 유부녀와 관계를 원하거나, 혹은 프로이트가 남성 애정 생활의 분열이라고 부른 경향을 발달시킨다. 프로이트는 어떤 남자가 자신이 찬미하는 여자에게 성욕을 느낄 수 없는 경향과, 창녀처럼 자신이 경멸하는 여자에게 성적으로 끌리는 현상을 남성 애정 생활의 분열로 이해한다. 이런 현상을 어머니에 대한 고착(a fixation on the mother)의 직접적 결과라고 프로이트는 설명한다. 여기서 두 유형의 여자는 어머니의 다른 모습을 표상한다. 한쪽 여자는 성적으로 욕구하고 다른 쪽 여자는 오로지 존경한다.

고착은 어릴 적 환경에 속한 어떤 사람뿐만 아니라 리비도 발달의 모든 단계와 관계가 있다고 해도 된다. 어떤 사람은 다른 모든 점에서 발달하지만, '성과 관련된' 소망은 생식기 이전의 분투에 집중된 채로 머물러 있다. 예를 들어 이런 고착은 체질적 요인이나 위장병 때문에 구강기 리비도와 연결된다. 그때 아이는 동생이 태어나면 먹기를 거부할 수도 있다. 뒤늦게 식탐이 생기기도 하고 어머니의 앞치마 끈을 붙잡고 늘어질 수도 있다. 사춘기에 여아일 경우 남아보다 사탕에 관심이 더 많아 보이기도 한다. 아이는 훗날 구토나 음주 같은 신경증 증상을 보일 수도 있다. 먹는 것에 집착하고, 남을 삼키는 꿈을 꾸기도 한다. 만족할 줄 모르는 애정에 대한 필요나 욕구가 있지만, 성생활에서 불감증을 앓기도 한다.

고착 개념의 바탕이 되는 임상 관찰은 선구적 특징이 있는데, 정신분석의 비판자들이 자주 불충분하게 평가한 사실이다. 논란의 여지가 있는 점은 해석의 문제에 관한 것이다. 이런 점은 반복 강박 및 전이 개념과 연결해 나중에 논의하겠다.

무의식의 무시간성 개념은 고착 개념으로 이어질 뿐만 아니라 반복 강박 가설에도 들어 있다. 무의식의 무시간성 개념은 반복 강박 가설의 암묵적 전제 조건이다. 예를 들어 말해보자. 만약 어머니에게 보이는 특별한 애착이 전체 발달에 통합되는 요인이라고 프로이트가 믿었다면, 어떤 특정 발현이든 특정 콤플렉스의 반복일 뿐이라는 가정은 무의미했을 것이다. 특정 콤플렉스가 분리되어 변함없는 상태로 남아 있다고 가정해야만 나중에 나타난 유사한 종류의 애착을 최초 애착의 반복으로 여길 수 있다.

간략히 말해 반복 강박 개념은 심리 생활이 쾌락 원리뿐 아니라 더 기본적인 원리로 규제된다는 것을 의미한다. 이미 확립된 경험이나 반응을 반복하려는 본능적 성향이 있다는 원리다. 프로이트는 다음과 같은 자료에서 이런 성향의 증거를 찾아낸다.

첫째, 아이들은 앞선 경험을, 건강 검진이나 수술처럼 불쾌한 경험일지라도 반복하려는 뚜렷한 경향을 보여준다. 또한 아이들은 원래 들려주었던 것과 똑같이 다시 말하는 이야기를 고집한다.

둘째, 외상성 신경증(traumatic neuroses)의 경우 외상 사고를 낱낱이 다시 경험하는 꿈을 자주 꾼다. 이런 꿈은 다른 경우 공상에 빠진 삶에 작용하는 소망 사고와 어긋나는 듯한데, 외상 사고는 고통스러운 것이기 때문이다.

셋째, 프로이트에 따르면 정신분석 상황에서 환자는 고통스러웠을지라도 예전 경험을 반복한다. 만약 정신분석 상황에서 환자가 아이로서 소망했던 목표에 이르려고 시도한다면, 그것은 쾌락 원리를 바탕으로 상당히 이해할 수 있을 것이다. 하지만 환자들은 아프고 고통스러운 경험도 반복하려는 강박에 시달리는 듯하다. 예컨대 어떤 환자는 정신분석가에게 거부당하는 느낌을 고집하고, 이렇게 거부당했던 고통스러운 경험을 반복한다. 더 복잡한 예는 유년기에 비참하다고 느꼈을 때 자신이 합당하게 기대한 만큼 도움을 받지 못했던 환자다. 환자가 고열을 동반한 편도선염에 걸렸을 때, 같은 방에서 자던 어머니는 환자가 요구한 찜질을 거부했다. 정신분석 상황에서 이 환자는 자신에게 제공되는 도움을 인정하지도 않고 받아들이지도 않으며, 마치 같은 유년기의 상황에 아직 놓여 있고, 여전히 비참하고 아무도 자신을 돕지 않는 것처럼 행동한다.

넷째, 많은 사람이 저마다 인생 행로에서 독특한 반복 경험을 한다. 세 번 결혼한 여자는 매번 중요한 남자와 결혼할 수도 있다. 어떤 사람은 일곱 번 남을 위해 희생하고도 배은망덕을 보답으로 받는 똑같은 경험을 되풀이한다. 다른 사람은 우상을 되풀이해서 숭배하고 매번 실망할 수도 있다.

위에서 언급한 자료의 유효성을 따져보자. 프로이트도 아이들의 반복 놀이를 설득력 있는 증거로 여기지 않는데, 아이들이 고통스러운 경험을 반복함으로써 현실에서 수동적으로 견뎌야 했던 불쾌한 상황에 숙달하려고 소망할 가능성을 허용하는 까닭이다. 꿈속에서 반복되는 외상 사고와 관련해 프로이트는 다른 설명을 고려한다. 피학증 충동의 작용이다. 그런데 이 가능성은 반복 강박 가정을 무효로 만드는 만큼 프로이트에게 중요하지 않지만, 나의 견해에서는 중요하다.

한 사람의 삶에 반복되는 고통스러운 경험에 관해, 당사자의 일정한 충동과 반응이 반복 경험을 초래할 수밖에 없다는 점을 고려한다면, 우리는 신비스러운 반복 강박을 가정하지 않더라도 반복되는 고통스러운 경험을 쉽게 이해한다.[1] 예컨대 영웅 숭배 성향은 개인이 그것을 추구하는 일이 두려워질 만큼 특성이 파괴적이고 터무니없는 야망, 또는 성공한 사람들을 찬미하고 사랑하며 개인이 스스로 무엇이든 달성하려고 하지 않으면서 그들의 성공에 참여하려는 성향, 이와 동시에 성공한 사람들을 향한 과도하게 파괴적이어서 숨겨진 시샘처럼 갈등하는 충동들로 결정될 수도 있다. 이런 사람이 우상을 찾아내고 실망하거나, 또는 나중에 부수려고 계획적으로 세상 사람이 숭배할 우상을 만들리라는 점을 이해하기 위해 반복 강박 가설에

---

[1]    윌리엄 맥두걸은 벌써 『정신분석과 사회 심리학』에서 이런 논증을 제시했다.

의지할 필요는 없다.

프로이트는 가장 설득력 있는 증거를 정신분석 상황에서 환자들이 유아기 경험을 강제로 반복한다는 가정에서 도출한다. 프로이트에 따르면 환자는 유년기에 겪은 '심신 피로 규칙성(fatiguing regularity)'의 경험을 반복한다. 나중에 9장에서 전이 개념을 논할 때 알아보겠지만, 이 논증도 역시 논란의 여지가 있다.

프로이트는 반복 강박 가설을 고착과 억압, 전이 이론보다 나중에 세웠고, 세 이론은 같은 범주에 속한다. 프로이트에게 반복 강박 가설은 임상 경험에서 도출한 이론의 공식화와 비슷해 보일 수밖에 없다. 그렇지만 실제로 그 임상 경험은, 정확히 말해 관찰한 것에 대한 프로이트의 해석은 반복 강박으로 표현되는 같은 철학적 전제로 이미 결정되어 있다.

그러므로 프로이트가 반복 강박 이론의 실체를 밝히는 데 성공했는지 알아보는 것은 별로 중요하지 않다. 중요한 점은 정신분석 사고와 이론 형성, 치료가 어떻게 이런 유형의 접근으로 영향을 받느냐는 것이다.

무엇보다 먼저 반복 강박 이론으로 대표되는 종류의 사고는 유년기 요인의 중요성을 강조하는 정도를 설명한다. 만약 유년기 이후 경험이 과거 경험의 반복이라면, 과거 순간에 대한 극히 작은 지식이 현재를 이해하기 위해 가장 중요해질 수밖에 없다. 그러면 유아기의 기억이 어떤 종류든 환자의 연상을 통해 제공된 매우 가치 있는 자료라고 여기는 것이 적합하다. 이에 대한 논의는 기억이 어디까지 거슬러 회복될 수 있느냐는 문제를 다룬 다음에 다시 하는 것이 논리적이다. 현재 발현들로 유년기의 배치된 자리(constellation)를 재구성하는 작업이 제일 중요하다.

둘째로 평균 범위의 어른이 느끼고 생각하고 행동한다고 가정한 것에 대한 합리적 그림과 맞아떨어지지 않는 모든 경향이 왜 유치하다고 지목되는지도 이해할 수 있다. 반복 강박이 없다면, 파괴적 야망, 인색함, 환경에 내세운 터무니없는 요구 따위가 왜 유치한 경향이라고 여겨져야 하는지를 실감하기 어려울 것이다. 이 특징들은 건강한 아이와 전혀 맞지 않고, 이미 신경증 증상을 보이는 아이들에게 발견될 뿐이다. 그러나 만약 첫째와 둘째 경향이 항문 가학증 단계의 파생물로 여겨지고, 마지막 경향이 유아기의 무력감이나 자기도취 단계의 파생물로 여겨진다면, 그런 경향을 왜 유치하다고 말해야 하는지를 우리는 이해할 수 있다.

끝으로 우리는 아주 중요한 치료 기대감 가운데 하나를 이해할 수 있다. 앞서 언급했던 환자가 자신의 현재 어려움을 유아기의 경험과 연결되어 있다고 인정할 때 이해하고 관련된 유아기 경향을 의식함으로써, 오래되고 낡아서 어른의 관점 및 분투로 통제할 수 없는 것으로서 이를 거부할 수 있으리라는 기대감이다. 또한 유아기가 해명되지 않는 한, 환자가 치료되지 않았다고 생각하는 것이 일관성 있다는 점도 우리는 알아본다.[2]

간략히 말해 우리는 이제 정신분석이 왜 발생 심리학인지, 반복 강박 이론으로 대표되는 사고 유형을 추종하는 한에서 필연적으로 발생 심리학일 수밖에 없는지를 이해할 수 있다. 그러나 현재 태도와 과거 태도에 독특한 유사점이 정말로 있다고 가정하더라도, 이런 사고는 몇 가지 심각한 비판을 면하기 어렵다.[3]

여기서 한 여자 환자의 예를 들어보자. 여자 환자는 불공평하게 대우받고, 밀려나고 속임수에 넘어가고 이용당하고, 배은망덕하거나 무례한 대접을 받는다고 쉽게 느낀다. 그러나 상황을 주의 깊게 분석하면 비교적 가벼운 도발에 과장되게 반응했을 것이다. 불공정하게 대우받고 있다는 느낌은 상황을 정당한 사유 없이 해석한 결과로 생겨났다. 이 환자는 어릴 적에 정말로 불공평한 대우를 받았다. 그녀는 자기중심적 경향의 아름다운 어머니와 편애받는 언니의 그늘 밑에서 자랐고, 억울한 심정이나 원망도 곧바로 쏟아낼 수 없었다. 왜냐하면 어머니가 독선적인 데다가 맹목적 찬미 말고 아무것도 견뎌낼 수 없는 성격이었기 때문이다. 더욱이 이 여자 환자는 어떤

---

2    이런 사고 유형을 보여주는 한 편의 풍자만화 같은 짧은 이야기를 하겠다. 외국에서 정신분석을 받았던 한 미국인 젊은 여자가 정신분석을 이어가려는 소망을 품고 나를 찾아왔다. 그녀의 실생활에서 어떤 어려운 점이 있으며 어떤 증상이 아직 남아 있는지 들으려고, 그녀에게 왜 정신분석을 원하는지 물었다. 하지만 그녀가 댄 이유는 여전히 자신의 생애 첫 5년 동안이 기억나지 않는다는 것이었다. 따라서 유아기의 기억을 되찾는 일이 그 자체로 목표라고 자주 가정하지만, 실제로는 현재를 이해하려는 목적을 위한 수단이다.

3    이 점에 대해 오토 랑크(Otto Rank, 1884~1939), 데이비드 레비(David D. Levy, 1892~1977), 프레더릭 앨런(Frederick H. Allen, 1890~1964), 베르거 카프(Fey Berger Karpf, 1891~1964), 알프레드 아들러(Alfred Adler, 1870~1937), 카를 구스타프 융(Carl Gustav Jung, 1875~1961) 및 다른 정신분석가들의 비판을 참고할 수 있다.

불공평한 대우든 맞서 골을 내면 비웃음을 받았고, 순교자 역할을 연기한다고 놀림까지 받았다.

따라서 이 환자의 과거 태도와 현재 태도 사이에는 분명히 유사한 점이 있었다. 이런 종류의 유사점들은 자주 관찰할 수 있는데, 우리가 이렇게 관찰하는 법을 배웠던 것은 프로이트의 덕택이다. 어릴 적에 응석받이로 자란 아이는 어른이 되어 남에게 과도한 요구를 내세운다. 아이가 순응함으로써만 물건을 얻을 수 있다고 경험하면, 어른이 되어 순응하는 태도를 보이고 보답으로 보살핌을 기대한다. 그런데 왜 유년기의 태도는 때때로 성인기까지 지속되는가? 사람들은 대부분 유년기의 태도를 탈피한다. 이를 탈피하지 못하는 사람들이 있다면, 우리는 이유를 찾아야 한다. 따라서 우리는 현재 성격 구조의 어떤 요인이 과거 태도의 지속을 다른 형태일지라도 요구하느냐는 문제로 이끌린다. 이 문제는 이해의 관점뿐 아니라 특히 치료의 관점에서도 아주 중요하다. 치료 과정에서 생기는 어떤 변화든 이런 요인을 찾아내는 것에 달렸기 때문이다. 프로이트는 반복 강박 가설을 세워서 답한다. 이제 위에서 언급한 예를 바탕으로 유아기 이후 경험이 오래전 유아기 경험의 반복인지 검토해보자.

우리는 부모의 유년기 상황에 관해 많이 알지 못한다고 가정하겠다. 앞에서 예로 든 여자 환자가 부모의 유년기에 관해 가진 정보는 행복한 유년기를 보냈고 찬미의 대상인 어머니가 있었다는 점이다. 프로이트는 유아기의 상황에 대한 지식이 빈약해도 우리가 현재 반응의 경향으로 유년기의 상황을 재구성할 수 있다고 제언할 것이다. 그런 제언에 따라 우리가 방금 언급한 실상(the true picture)을 얻게 된다고 가정해보자. 여자 환자는 재구성하면서 우리를 도울 텐데, 유년기에 틀림없이 학대를 좀 당했으리라는 정신분석가의 주장으로 용기를 얻는다. 그녀는 어쩌면 대부분 마지못해 정신분석가를 도울 텐데, 전체 재구성이 어머니에 대한 오래된 원망을 들춰내는 일이기 때문이다. 우리는 재구성 작업을 하면서 어릴 적에 보였던 반응의 반복 같은 환자의 다른 특이한 점, 곧 찬미함으로써 타인에 대한 원망을 감추려는 경향도 이해하게 될 것이다. 여자 환자는 어릴 적에 어머니를 찬미했고, 나중에 남편과 타인도 역시 찬미한다.

　여기까지 프로이트의 이론 형성 과정은 임상 사실들로 보증된다. 정신분석 관련 문헌에서 과거의 재구성이 유효할 수 있고, 제삼자들에 의해 흔히 확증될 수 있다고 빈번하게 주장한다. 이 주장의 실체는 잘 밝혀졌다. 그렇더라도 우리가 성취한 재구성은 의도했던 것, 현재가 과거의 반복일 뿐이라는 점을 입증하지 못한다. 여자 환자가 재구성을 통해 얻은 것이 무엇인지 물어보자. 물론 환자는 어릴 적에 겪은 어려움의 실제 모습을 얻었다. 그러나 이것이 그 자체로 목표는 아니므로 추가로 다음과 같이 물어야 한다. 과거에 대해 더 현실적인 그림을 얻으면, 환자는 얼마나 좋아지는가?

　반복 강박 개념에 따르면 답은 도식적으로 다음과 같을 것이다. 여자 환자는 자신의 현재 반응이 아주 오래된 것임을 실감한다. 그녀의 현재 반응은 예전과 달리 더는 현실 속에서 보장되지 않는다. 그 현재 반응은 환자가 의식하지 못한 채 어릴 적에 보이던 반응을 반복하려는 강박에 사로잡혔기 때문에 일어난다. 여기서 얻는 지식은 주문을 풀도록 도울 텐데, 환자가 현실을 있는 그대로 보고 반응할 수 있게 되기 때문이다.

이런 결과가 빈번하게 나오지 않는다는 점은 프로이트의 가정에 반대하는 증거가 아니다. 우리는 왜 어떤 환자는 상태가 좋아지고 다른 환자는 좋아지지 않는지에 대해 아직도 거의 알지 못한다. 또한 환자는 서로 연결된 다른 요인이 분석 중에 아직 작용하지 않았기 때문에 같은 유형의 반응을 계속 보일 수도 있다. 끝으로 일부 환자의 경우에 반복 강박은 이를 의식하게 되더라도 꺾을 수 없는 어떤 자연력을 발휘하는 것일지도 모른다.

그런데 치료 실패가 이론에 반대하는 증거가 아니더라도, 실패의 빈도는 이론적 기대가 잘못된 것이거나, 적어도 불완전한 것일 수도 있지 않냐는 문제를 제기한다. 실제 신경증 환자의 반응이 아주 오래된 것이고, 현실적으로 보장되지 않는다는 주장을 살펴보자. 이 주장은 참인가? 무엇이 환자의 현실인가?[4] 실제 반응(actual reactions)이 현실적으로 보장되지 않는다고 주장할 때, 프로이트는 환자의 실제 반응이 환경의 영향으로 일어나지 않음을 의미한다. 그러나 현실의 또 다른 부분으로서 환자 자신의 성격 구조가 있다. 현실에 속한 이 부분은 프로이트의 고려에서 통째로 빠져 있다. 달리 말해 프로이트

---

4  로런스 프랭크(Lawrence Kelso Frank, 1890~1968), 「가족생활 속 현실에 직면하기」, 『정신 위생(*Mental Hygiene*)』(1937) 참고.

는 환자의 실제 인격에 당사자가 정확히 그대로 반응할 필요를 만든 요인이 있는지 고려하지 않는다.

다시 도식적으로 해보자. 우리는 그 반응들을 일으켰던 적합한 상황 속에서 몇 가지 요인을 찾아낸다. 유년기의 모든 불운한 상황, 다시 말해 위에서 언급한 요인에 덧붙여 행동하지 않았다면 실제로 죽을까 봐 두려워졌던 몇몇 무서운 사례에 근거해서, 여자 환자는 주제넘게 나서지 않는 태도를 강제로 계발했고, 겸손한 태도를 보이며, 전면에 나서지 않고 의견이나 이익에서 충돌이 생길 때 타인의 요구나 견해는 옳고 자신이 그르다고 생각하는 경향을 보였다.[5] 의식의 표면 아래 깊이 억압된 산만하고 강렬한 요구(diffuse and intensive demand)들이 생겨났다. 이런 요구가 있다는 점은 환자가 보이는 현재 반응에 대한 두 가지 관찰로 추측할 수 있다. 첫째로 불안은 환자가 교육과 건강 따위가 필요하다는 근거로 옳다고 보여줄 수 없었던 무언가를 스스로 소망할 때 나타났다. 둘째로 여자 환자는 무력한 격분을 은폐한 피로감의 공격을 자주 받았고, 무력한 격분은 숨은 요구가 이행되지 않을 때마다 발생했다. 일이 자신을 위주로 돌아가지 않았을 때나 경쟁에서 1등을 하지 못했을 때, 타인의 소망에 순응하거나 타인이 그녀 자신의 예기치 않은 소망에 순응하지 않았을 때였다. 여자 환자가 전혀 의식하지 못하던 이런 요구는 고착되었을 뿐만 아니라 완전히 자기중심적이고 타인의 필요를 전혀 고려하지 않았다.

---

5    이 책의 15장 피학증 현상을 보라.

후자의 특징은 타인과 맺는 관계에 일반적으로 장애를 일으킨 중요한 부분이었고, 표면상 모든 사람을 좋아하는 무차별적 태도 아래 숨어 있었다.

따라서 상당한 분석 작업 후에 우리는 다음과 같은 그림을 얻었다. 그녀 자신에 대한 엄격한 자기중심적 요구, 다시 말해 불이행에 대한 격분이다. 계속 생기는 격분이 타인에 대한 적대 의식과 불신을 증가시킴으로써 자기중심적 경향을 증가시키는 만큼, 여기에 악순환이 작동하고 있다는 점을 이해했다.

앞에서 언급했듯 격분은 이처럼 나타나지 않고 마비시키는 피로감으로 덮여 있었다. 타인을 몹시 두려워하고 틀리지 않으려고 열중해서 격분을 표현할 수 없었다. 그러나 분한 마음이나 원망은 조금 드러났다. 여자 환자는 말할 수 있을 때마다 마음속으로 자신이 불공평하게 대우받는 상황처럼 보일 때 정당하게 분한 마음이나 원망을 드러냈다. 그때도 분한 마음이나 원망은 전면에 나타나지 않고, 산만한 자기 연민(a diffuse self-pity)으로 덮여 있었다. 따라서 이 환자의 불공평하게 대우받는다는 느낌은 분한 마음이나 원망을 정당하게 쏟아낼 수 없었다. 그러나 훨씬 중요한 점을 포착하게 되었다. 불공평하게 대우받는다는 느낌 때문에, 자신이 타인에게 내세운 요구들이 이기주의와 배려심 없는 태도를 넌지시 드러내는 데도 직면하지 않고 회피했다. 좋은 자질만 보여주는 손질된 자아상을 유지할 수 있었던 여자 환자는 무언가를 스스로 바꾸지 않고 자기 연민에 빠질 수 있었다. 자기 연민은 남에게 사랑받는다고 느끼지도 못하고 남이 자신을 원한다고 느끼지도 못하는 사람에게나 가치 있는 감정이다.

이렇게 볼 때 여자 환자가 불공평하게 대우받는다고 느끼기 쉬웠던 것은 과거 경험을 반복하는 강박에 사로잡혔기 때문이 아니라 실제 성격 구조가 불가피하게 이렇게 반응하도록 만들었기 때문이다. 그러므로 환자의 실제 반응이 현실적으로 보증되지 않는다는 제언이 충분한 도움이 될 수 없었다. 왜냐하면 이 제언은 반쪽 진리일 뿐이고 현재 반응을 결정한 환자 내부의 역동적 요인을 고려하지 않은 것이기 때문이다. 내부의 역동적 요인을 잘 다루는 작업은 아주 중요한 치료 과제다. 이 과정이 환자에게 어떤 영향을 미치는지는 나중에 치료 문제와 연결해 논의하겠다.

발생적 방법(genetic method)은 관행상 여자 환자의 예에 제시된 것보다 특성 면에서 덜 근본적인 다른 여러 잘못된 결론을 끌어낸다. 여자 환자의 사례에서 과거 반응의 재구성은 유효했다. 여자 환자는 재구성이 자극한 기억으로 자신의 발달 과정을 더 잘 이해하게 되었다. 그러나 현재 행동을 설명하기 위해 사용되는 재구성이나 유년기의 기억은 가치가 낮을수록 실체가 덜 드러나거나, 가치가 높을수록 단지 가능성으로 남을 뿐이다. 당연히 모든 정신분석가는 이를 실감한다. 그런데도 유년기의 기억을 손에 넣음으로써 진보가 일어난다는 이론적 기대감으로 설득력 없는 재구성이나 모호한 기억을 이용하려는 유혹에 빠지게 된다. 설득력 없는 재구성이나 모호한 기억이 진짜 경험에 관한 것인지, 혹은 공상일 뿐인지에 대한 의문은 해결할 수 없다. 유년기에 대한 현실적인 진짜 그림이 흐려질 때, 안개 속을 꿰뚫어 보려는 시도는, 미지의 것인 실제 특이한 점을 훨씬 덜 알려진 유년기로 설명하려는 노력의 일례다. 이런 노력을 중단하고 실제로 사람을 충동하고 억제하는 힘들에 집중하면 더 유익할 듯하다. 유년기에 대해 많이 알지 못해도 사람을 충동하고 억제하는 힘들을 서서히 이해할 가망은 충분히 있다.

이런 방식으로 정신분석을 진행할 때 유년기에 대해 덜 배우게 되는 것은 아니다. 실제 목표와 힘, 필요와 가식을 더 잘 파악하게 되면서 과거를 감싼 안개가 걷히기 시작한다. 하지만 과거를 오래 걸려 찾아야 할 보물로 여기지 않고, 그저 환자의 발달을 이해할 때 도움을 주기 때문에 환영할 만한 것으로 여긴다.

발생적 방법에서 비롯한 오류의 다른 원천은 실제 심리의 특이한 점과 연결된 유아기의 경험이 너무 고립되어서 아무것도 설명할 수 없는 경우가 잦다는 사실이다. 예컨대 복잡한 전체 피학증 성격 구조는 최종적으로 고통을 겪으면서 성적 흥분이 느껴졌던 한 사건에서 발생한다고 여긴다. 물론 극심한 외상 사건(grossly traumatic incidents)은 프로이트의 몇몇 초기 사례의 보고에 나타나듯,[6] 직접적 흔적을 남기기도 한다. 하지만 반복 강박 개념에 포함된 선제의 결과로, 이 개념을 너무 관대하게 사용해서 드물게 만들어진 가능성이다. 나중

---

6    브로이어·프로이트, 『신경증 발작 연구(*Studien uber Hysterie*)』참고. (옮긴이) 조제프 브로이어(Josef Breuer, 1842~1925)는 신경생리학의 핵심 내용을 발견한 뛰어난 의사로 1880년대에 안나 오로 알려진 베르타 파펜하임을 진료하면서 대화 치료법을 개발하고, 프로이트와 함께 정신분석학을 창시했다.

에 생긴 광범위한 성격 경향이나 증상에 책임이 있다고 알려진 고립된 사건들이, 부모의 성교 장면 목격이나 동생의 출생, 수음 때문에 당한 굴욕이나 위협처럼 성적 본성을 갖는다는 것은 리비도 이론의 전제에서 기인한다.

과거에 발생한 정서적 경험을 반복하는 경향이 있다는 학설은 특히 퇴행설과 전이설을 결정했다. 두 학설의 공통점은 과거에 발생한 정서적 경험이 일정한 조건에서 되살아난다는 것이다. 전이 개념은 9장에서 따로 논의할 것이다. 여기서는 퇴행설에 대해 논하기로 하자. 퇴행설은 리비도 이론과 떼려고 해도 뗄 수 없게 얽혀 있다.

리비도의 발달이 구강기, 항문기, 음경기를 거쳐 최종 생식기에 이른다고 가정한다는 점을 기억할 것이다. 단계마다 일정한 성격 특징이 우세하게 나타난다. 예컨대 구강기에는 남에게서 물건을 얻으리라는 기대감, 남에게 의존하는 경향, 부러워하는 마음, 비유적 합체의 형태로 남과 동일시하는 경향이 있다. '생식 단계'로 조정되는 마음의 자질에 관해 별로 말하지 않았다. 그러나 '생식 단계'에 도달한다는 것은 주변 세상의 요구에 맞춘 이상적 적응으로 여긴 것과 일치할 듯하다. 어떤 사람에 대해 당사자가 생식 단계에 있다는 말은 신경증에 걸린 것이 아니라 통계적으로 평균 범위에 속한다는 뜻에서 '정상적'이라고 말하는 것과 맞먹는다.[7]

이 학설에 따라 평균 범위에서 크게 벗어난 모든 경향은 유치한 것으로 여긴다. 한 사람이 이처럼 평균 범위에서 벗어난 심리의 특이한 점을 가질 때마다, 특이한 점은 유아 단계에 고착되어 있음을 표현한다. 당사자가 예전에 진행하던 대로 특이한 점을 큰 마찰 없이 가지게 될 때, 그 특이한 점은 퇴행으로 생각된다.

퇴행이 일어난 리비도 단계는 신경증이나 정신병의 각각 다른 유형에 특수한 것으로 생각된다. 우울증은 구강기로 돌아가는 퇴행을 대표한다. 이런 종류의 사례로 식사 장애나 식인 꿈, 굶주림이나 독살에 대한 공포심이 자주 나타난다. 우울증에 전형적인 자책은 다른 사람의 태도를 '자신의 것으로 받아들임(introjection)'에서 생기고, 다른 사람을 비난할 마음이 있었지만 억압되었다. 프로이트에 따르면 우울증에 걸린 사람은 고소인을 삼켜버린 것처럼 행동하고, 맞고소된 대상과 자신을 동일시해서 비난이 자책으로 바뀐다.

강박 신경증은 항문 가학증 단계로 돌아가는 퇴행으로 여긴다. 이 해석의 바탕이 되는 관찰은 강박 신경증에 빈번한 적개심, 잔혹 행위, 완고함, 청결, 질서정연함, 시간 엄수에 몰두하는 경향이다.

분열성 정신병(schizophrenic psychoses)은 자기도취 발달 단계로 퇴행하는 것으로 여긴다. 이는 분열증을 보이는 사람들이 현실에서 물러나고 자기중심적이고 흔히 발현되거나 숨겨진 과대망상에 빠져 있다는 관찰에 근거한다.

퇴행은 언제나 전체 리비도 체계에 관한 것이 아니라 단순히 오래

---

7  윌프리드 트로터는 『평화와 전쟁 속 무리 본능(*Instincts of the Herd in Peace and War*)』 (1915)에서 정신분석 관련 문헌에서 정상성을 통계적 평균 범위와 동일시하는 경향을 지적한다.

된 근친상간 사랑의 대상으로 돌아간 것이라고 해도 된다. 이런 유형의 퇴행은 신경증 발작(hysteria)에 특이한 것으로 여긴다.

퇴행을 촉발하는 요인은 직접적이든 간접적이든 생식 추구가 좌절된 것이라고 가정한다. 일반적으로 말해 퇴행은 생식 추구를 가로막거나 성별 특징이나 애정 생활에 대한 실망이나 두려움처럼 생식 추구를 고통스럽게 만든 어떤 경험으로든 일어날 수도 있다.

퇴행설의 모든 문제에 관한 비판적 고찰은 리비도 이론과 관련해 공식으로 세우려고 했던 것과 부분적으로 같다. 그리고 퇴행이 단지 반복의 특수한 형태인 한, 이에 대한 비판은 위에서 논의했다. 나는 여기서 한 가지만 강조하고 싶다. 그것은 어떤 뚜렷한 징후든 있다면, 신경증 징후에 책임이 있는 요인들이나, 이론적 용어로 퇴행을 촉발한 요인들과 관계가 있다.

신경증 장애가 각양각색의 끝도 없는 사례로 촉발될 수 있고, 여기에는 평균 범위에 속한 사람에게 정신적 외상을 일으키지 않는 사례도 포함된다. 따라서 예컨대 교장의 온건한 비판이 교사에게 심각한 우울증을 촉발했고, 자신이 선택한 여자와 결혼할 예정이었던 의사는 기능성 장애를 동반한 심각한 불안 증세를 보였고, 여자 친구에게 청혼했을 때 받아들이기를 주저하자 변호사는 산만해지는 장애를 겪었다.

이와 같은 사례에서 환자의 자유 연상은 리비도 이론이나 반복 강박의 원리에 따른 해석을 허용한다. 그러면 교장의 훈계가 교사에게 정신적 외상을 일으켰다고 주장할 수도 있다. 왜냐하면 교장은 교사에게 아버지 모습을 상징했고, 교장의 훈계는 오래된 거부의 반복을 함축하고, 상상 속에서 아버지의 모습을 붙잡으려 한 것에 대해 죄책감을 불러일으켰기 때문이다. 의사의 자유 연상은 누구든 또는 무엇이든 얽매이는 것에 대한 일반적 두려움을 드러내고, 이는 근친상간 소망이 다시 생긴 것에 관한 두려움 및 죄책감과 결합되어 나타난, 어머니에게 억눌리거나 삼켜질까 봐 두려운 오래된 감정의 되살아남으로 해석할 수도 있다.

이에 대해 나는 다음과 같은 의견을 갖고 있다. 정신분석의 과제는 실제 인격의 복잡한 특징과 당사자의 평형(equilibrium)이 좌우되는 조건들의 결합을 이해하는 것이다. 그러면 우리는 특정 사건이 왜 평형을 방해할 수밖에 없는지 이해하게 될 것이다. 따라서 자신의 평형은 틀릴 수 없고 그대로 인정받는다는 착각에 주로 의존하는 사람의 경우, 윗사람의 가벼운 비판이 신경증 장애를 일으킬 수도 있다. 저항할 수 없다는 착각에 빠져 살아온 사람의 경우, 어떤 종류의 거부든 신경증을 촉발하기도 한다. 자신의 평형이 타인과 독립적이며 타인과 떨어져 냉담해지는 것이어야 하는 사람의 경우, 결혼이 다가옴에 따라 신경증이 발생할 수도 있다. 대체로 그들은 전부 성공적으로 방어하지 못할 때 생긴 불안에 맞서 몇 가지 사건들을 결합했다. 어떤 사람의 성격 구조가 더 많이 흔들릴수록, 당사자의 평형을 방해하고 불안, 우울감이나 다른 신경증 증상을 보이는 데 필요한 사건은 점점 더 대수롭지 않은 것으로 바뀐다.

정신분석학에 대해 의심하는 사람들은 정신분석가가 어떻게 결론에 도달하는지 판단할 수 있을 만큼 분석 내용을 자세히 발표해야 한다고 요청한다. 나는 이것이 논란을 말끔히 정리하는 데 도움이 되리라 생각하지 않는다. 또한 이런 요청의 배후에는 환자들이 해석의 토대가 되는 자료를 현실적으로 제공하지 않는다는 근거 없는 의심이 깔려 있다. 나의 경험으로 보건대 누구나 정신분석가들이 양심에 따른다고 안전하게 신뢰할 수 있고, 적정한 기억이 현실적으로 떠오른다고 안전하게 가정할 수 있다. 논란의 여지가 있는 문제는 이런 기억을 설명 원리로 사용하는 것이 보증되고, 이런 관행이나 실천이 외길로만 가거나 지나치게 기계론적인 방식으로 생각하는 것을 의미하지 않느냐는 것이다. 다시 방금 언급했던 사례를 들어 말하면, 기억 속에서 최종 답을 찾지 말고, 당장 일어난 사건, 예컨대 교장의 비판, 결혼 같은 가까운 속박, 거절이나 퇴짜가 특정인의 실제 성격 구조의 측면에서 무엇을 의미하는지 이해하려고 시도해야 한다.

논의를 다시 검토해보자. 나의 비판은 '실제 대 과거(actual versus past)'의 논란처럼 보일 수도 있다. 그렇지만 문제를 단순한 대안에 비추어 보는 것은 정당하지 않은 단순화다. 유년기의 경험이 심리 발달에 결정적 영향을 미친다는 점은 의심할 여지가 없고, 내가 말했듯 이를 예전보다 더 자세하고 정확하게 알아봤다는 것이 프로이트의 많은 장점 가운데 하나다. 프로이트 이후 문제는 이런 영향이 있느냐가 더는 아니고, 어떻게 작동하냐는 것이다. 내 생각에 유년기의 경험은 두 가지 방식으로 심리 발달에 영향을 미친다.

우선 유년기의 경험은 직접적으로 추적할 수 있는 흔적을 남긴다. 한 사람의 자발적인 좋아함이나 싫어함은 아버지, 어머니, 가정부, 형제자매의 유사한 특징에 대한 어릴 적 기억과 직접적 관계가 있을지도 모른다. 이번 장에서 인용한 사례에서 보듯, 어릴 적 불공평하게 대우받은 경험은 확실히 유년기 이후 나쁘게 대우받는다고 느끼는 경향과 직접적 관계가 있었다. 불리한 경험은 아이가 타인의 자애심과 정의감에 품었던 자발적 신뢰를 일찍이 잊어버리게 할 것이다. 아이는 원하는 것에 대해 소박한 확신을 잃거나 아예 얻으려고 하지 않게 된다. 이를테면 선이 아니라 악을 예상한다는 뜻에서 오래된 어릴 적 경험은 직접적으로 어른 경험의 일부가 된다.

둘째로 유년기 경험의 총합이 어떤 성격 구조를, 정확히 말해 성격 구조의 발달을 낳는다는 점은 더 중요한 영향이다. 어떤 사람은 성격 구조의 발달이 본질적으로 다섯 살에 멈춘다. 다른 사람은 성격 구조의 발달이 사춘기에 멈추고, 또 다른 사람은 서른 살 무렵에 멈추고, 극소수 사람은 늦은 나이까지 멈추지 않고 성격 구조의 발달이 이어진다. 이는 우리가 나중에 나타난 심리의 특이한 점, 본질적으로 남편의 행동이 촉발하지 않은 남편에 대한 증오심부터 어머니에 대한 유사한 증오심까지 하나의 고립된 선을 그을 수 없지만, 전체 성격 구조에 따라 나중에 나타난 적대 반응을 이해해야 한다는 것을 의미한다. 성격이 그렇게 발달했다는 점은 어머니와 맺은 관계로 일부 설명되지만, 유년기에 영향을 미친 다른 모든 요인의 결합으로도 설명한다.

과거는 이런저런 방식으로 언제나 현재에 포함되어 있다. 이런 논의의 실체를 간략히 공식으로 나타내면, '실제 대 과거'가 아니라 '발달 과정 대 반복'의 문제라고 말해야 한다.

# 9장 ▷▷ 전이 개념

The Concept of Transference

**프로이트**의 어떤 발견을 제일 높게 평가하느냐고 누가 내게 묻는다면, 나는 주저 없이 이렇게 말하겠다. 환자가 정신분석가와 분석 상황에 보이는 정서 반응을 치료에 활용할 수 있다는 사실을 발견한 사람은 프로이트다. 환자의 애착이나 암시에 걸리기 쉬운 성질(suggestibility)을 단지 환자에게 영향을 주는 수단으로 이용하거나 반감이 드러난 반응을 단순한 골칫거리로 여기지 않고, 환자의 정서 반응을 유용한 도구로 여긴 것은 프로이트 내면의 독립성을 증명하는 단계였다. 이런 접근을 공들여 다듬은 심리학자들[1]이 프로이트의 선구적 작업을 충분히 인정하지 않는다는 인상을 받아서 나는 분명히 말한다. 수정하는 일은 아주 쉽다. 그러나 가능성을 최초로 드러내 보여주는 사람이 천재다.

---

1    오토 랑크나 카를 구스타프 융 같은 심리학자들을 가리킨다.

분석 상황에서 환자가 자신의 현재와 과거의 고생(troubles)에 관해 말할 뿐만 아니라 정신분석가에게 정서 반응을 보인다는 점을 프로이트는 관찰했다. 이런 반응들은 특성이 비합리적인 경우가 자주 있다. 어떤 환자는 분석하러 올 때 목적을 까맣게 잊을 수도 있고, 정신분석가의 총애와 감사 말고는 아무것도 중요하지 않다고 여길 수도 있다. 환자는 정신분석가와 자신의 관계를 위험에 빠뜨릴까 봐 비례가 전혀 맞지 않는 두려움을 계발하기도 한다. 환자는 분석 상황을 바꾸어 놓기도 하는데, 실제로 정신분석가가 환자의 문제를 바로잡아 주려고 돕는 상황이 우위를 다투는 격정적 상황으로 바뀐다. 예컨대 환자는 자신의 문제를 명료하게 드러냄으로써 안도감을 느끼지 않고, 도리어 자신이 알아채지 못한 무언가를 정신분석가가 알아냈다는 한 가지 사실에만 주목해 난폭한 분노 반응을 보일 수도 있다. 환자는 자신의 이익과 반대로 정신분석가의 노력을 무효로 만들려는 목적을 비밀스럽게 추구하기도 한다.

프로이트는 정신분석 상황에서 환자의 특징이 아닌 어떤 반응도 나타나지 않으며, 그것이 이런 반응에 대한 이해를 더욱 중요하게 만든다는 사실을 실감한다. 더군다나 환자가 자신의 감정과 생각을 표현할 의무가 있을 뿐만 아니라 정신분석 관계가 다른 관계보다 덜 복잡하고 관찰의 여지가 더 많아서, 정신분석 상황이 위에서 언급한 반응을 연구할 유일한 기회를 제공한다고 프로이트는 깨닫는다.

정신분석가는 환자가 남편이나 아내, 가정부, 교장, 동료 같은 타인에 대한 자신의 태도에 관해 말한 것에서 확실히 많이 배울 수 있지만, 이런 태도를 연구하면서 안전하지 않은 땅에 자주 발을 디딘다. 일반적으로 환자는 자신의 반응들이나 이를 도발한 조건들에 대해 모르고, 인식하지 않으려는 특정한 관심을 감추고 있다. 많은 환자의 경우, 옳게 보이려는 분투로 어려움에 대한 기록을 자신도 모르게 호의적으로 고치게 될 것이다. 따라서 반응은 빈번히 도발에 비례하도록 만들어진다. 또는 환자는 마찬가지로 논점을 흐리는, 자신을 비난하는 경향의 압박감 속에서 사건에 대해 말한다. 정신분석가는 관련된 다른 사람들을 모르고, 그들에 대한 잠정적 그림을 임시로 그려볼 수도 있지만, 환자는 갈등 상황 속에서 자신의 역할이나 몫을 확신하기 어려울지도 모른다.

이런 어려움은 정신분석 상황에도 나타나고, 환자가 정신분석가에게 보이는 반응도 보증된 것이 아닐지도 모르며, 그런 반응이 보증되든 않든 결국 정신분석가는 불가능하지 않더라도 배우이면서 동시에 심사위원이 되어야 하는 어려운 상황에 놓인다고 반론할지도 모른다. 이런 반론에 맞선 대답은 하나뿐이다. 지금 말한 원천에서 생겨난 오류는 피할 수 없지만, 정신분석 상황에서 상당히 줄어든다. 정신분석가는 환자의 삶 속에서 어떤 역할을 하는 다른 사람들보다 더 멀리 떨어져 있다. 정신분석가는 환자의 반응에 대한 이해에 주의를 집중하기 때문에, 다른 상황에서 그렇듯 소박하고 주관적으로 반응하지 않는다. 또한 일반적으로 정신분석가는 스스로 분석을 받아왔고, 따라서 비합리적 정서 반응의 영향을 훨씬 적게 받는다. 끝으로 정신분석가는 환자가 모든 인간관계에 반드시 옮겨 놓는 반응과 맞닥뜨림으로써 환자의 반응에서 인격의 위기를 포착해낸다.

불행히도 프로이트의 이런 헤아릴 수 없을 만큼 중요한 건설적 통찰(constructive perception)은 기계·진화론적 사고의 영향에서 벗어나지 못했고, 그런 만큼 전이 개념도 의문의 여지가 있다. 환자의 비합리적인 정서 반응이 유아기 감정의 재생(revival)으로서 지금 정신분석가에게 애착을 느끼게 된, 다시 말해 전이된 것이라고 프로이트는 믿는다. 그리고 환자는 정신분석가의 성과 나이 및 행동과 상관없이, 정신분석 과정에서 실제로 벌어지는 일과 무관하게 유아기에 경험한 사랑의 감정과 반항심과 질투심 따위를 정신분석가에게 옮겨 놓는다고 프로이트는 믿는다. 이런 믿음은 프로이트의 사고방식과 일관된다. 환자가 정신분석가를 향해 계발한 감정은 어이없을 만큼 힘이 셀 수도 있다. 유아기의 본능적 충동이 아닌 무엇이 이런 정서의 위력을 설명할 수 있는가! 그러므로 정신분석가의 일차적 관심사 가운데 하나는, 환자가 정신분석 과정의 어느 특정 시기에 어떤 역할을 정신분석가에게 돌리는지 알아내는 것이다. 아버지 역할인지, 어머니 역할인지, 형제자매 역할인지? 좋은 모습의 어머니 역할인지, 나쁜 모습의 어머니 역할인지?

이런 접근법의 실천적 함축은 반복 개념에 대해 논의할 때 이미 지적하지 않은 어떤 기본 관점도 낳지 않지만, 예로써 보여줄 수도 있다. 어떤 환자가 정신분석가와 사랑에 빠졌다고 가정해보자. 정신분석가를 사랑하는 환자는 오직 한 시간의 정신분석을 위해 산다. 이때 환자는 정신분석가의 어떤 호의든 뛸 듯이 기뻐하고 아주 작은 거부나 거부라고 느낀 것에 풀이 죽어 우울해진다. 그리고 다른 환자나 정신분석가의 친인척을 질투한다. 환자는 여러 사람 가운데 자신이 정신분석가에게 선택받는다는 공상에 빠진다. 정신분석가에 대한 성적 욕구(sexual desires)는 의식이나 꿈에 나타나기도 한다.

만약 정신분석가가 프로이트의 해석을 받아들인다면, 정신분석가는 환자의 어머니에 관한 일정한 연상을 바탕으로 환자가 기억한 것보다 어머니를 더 많이 사랑했을 수도 있고, 지금 반응으로 나타난 것이 아주 오래된 사랑이라고 암시할 것이다. 이런 해석은 환자가 어릴 적에 자신의 어머니에게 정말로 강한 애착을 느꼈었고, 현재 정신분석가에 대한 열중(infatuation)이 이를테면 어떤 비인격적 성격(an impersonal character)을 띤다는 점에서 유효할 수도 있다. 정도는 덜하지만 이런 열중은 다른 의사에 대해, 변호사나 성직자에 대해, 또는 자신에게 호의를 보였거나 자신을 보호하고 싶어 했을 누구에 대해서든 일어났을지도 모른다. 정신분석가는 열중의 비인격적 성격을 의식하고 나서, 무차별성(indiscrimination)을 환자의 아주 오래된 행동 양식의 반복 강박 탓으로 돌린다. 환자는 정신분석가를 사랑하는 자신의 감정에 강박성을 띤 무언가가 있다고 인정하기 때문에 안도한다. 그런데 결과적으로 실제 열중의 정도는 줄어들지만, 정신분석가에게 의존하는 성질은 여전히 남는다.

이런 종류의 해석이 가진 약점은 다시 한번 환자의 인격과 관련된 실제 요인들, 방금 말한 사례에서 정신분석가에게 애착을 갖게 만든 요인들을 충분히 고려하지 않는다는 것이다. 가능성을 하나만 언급하자면, 환자는 피학증 경향이 우세한 유형일 수도 있다. 환자의 안전과 만족은 자신을 타인과 얽어매기, 정확히 말해 타인과 어우러짐에 의존한다고 해도 된다.[2] 따라서 애정을 얻는 것은 환자가 자신을 안심시키는 수단이다. 많은 절박한 이유가 영향을 미쳐서, 이렇게 애정을 얻어야 할 필요는 대부분 환자 자신의 마음속에서 사랑과 헌신으로 나타난다. 모든 성공적 정신분석에서 자주 벌어지는 일이 있다. 불안이 생길 때마다 환자가 정신분석가를 붙잡아야 할 필요가 증가한다는 점이다. 그러므로 환자가 흔한 애착을 넘어선 무언가를 보여줄 때마다, 정신분석가는 우선 그런 애착을 실존하는 불안이나 안전하지 않다는 느낌의 징조(existing indications of anxiety or insecurity)와 연결해야 한다. 이 절차는 환자의 불안을 인정하는 쪽의 문을 열고, 마침내 불안의 원인이 되는 기저 성격 구조를 이해하는 결과로 이어진다. 환자가 정신분석가에게 의존하게 만든 것이 주로 환자의 불안이므로, 이런 종류의 해석들은 시작부터 의존성의 위험과 반대로 작용한다.[3]

그런 해석들이 여기서 말하는 의존성에 한몫할 수도 있다는 점은 환자의 애착을 유아기 행동 양식의 측면에서 바라보는 해석과 관련된 세 가지 주요 위험 가운데 첫째로 꼽힌다. 그런 종류의 해석은 기저 불안을 손대지 않고 두어서 정신분석가에 대한 환자의 의존성이

---

2    이 책의 15장 피학증 경향을 보라.

3    다른 누구보다 아돌프 마이어(Adolf Meyer, 1866~1950)는 신경증 환자가 의사에게 의존하는 문제를 해결할 때 생기는 어려움을 지적했다.

증가한다. 이것이 심각하게 위험한 까닭은, 환자가 자유롭고 독립적인 인격을 갖추도록 돕고 또한 도와야 한다는 치료 목표에 불리하게 작용하기 때문이다.

정신분석가나 분석 상황에 대해 환자가 보이는 정서 반응을 과거에 발생한 감정이나 경험의 반복으로 설명하려는 시도의 둘째 위험은 전체 정신분석을 비생산적인 방향으로 흘러가게 할 수 있다는 점이다. 환자가 은밀하게 전체 정신분석 절차를 자신의 자부심에 대한 견딜 수 없는 굴욕으로 여긴다고 가정하자. 만약 이 반응이 인지될 때 일차로 과거의 굴욕감과 연결된다면, 또 만약 이런 감정을 실제 성격 구조 안에서 설명하는 어떤 요인을 찾아내려고 충분히 애쓰지 않는다면, 정신분석은 통제할 수 없는 상황에 빠지고 미묘한 방식으로 지독하게 정신분석가를 깔보고 무찌르려는 환자와 쓸데없이 시간만 낭비하게 될 수도 있다.

셋째 위험은 파생한 모든 결과를 고려해도 환자의 실제 인격 구조를 충분히 정교하게 드러내지 못할 수도 있다는 것이다. 개인의 실존하는 경향들은 일차적으로 과거와 연결될 때조차 그 자체로 인지할 수도 있다. 왜냐하면 특정 감수성이나 반항심, 또는 자부심을 과거와 연결되기 전에 우선 인지해야 하기 때문이다. 그러나 이런 절차는 경향들이 서로 연결되는 방식, 곧 한 경향이 다른 경향의 조건이 되고, 다른 경향을 강화하고, 다른 경향과 충돌하는 방식에 대한 이해를 위험에 빠뜨린다. 이로써 경향들의 상호관계가 잘못 설정되기도 한다.

이 논점의 실천 및 이론적 중요성 때문에 예를 들어 보겠다. 소개

할 예는 대단히 응축되고 도식적으로 나타낼 수밖에 없으므로, 인용하는 목적은 '수직적' 해석으로 도달했던 것보다 진실에 더 가까운 구조의 그림을 독자들에게 확신시키려는 것이 아니라, 접근 방식과 결과의 차이를 보여주려는 것일 따름이다.

환자 X는 재능이 뛰어난 사람이고, 정신분석가와 관계에서 세 가지 우세한 경향을 보이는데, 세 경향을 각각 a, b, c라고 부르겠다. a 경향으로 X는 순응하는 태도를 보이고 보답으로 정신분석가에게 보호받고 사랑받고 칭찬받으려고 무의식적으로 기대한다. b 경향으로 X는 지성과 도덕 측면의 천재임에 관해 부풀린 상념을 숨겼고, 이 상념에 의문이 제기되자 곧 정신분석가에게 화를 낸다. c 경향으로 X는 정신분석가가 자신을 경멸할까 봐 두려워한다.

정신분석은 유년기의 경험 $a_1$, $b_1$, $c_1$을 드러낸다. $a_1$에서 아버지는 X에게 X가 바라는 것을 줌으로써 어떤 조건에 순응하게 했다. $b_1$에서 아버지는 X에게 천재가 되어야 한다고 주장했다. $c_1$에서 어머니는 아버지를 경멸한다.

프로이트의 전이 개념에 따라 해석하면, 유년기에 X는 어머니와 자신을 동일시하고 아버지에 대해 어떤 보상을 기대하면서 수동적 여성 역할을 했다. 현재 구조에 대해 말하면, X는 잠복한 수동적 동성애 경향을 지니고 이를 부끄러워하며 경멸당할까 봐 두려워한다. 자신에 관해 부풀린 X의 상념은 여성스러운 경향에 맞선 항의이며, 자신에 관해 부풀린 상념은 자기 비하(self-contempt)와 남들에게 경멸당할까 봐 두려워함에 대한 보상 역할을 한다. 이 해석은 X의 다른 특이한 점도 해명할 것이다. 예를 들어 어떤 여자든 얽매이는 것에 대한 X의 두려움도, 잠복한 동성애 경향과 아버지가 어머니에게 경멸당했듯 여자들에게 경멸당할지도 모른다는 두려움으로 설명될 것이다.

경향 a, b, c부터 유년기의 요인 $a_1$, $b_1$, $c_1$까지 수직선이 아니라 수평선을 긋는다면, 다시 말해 일차로 a, b, c가 어떻게 실제로 서로 관계를 맺는지 이해하려고 한다면, 누구든지 다음과 같은 질문을 고려해야 한다. X는 왜 좋은 자질과 비범한 재능이 있는데도 경멸에 대해 이렇게 깊은 두려움을 갖는가? 그는 왜 자신에 관해 부풀린 상념에 매달려야 할 이런 필요성을 갖는가? 누구든지 X가 암암리에 지킬 수 있는 것보다 더 많이 약속한다고 서서히 인정하게 될 것이다. 그는 모든 것을 껴안는 사랑에 대한 기대감을 불러일으키지만, 두려움과 어떤 미묘한 가학증 경향 때문에 그런 기대감을 꺼리고 충족할 수 없다. 마찬가지로 그는 위대한 정신적 업적에 대한 기대감을 불러일으키지만, 방종과 다양한 억제 때문에 이를 충족하기 위해 충분히 일하지 못한다. 원하거나 의식하지 못한 채, X는 이렇게 자신의 암시된 약속으로 칭찬과 사랑과 지지를 얻고자 원하지만, 약속한 '상품을 전달하지' 않는 사기꾼이 된다.

따라서 경향 a, b, c를 다음과 같이 기술하겠다.

경향 b: 고양된 상념은 자기 눈에 보이는 야바위를 감추고 다른 사람들을 속이려면 필요하다. 이런 상념이 주관적으로 중요하기 때문에, 그는 상념에 대한 어떤 의문 제기도 너그러이 넘길 수 없고, 의심받는 경우 강한 적개심을 갖고 반응할 수밖에 없다.

경향 a: 순응 태도는 X가 타인에게 너무 큰 기대를 건 결과로 어떤 반감도 부추길 수 없어서, 착한 사람이라는 인상에 어울리게 살아야 하고, 그러므로 타인이 기대하는 것을 행해야 하기에, 주로 자신도 모르는 가식을 바탕으로 생겨난 출몰하는 불안의 결과로 애정이 필요해서 계발되었다.

경향 c: X는 부분적으로 자신의 무의식적인 빌붙는 성향 탓에, 부분적으로 자신의 순응 태도 탓에, 부분적으로 삶이 기대고 있는 거짓된 가식 탓에 자신을 경멸하고, 그러므로 타인에게 경멸당할까 봐 두려워한다.

프로이트는 과장된 것처럼 보이는 정서 반응이 정신분석 상황에서 일어날 뿐만 아니라 친밀한 다른 어떤 관계에서든 일어날 수도 있음을 실감한다. 사실상 복잡한 문제는 정신분석 상황을 다른 상황과 비교할 때 발생한다. 만약 정신분석 상황에서 사랑이 단지 유아기의 대상으로부터 정신분석가에게 전이된 감정이라면, 모든 사랑이 전이라는 것은 혹시 참이 되는가? 만약 그렇지 않다면, 우리는 어떻게 전이된 사랑과 전이되지 않은 사랑을 구별할 수 있는가? 이와 같은 질문에 대한 내 관점은 전이 개념에 대한 것과 같다. 정신분석 관계에서 개인이 타인에게 매력을 느끼는지, 왜 그런지 결정하는 것은 다른 인간관계와 마찬가지로 전체 인격의 실제 구조다.

그렇더라도 정신분석 상황에서 애착, 정확히 말해 의존성이 다른 인간관계의 경우보다 더 규칙적으로 발생한다는 것은 사실이다. 다른 정서 반응도 역시 정신분석 상황의 바깥보다 안에서 전반적으로 발생 빈도가 더 높은 것처럼 보인다. 다른 경우라면 잘 적응했을 듯 한 사람이 정신분석 상황에서 대놓고 적대감이나 적개심, 불신감, 소유욕을 드러내고 까다로워질 수도 있다.

방금 말한 관찰 내용은 정신분석 상황에 이런 반응을 촉발하는 특정 요인이 있을지도 모른다고 시사한다. 프로이트에 따르면 정신분석 상황에서 환자는 갈수록 더 '유아기' 방식으로 행동하고 느낀다. 따라서 프로이트는 정신분석이 퇴행 반응을 조장한다고 주장한다. 정신분석가의 해석 및 관용하는 태도와 더불어 환자의 자유롭게 연상할 의무는, 환자가 어른의 의식적 통제를 일부 포기하고 유아기의 반응을 더 자유롭게 드러내도록 허용한다. 환자의 유년기 경험을 파헤쳐 드러내는 작업은 환자가 과거에 느낀 감정을 다시 살려내도록 이끈다. 끝으로 가장 중요한 점은 다음과 같다. 정신분석은 어느 정도 환자의 좌절감과 함께 수행해야 한다는 규칙, 다시 말해 정신분석가가 환자의 욕구와 요구를 유보해야 할 의무는 다른 좌절감이 퇴행을 촉발한다고 믿듯 유아기의 감정 방식까지 더 거슬러 올라간 퇴행을 가정한 것이다.

퇴행 개념에 대해 이미 논의했으므로, 정신분석과 퇴행 반응의 문제에 대한 설명을 이어서 제의할 수 있다. 내가 보기에 정신분석 상황의 특별한 도전은 환자의 습관적 방어 태도를 효과적으로 이용할 수 없다는 사실에 있다. 습관적 방어 태도는 그와 같이 드러나고, 따라서 이런 방어의 바탕에 놓인 억압된 경향을 어쩔 수 없이 전면에 내세운다. 예컨대 경쟁적 충동을 숨기고 싶어서 어떤 사람들을 무차별하게 칭찬하는 태도를 계발한 환자는 정신분석 상황에서 같은 전략을 써서 정신분석가를 맹목적으로 칭찬할 것이다. 그러나 곧이어 환자는 틀림없이 바탕에 놓인 폄하 경향을 직시한다. 극단에 치우친 겸손으로 타인에게 내세운 지나친 요구를 숨겼던 환자는 정신분석 상황에서 자신의 요구와 모든 함축이 실제로 있다는 사실을 분명히 직시한다. 들키는 것을 두려워하는 환자는 정신분석과 다른 상황에서 타인에게서 물러남으로써, 다시 말해 비밀을 유지하거나 엄격하게 제어함으로써 이런 위험을 피하는데, 정신분석 상황에서는 유지할 수 없는 태도다. 정신분석은 불가피하게 지금까지 중요한 기능을 하던 방어 태도를 공략하게 되므로, 불안을 일으키고 방어적 적대감을 품게 할 수밖에 없다. 환자는 자신에게 필요한 것인 한에서 방어 태도를 고수해야 하고, 위험한 침입자로 여긴 정신분석가에게 분개할 수밖에 없다.

프로이트의 전이 개념은 일정한 이론 및 실천적 함축이 있다. 정신분석 상황에 나타나는 환자의 비합리적 감정과 자극은 예전에 부모와 형제자매에게 가졌던 것과 비슷한 감정의 반복이라고 프로이트는 해석한다. 전이 반응은 '심신이 지칠 만큼 규칙적으로' 오이디푸스 콤플렉스 관계를 반복하는 것이라고 믿는다. 프로이트는 여기서 전이 반응의 빈도(frequency)를 오이디푸스 콤플렉스의 규칙적 발생에 대한 가장 설득력 있는 증거로 여긴다. 하지만 이 증거는 순환 추리의 결과다. 왜냐하면 그런 해석은 벌써 오이디푸스 콤플렉스가 생물학적 현상으로 널리 퍼져 있고, 과거에 발생한 반응이 이후에 반복된다는 논란의 여지가 있는 신념에 근거하기 때문이다.

전이 개념의 실천적 함축 가운데 하나는 환자에게 보이는 정신분석가의 태도와 관련이 있다. 프로이트에 따르면 정신분석가는 유아기에 중요한 어떤 사람의 역할을 하므로, 정신분석가의 인격은 가능한 한 제거되어야 한다. 프로이트의 용어로 말하면 '거울처럼(like a mirror)' 있어야 한다. 인격을 드러내지 말라는 충고는 논란의 여지가 있지만, 어느 정도 유효할지도 모른다. 정신분석가는 자신의 문제를 환자에게 떠넘겨서는 안 된다. 또한 정신분석가는 환자와 감정적으로 얽혀서도 안 된다. 왜냐하면 이런 감정적 얽힘이 환자의 문제를 보는 명료한 시각을 흐릴 수도 있기 때문이다. 정신분석가의 인격을 드러내지 않아야 한다는 충고는 정신분석가가 거드름을 피우고 무관심하고 권위적으로 행동하는 한에서만 논란의 여지가 있다.[4]

다행히도 정신분석가의 자발성은 으레 거울로 있기(being a mirror)라는 이상을 너무 엄격하게 고수하지 못하게 한다. 그렇더라도 이런 이상은 결국 환자를 역시 비출 수밖에 없는 정신분석가에게 일정한 위험을 초래한다. 정신분석가가 환자에게 정서 반응을 보여서는 안 된다는 정신분석가의 자기부정은 망상일지도 모른다. 반면에 정신

---

4  클라라 톰슨, 「분석가 선택의 정신분석적 의의에 대한 기록」, 『정신의학지』(1938) 참고. (옮긴이) 클라라 톰슨(Clara Thomson, 1893~1958)은 정신분석의 여러 분과를 대중이 쉽게 이해할 수 있게 만들려고 노력했다. 특히 여성 심리학의 발전에 공헌했다. 여성에게 미치는 문화의 효과와 인격 발달을 고찰했고, 사회 속 여성과 정신분석 치료 맥락 속 여성에 주목했다.

분석가가 환자에게 보이는 자신의 인격적 반응을 이해해야 한다는 충고는 적절할 것이다. 실제로 정신분석가는 환자가 자신을 속여서 돈을 빼앗으려 하고 자신의 노력을 헛되게 만들면서 도발하려는 소망에, 특히 이런 환자의 경향이 위장한 형태로 나타나서 분명하게 인지되지 않는 한, 반응할 개연성이 상당하다. 정신분석가는 스스로 이처럼 반응한다고 인정하면서 두 가지 방식으로 활용하는 것이 좋을 듯하다. 첫째, 자신이 느낀 반응이 환자가 정확히 원한 결과인지 스스로 물어서, 정신분석 과정에 긴요한 단서를 얻는 계기로 활용하라. 둘째, 자신을 더 잘 이해할 수 있는 도전으로 받아들이라.

정신분석가의 정서 반응을 '역전이(counter-transference)'로 이해해야 한다는 원리는 전이 개념과 같은 근거로 반론해도 된다. 이 원리에 따르면 자신의 노력을 헛되게 만들려는 환자의 경향에 내면의 짜증으로 반응할 때, 정신분석가는 자신의 아버지를 환자와 동일시할 수도 있으며, 이에 따라 자신이 아버지에게 졌다고 느끼던 유아기의 상황을 반복하고 있을지도 모른다. 그렇지만 만약 정신분석가의 정서 반응이 자신의 성격 구조에 비추어 환자의 실제 행동이 영향을 미쳐서 일어난 것으로 이해되면, 정신분석가가 짜증이 날 경우 모든 환자를 치료할 수 있어야 하므로 성공하지 못하면 인격적 굴욕을 느끼는, 공상에 지나지 않는 상념 탓일 수도 있다는 점을 알아보게 될 터다. 혹은 빈번한 다른 어려움의 예를 들자면, 정신분석가는 자신의 과도한 요구를 불공평한 대우를 받는다는 느낌으로 보호하는 만큼, 환자의 유사하게 꼬인 감정을 좀처럼 풀어내지 못할 것이다. 이때 정신분석가는 가면을 쓴 방어 요소를 분석하기보다 환자의 비참한 고통에 공감할 개연성이 더 높다.

그런데 여기에 덧붙일 점이 있다. 우리가 전이의 반복 양태를 경시할수록 정신분석가의 자신에 대한 분석은 더 엄중해질 수밖에 없다. 환자의 실제 문제를 유아기의 행동과 관련시키기보다 파급 효과 면에서 보고 이해하려면 비할 데 없는 내면의 자유가 필요한 까닭이다. 만약 이런 문제를 스스로 알아내지 못한다면, 신경증 환자의 야망이나 피학증 의존성의 모든 함축을 분석하는 것은 불가능하다.

전이라는 용어를 최초 의미의 한 측면인 과거에 느낀 감정의 재활성화와 분리한다면, 우리가 전이라는 용어를 보존하냐, 버리냐는 중요한 문제가 아니라고 나는 생각한다. 압축해 말하면, 전이 현상에 관한 나의 관점은 다음과 같다. 신경증은 최종적으로 인간관계에서 생긴 장애의 표현이다. 정신분석 관계는 인간관계의 특별한 형태며, 기존 장애는 다른 관계와 마찬가지로 여기에도 나타난다. 정신분석이 진행되는 특별한 조건은 다른 경우보다 더 정확하게 인간관계에서 생기는 장애를 연구하고, 환자에게 장애가 엄연히 있다는 점과 장애의 역할을 설득할 수 있게 만든다. 전이 개념에서 반복 강박의 이론적 편견을 걷어낸다면, 전이 개념은 본래 생산할 수 있는 결과를 때맞춰 산출할 것이다.

# 10장 　 문화와 신경증

Culture and Neuroses

**앞선** 1~9장의 논의는 문화 요인에 대한 프로이트의 이해에 일정한 한계가 있고 이유가 무엇인지 보여주었다. 여기서 이유를 간략히 다시 한번 개괄하고 문화와 관련된 문제를 다룬 프로이트의 태도가 정신분석 이론에 미친 영향을 요약하겠다.

먼저 문화가 인격에 미친 영향의 범위와 본성에 대한 현재 지식을, 프로이트가 정신분석 체계를 발전시킬 당시에 이용할 수 없었다는 점을 기억해야 한다. 그 밖에도 본능 이론으로 치우친 방향 감각 탓에 문화 요인을 적당히 평가하지 못했다. 프로이트는 신경증에서 갈등을 빚는 경향들이 일차로 우리가 사는 조건에 따라 생겨난다고 인정하지 않고, 오로지 개별 환경에 따라 수정되는 본능적 경향이라고 여긴다.

결론적으로 프로이트는 서양 문명의 중산층 신경증 환자에게 우세한 경향을 생물학적 요인으로 돌려서 '인간의 본성'에 내재한 것이라고 여긴다. 이 유형은 잠재력이 아주 큰 적개심, 사랑하기보다 미워할 준비와 역량을 훨씬 더 많이 갖춤, 정서적 고립, 자기중심적이고 쉽게 물러나고 소유 및 위신과 관련된 문제에서 획득하고 얽매이는 경향이 특징이다. 프로이트는 이 모든 경향이 특정 사회 구조의 조건에 따라 최종적으로 생겨난다는 점을 인정하지 않으면서, 자아 본위나 자기중심성을 자기도취 리비도로, 적개심을 파괴 본능으로, 돈 문제로 겪는 어려움을 항문 리비도로, 욕심을 구강 리비도로 돌린다. 그러면 현대 서양 중산층 여자 신경증 환자들에게 자주 나타나는 피학증 경향을 여성의 본성에 가깝다고 여기거나, 오늘날 신경증을 앓는 아이들의 특별한 행동이 인간의 발달 과정에서 밟는 보편적 단계라고 추론하는 것은 논리적이다.

프로이트는 본능적이라고 주장한 충동의 역할이 보편성을 띤다고 확신하므로, 그런 보편성을 바탕으로 문화 현상도 설명할 권한이 있다고 느낀다. 자본주의는 항문 성애 경향의 문화로 보고, 전쟁은 내재하는 파괴 본능으로 결정되며, 문화 업적은 일반적으로 리비도 충동을 승화한 결과물이다. 다른 문화의 질적 차이는 특징에 따라 표현되거나 억압된 본능적 충동의 본성으로 설명한다. 다시 말해 다른 문화의 질적 차이는 표현이나 억압이 대부분 구강기, 항문기, 성기기의 충동이나 파괴 충동과 관련되는지에 달린 것으로 생각한다.

원시 부족의 얽히고설킨 관습을 서양 문화의 신경증 현상과 유사하다고 설명하는 것도 이런 전제들에 근거한다.[1] 독일의 어느 작가는 이런 절차를, 원시인들이 야만적인 신경증 환자의 무리라고 여기는 정신분석학자의 습관으로 풍자한다. 사회학과 인류학 분야로 진입하려는 이런 모험 때문에 일어난 논쟁은, 때때로 문화 문제와 관련된 부주의한 일반화를 지적함으로써 정신분석학을 통째로 거부하려고 시도한다. 이 시도는 보증받지 못한다. 문화 문제와 관련된 일반화는 단지 정신분석학이 따른 논란의 여지가 있는 원리를 반영할 뿐이고, 정신분석학이 제의해야 할 핵심과는 정말로 거리가 멀다.

프로이트가 문화 요인에 가중치를 얼마나 적게 주는지는 일정한 환경적 영향을, 그 뒤에 놓인 전체 문화의 영향력을 인정하지 않고 개인의 부수적 운명으로 여기는 성향에도 명백히 드러난다. 예를 들면 프로이트는 가족 안에서 오빠를 여동생보다 편애하는 것을 부수적인 일로 여기지만, 남아 선호는 가부장제 사회 양식에 속한다. 여기서 개인 분석에 대해 선호나 편애를 어떤 방식으로 여기느냐는 문제는 관련이 없다고 반론을 제기할 수도 있지만, 꼭 그렇지는 않다. 현실적으로 오빠에 대한 편애는 여아에게 열등감이나 호감이 덜 간다는 느낌을 심어주는 많은 요인 가운데 하나다. 그러므로 프로이트가 가족 안에서 선호되는 오빠가 있음을 부수적으로 발생한 일로 여긴다는 것은 소녀에게 영향을 미친 전체 요인을 알아보지 못한다는 표시다.

유년기의 경험이 개별 가족뿐만 아니라 같은 가족 안에서도 아이

---

1  에드워드 사피어, 「문화 인류학과 정신 의학」, 『비정상 및 사회 심리학 학술지』(1932) 참고. (옮긴이) 에드워드 사피어(Edward Sapir, 1884~1939)는 유대계 미국인 인류학자이자 언어학자로 미국의 언어학 분야의 발전에 공헌한 중요한 인물로 널리 인정받는다.

에 따라 달라지더라도, 대부분의 경험은 전체 문화 상황의 결과지 생물학적 본성에 부수하는 현상이 아니다. 예컨대 형제자매의 경쟁이 서양 문화에 일반적으로 실존하기에 일반적 인간 현상이라고 가정하는 것은 위험할 테지만, 이 현상이 어느 정도 서양 문화에 실존하는 경쟁심으로 결정되는지 우리는 캐어물어야 한다. 경쟁심은 서양 문화 속 삶의 다른 모든 영역에 스며들어 있으므로, 가족만이 경쟁심을 면한다면 그야말로 기적일 터다.

프로이트는 문화 요인이 신경증에 미치는 영향을 일면적으로 고려한다. 그의 관심은 문화 조건이 실존하는 '본능적' 충동에 영향을 미치느냐는 문제로 제한된다. 프로이트는 신경증을 촉발한 주요 외부 요인이 좌절감이나 욕구불만이라고 믿음에 따라, 문화 조건이 개인에게 좌절감이나 욕구불만을 강요함으로써 신경증이 발병한다고 가정한다. 문화는 리비도 충동과 특히 파괴 충동의 제한을 강요함으로써 퇴행과 죄책감, 자기를 처벌할 필요를 발생시키는 도구 역할을 한다고 프로이트는 믿는다. 따라서 프로이트의 다소 편향된 일반적 견해는 우리가 문화의 혜택을 위해 불만과 불행을 대가로 치러야 한다는 것이다. 출구는 승화에서 찾는다. 그러나 승화할 역량에는 한계가 있고, '본능적' 충동의 억압이 신경증을 일으키는 본질적 요인 가운데 하나여서, 프로이트는 문화가 강요한 억압의 정도와 잇따라 일어나는 신경증의 빈도 및 심각성 사이에 양적 관계가 있다고 가정한다.

하지만 문화와 신경증의 관계는 주로 양이 아니라 질의 관계다.[2]

문제는 문화 경향의 질과 개인 갈등의 질이 맺는 관계다. 이 관계를 연구할 때 어려운 점은 역량을 분산시키는 문제다. 사회학자는 오로지 주어진 문화의 사회 구조에 대한 정보를 줄 뿐이다. 정신분석가는 오로지 신경증의 구조에 대한 정보를 줄 따름이다. 이 어려움을 극복할 방도는 협력이다.[3] 문화와 신경증의 관계를 살펴볼 때는 신경증에 공통으로 나타나는 경향들만 중요하다. 사회학의 관점에서 개인에 따른 신경증의 변이는 관련성이 없다. 우리는 당황스러울 만큼 풍부한 개인차(individual differences)를 버리고 개인의 신경증을 일으킨 조건과 신경증 환자가 겪는 갈등의 내용 속에서 공통점을 찾아내야 한다.

사회학자는 이런 자료를 이용할 때, 신경증 발병을 조장하고 신경증 환자가 겪는 갈등의 본성에 책임이 있는 문화 조건과 그런 자료를 연결할 수 있다. 여기서 세 무리의 요인을 고려해야 한다. 첫째 무리는 신경증이 자라날 수도 있는 모체를 나타내고, 둘째 무리는 신경

---

2    이 관계의 더 광범위한 논의에 대해서는 내가 출간한 『우리 시대의 신경증 인격』(1937)을 참고하라.

3    실제로 요즘 심리치료사들, 사회학자들, 인류학자들이 이 점에서 많은 작업을 해냈다. 몇몇 학자의 이름만 언급하자면, 심리치료사로 힐리(A. Healy), 마이어(Adolf Meyer, 1866~1950), 설리번(Harry Stack Sullivan, 1892~1949)이 있고, 사회학자로 달러드(John Dollard, 1900~1980), 프롬(Erich Fromm, 1900~1980), 막스 호르크하이머(Max Horkheimer, 1895~1973), 베르거 카프(Fey Berger Karpf, 1891~1964), 해롤드 라스웰(Harold Dwight Lasswell, 1902~1978)이 있으며, 인류학자로 루스 베네딕트(Ruth Benedict, 1887~1948), 어빙 핼로웰(Alfred Irving Hallowell, 1892~1974), 랠프 린턴(Ralph Linton, 1893~1953), 스쿠더 맥킬(H. Scudder Mekeel, 1902~1947)이 있다.

증 환자의 근본 갈등과 이를 해결하려는 시도를 구성하고, 셋째 무리는 신경증 환자가 자신과 타인에게 보여주는 겉모습에 함의되어 있다.

개인의 신경증은 최종적으로 소외감, 적개심, 두려움, 약해진 자신감 탓에 발병한다. 이런 태도는 그 자체로 신경증을 구성하지 않고, 결합해야 위험이 잠재한다고 생각되는 세상에 대한 근본적 무력감을 만들어내므로 신경증이 자라나는 토양이다. 안전과 만족을 위한 일정한 분투의 엄격한 추구, 신경증의 핵심인 상반된 본성을 필연적으로 만들어낸 것은 근본 불안이나 안전하지 않다는 근본적 느낌이다. 결론적으로 신경증과 관련해 문화 속에서 찾아야 할 요인들의 첫째 무리는 사람들 사이에서 느끼는 정서적 고립과 잠재하는 적대적 긴장, 안전하지 않다는 느낌과 두려움, 개인의 무기력감을 만들어내는 상황이다.

이어질 논평에서 내가 이와 관련된 몇 가지 요인을 지적할 때, 사회학의 영역을 침범할 의도는 없고, 주로 가능한 협력 방안을 예시하고 싶다. 잠재적 적개심을 불러일으키는 서양 문명의 요인 가운데, 서양 문화가 개인의 경쟁심 위에 세워졌다는 사실은 첫째 자리를 차지할 법하다. 경제의 경쟁 원리는 한 개인이 다른 개인과 싸우게 하고, 한 사람이 다른 사람을 능가하라고 부추기고, 한 사람의 이익을 다른 사람의 불이익으로 만듦으로써 인간관계에 영향을 미친다. 우리가 알다시피 경쟁심은 직장에서 인간관계를 지배할 뿐만 아니라 사교나 사회적 관계, 친구와 성별 관계, 가족 집단 내부 관계에도 널리 퍼져서, 파괴적 경쟁과 깔보는 경향, 의심과 떨떠름한 시샘의 병균을 모든 인간관계에 옮겨 놓는다. 소유뿐 아니라 교육과 오락, 건강을 유지하고 건강을 회복할 가능성에서도 극심한 형태로 실존하는 불평등 상황들은 잠재적 적의로 가득한 또 다른 요인들의 무리를 구성한다. 추가할 다른 요인은 어떤 집단이나 개인이 다른 집단이나 개인을 착취할 가능성이다.

안전하지 않다는 느낌을 만들어내는 요인에 대해, 아마도 경제와 사회 분야의 실제 안전하지 않은 상황을 맨 먼저 언급해야 할 것이다.[4] 인격 또는 개인의 안전하지 않다는 느낌을 만들어내는 다른 강력한 요인은 확실히 일반적으로 잠재하는 적대적 긴장으로 생기는 두려움이다. 한편에 성공할 때 시기의 대상이 될지도 모른다는 두려움과 실패할 때 경멸의 대상이 될지도 모른다는 두려움, 학대당할지도 모른다는 두려움이 있고, 다른 한편에 타인을 밀쳐내고 깔보고 착취하고자 원한 것에 대해 앙갚음을 당할지도 모른다는 공포심이 있다. 또한 아마도 대인관계의 장애로 생긴 개인의 정서적 고립감과 이에 따른 연대 의식의 결여는 안전하지 않다는 느낌을 만들어내는 강력한 요소일 것이다. 이런 조건에서 개인은 자신의 재간에만 의지하도록 강요받아서 보호받지 못하고 그렇게 느낀다. 안전하지 않다는 일반적 느낌은 다음과 같은 일반적 사실 탓에 증가한다. 대체로 전통

---

**4**  해롤드 라스웰, 『세계 정치와 개인의 불안전(*World Politics and Personal Insecurity*)』(1935); 프랭크(Lawrence Kelso Frank, 1890~1968), 「정신의 안전(Mental Security)」, 『교육의 사회·경제 목표의 함축(*Implications of Social Economic Goals for Education*)』(1937).

과 종교도 오늘날 개인에게 더 강력한 통일체에 통합된 부분이라는 느낌을 줄 만큼 충분히 강하지 않아서 쉼터를 제공하고 분투의 방향을 잡아주지도 못한다는 사실이다.

끝으로 우리 문화가 얼마나 개인의 자신감을 해치는지에 대한 문제가 있다. 자신감은 개인의 사실상 실존하는 힘의 세기(an individual's factually existing strength)를 표현한다. 사회·직업 생활에서 겪든 애정 생활에서 겪든, 개인이 자신의 결함으로 여긴 어떤 실패든 자신감을 떨어뜨린다. 지진은 우리가 무기력하다고 느끼게 만들지 몰라도 자신감을 해치지는 않는다. 왜냐하면 우리는 주요한 물리력의 작용을 인정하기 때문이다. 개인이 목표를 스스로 선택하고 목표에 도달할 때 실존하는 한계로 자신감이 손상되어서는 안 된다. 외부적 한계가 지진보다 눈에 덜 띈다는 사실, 특히 성공이 오로지 인격 및 개인의 능률(personal efficiency)에 달려 있다는 지배 이념의 영향으로, 개인은 실패를 자신의 부족함 탓으로 여기기 쉽다. 게다가 서양 문화 속에서 개인은 일반적으로 자신에게 다가오는 적대감과 분투에 맞설 준비가 되어 있지 않다. 개인은 사람들이 선한 의도로 대하고, 타인을 신뢰하는 것이 덕이며, 경계를 늦추지 않는 것은 도덕적 결함이라고 배운다. 사실상 실존하는 적대적 긴장과 형제애의 복음이 빚어낸 모순도 자신감을 낮추는 데 결정적으로 영향을 미친다.

살펴야 할 둘째 무리는 신경증 환자의 갈등을 구성하는 억제와 필요, 그리고 분투다. 서양 문화에서 신경증을 연구할 때, 우리는 증상의 그림에 큰 차이가 있는데도 근본 문제가 모두 놀라우리만치 비슷해 보인다는 점을 알게 된다. 프로이트가 본능적 충동이라고 간주한 것과 관련된 유사점이 아니라, 무자비한 야망과 애정을 얻어야 할 필요의 갈등, 타인과 멀어지려는 소망과 누군가를 완전히 소유하려는 소망의 갈등, 자족에 대한 극단적 강조와 기생하려는 욕구의 갈등, 주제넘게 나서지 않으려는 강박과 영웅이나 천재가 되고자 원하는 것의 갈등처럼 실존하는 갈등의 유사점을 가리킨다.

사회학자는 개인의 갈등을 인지한 후에 개인의 갈등에 책임이 있는 갈등을 빚은 문화 경향들을 찾아야 한다. 신경증 환자의 갈등은 안전과 만족을 위한 양립할 수 없는 분투와 관련이 있으므로, 사회학자는 특히 안전과 만족을 얻는 상반된 문화 방식들을 찾아내야 할 것이다. 개인의 경쟁력을 알지 못하고 개인의 걸출한 업적에 보상하지 않는 어떤 문화에서 안전과 복수, 자기표현의 수단으로서 끝없는 야망을 개발하는 신경증의 발병은 생각조차 할 수 없다. 이는 신경증 환자의 위신과 소유를 위한 분투에도 딱 들어맞는다. 의존성을 보이는 태도를 명확하게 막는 문화에서, 안심의 수단으로서 남에게 매달리는 일은 거의 불가능할 것이다. 괴로움과 무력감(suffering and helplessness)이 사회적 불명예(social disgrace)를 의미하거나, 새뮤얼 버틀러가 『에레혼』[5]에서 묘사하듯 이를 처벌하는 문화에서, 괴로움과

---

5  (옮긴이) 『에레혼: (Erewhon)』은 영국의 소설가 새뮤얼 버틀러(Samuel Butler, 1835-1902)가 1872년에 발표한 풍자소설로 영원한 진보를 믿는 빅토리아 시대의 환상이 깨질 것을 예견했다. 다윈의 『종의 기원』(1859)과 산업 혁명 이후 기계의 발달에 영향을 받아서 쓴 책이다. 특히 3장은 인공 의식과 자기복제 기계의 잠재적 위험성을 다루고 있다.

무력감은 아마도 신경증 환자의 진퇴양난을 해결하는 방법으로서 기댈 만하지 않을 것이다.

문화 요인이 신경증에 가장 명백하게 영향을 미치는 셋째 무리는 신경증 환자가 자신과 타인에게 제시하려고 노심초사하는 모습에 드러난다. 이런 모습은 주로 반대에 대한 두려움과 구별되는 탁월함 (distinction)에 대한 갈망으로 결정된다. 결론적으로 신경증 환자가 만들어낸 모습은 서양 문화에서 승인과 구별되는 탁월함으로 보상 받는, 이기적이지 않은 태도와 타인을 사랑하는 마음, 관대함, 정직, 자제, 겸손, 합리성, 좋은 판단력 같은 자질들로 구성된다. 이기적이 지 않은 태도가 문화적 지배 이념이 아니라면, 신경증 환자는 자신을 위해 아무것도 원치 않고, 자기중심적 태도를 숨길 뿐만 아니라 자연 스러운 행복 욕구를 억압하는 외양을 유지해야 한다고 느끼지 않을 것이다.

따라서 신경증 환자의 갈등을 만들어내는 문화 조건이 미치는 영 향의 문제는 프로이트가 알아본 것보다 훨씬 복잡하다. 이 문제는 다 음과 같은 관점에서 주어진 문화를 철저히 분석하는 작업도 마찬가 지로 포함한다. 주어진 문화에서 대인 적개심(interpersonal hostilities) 은 어떤 방식으로 어느 정도까지 만들어지는가? 인격 및 개인의 안 전하지 않다는 느낌은 얼마나 크고 어떤 요인이 개인을 안전하지 않 게 만드는가? 어떤 요인이 개인의 내재하는 자신감을 해치는가? 어 떤 사회적 억제나 금기가 실존하고 억제와 두려움을 일으킬 때 어떤 영향을 미치는가? 주어진 조건에서 어떤 필요와 분투가 만들어지고 용기를 북돋우거나 꺾는가?

신경증에서 되풀이되는 문제의 유형은 서양 문화에서 건강한 개인이 맞닥뜨리는 문제의 유형과 본질적으로 다르다. 건강한 개인도 역시 경쟁, 애정, 자아 본위나 자기중심성, 연대, 자기 과장(self-aggrandizement), 열등감, 이기주의, 이타주의와 얽힌 상반된 경향들이 있다. 차이점은 신경증 환자의 경우 이런 상반된 경향들이 더 높은 곳에 이르고, 갈등하는 두 경향이 더 큰 기저 불안의 결과로 긴급한 명령이 되어서 어떤 만족스러운 해결책도 찾아낼 수 없다는 것이다.

왜 어떤 사람은 신경증 환자가 되지만, 유사한 조건의 다른 사람은 기존 어려움에 대처할 수 있느냐는 문제는 남는다. 이 문제는 같은 가족의 형제자매에 관해 자주 제기되는 것과 닮은 점이 있다. 왜 형제자매 가운데 한 사람은 신경증을 심하게 앓는데, 다른 사람은 가볍게 앓는가? 이 질문은 개인에 따라 다른 심리 조건이 본질적으로 비슷하다는 암묵적 전제를 포함하고, 이 전제는 형제자매의 다양한 체질적 차이를 설명하도록 이끈다. 체질적 차이는 확실히 일반적인 발달과 관계가 있다. 하지만 이런 결론을 끌어낸 추리 유형은 오류에 빠져 있다. 왜냐하면 결론을 지지하는 전제가 거짓이기 때문이다. 단지 일반적인 심리 분위기가 모든 형제자매에게 같고, 형제자매는 저마다 이런저런 방식으로 일반적 분위기의 영향을 받는다. 그러나 자세히 들여다보면 같은 가족 안에서도 한 아이의 경험은 다른 아이의 경험과 전혀 다르다. 사실상 중요한 차이는 끝없이 다양할 수도 있고, 차이의 본성과 영향은 주의 깊은 정신분석으로만 이따금 드러난다. 부모와 맺는 관계, 부모가 아이를 원하는 정도, 한 아이나 다른 아이에 대한 부모의 편애, 형제자매의 서로에 대한 행동을 비롯해 다른 많은 점에서 차이가 생길 수도 있다. 상처를 덜 받은 아이는 기존 어려움에 대처할 수 있지만, 상처를 더 많이 받은 아이는 무력하게 휘말린 갈등으로 신경증 환자가 되기도 한다.

어떤 사람들은 왜 신경증에 걸리고, 전부는 아니지만 그들은 모두 언제 똑같이 어려운 문화적 상황에 놓이는가? 이 문제도 유사하게 답할 수 있다. 신경증 환자는 특히 유년기에 실제로 겪는 어려움으로 상처를 더 심하게 받았던 사람이다.

주어진 어떤 문화에서 신경증과 정신병의 빈도가 높다는 것은 사람들이 사는 조건에 뭔가 심각한 잘못이 있음을 보여주는 지표 가운데 하나다. 이는 문화 조건으로 일어나는 심리적 어려움이 사람들이 대처할 평균 범위의 역량보다 더 크다는 점을 보여준다.


여기까지 문화의 영향에 대한 심리치료사의 관심은 여러모로 중요한데도, 단지 심리치료사가 환자를 실제 상담에서 다루는 일과 관련된 영향에 제한되어 있다. 제대로 된 기준에 따라(in a proper frame of reference) 신경증을 알아내고, 왜 어떤 환자에 잇따라 다른 환자도 본질적으로 유사한 문제로 분투하는지, 왜 환자의 문제가 심리치료사의 것과 유사한지 이해하는 작업도 심리치료사에게 유용할 수 있다. 운명이 환자에게만 특별히 불공평하지 않았고 최종적으로 환자가 동포로서 다른 인간과 운명을 공유한다고 깨닫도록 심리치료사가 환자를 도울 수 있을 때, 환자의 개인적 아픔의 일부는 사라진다. 또한 수음과 근친상간, 죽고 싶은 마음이나 부모의 권위에 대한 저항 같은 금기의 사회적 본성을 환자가 인식하도록 도우면, 환자의 개인적 죄책감은 줄어든다. 경쟁 문제로 분투하는 정신분석가는 이런저런 방식으로 경쟁이 우리 모두의 문제임을 실감할 때, 이를 바탕으로 자신의 인격 및 개인적 문제와 씨름할 용기를 얻는다.[6]

문화적 함축에 대한 의식이 심리 치료에 구체적으로 중요해지는 길이 하나 있다. 심리 건강을 이루는 것이 무엇이냐는 문제에 대해 문화 의식이 지닌 함축이다. 문화를 의식하지 못하는 심리치료사들은 방금 제기한 문제를 순수한 의료적 문제로 여기기 쉽다. 심리치료사들이 단지 공포증, 강박증, 우울증 같은 극심한 증상에 관여하는 한, 이런 해석으로 충분할 수도 있다. 그렇더라도 정신분석 치료의 목표는 훨씬 야심적이다. 정신분석 치료의 목표는 증상을 없앨 뿐만 아니라 증상이 재발할 수 없을 만큼 인격의 변화를 위해 노력하는 것이다. 이 목표는 성격을 분석해야 달성된다. 그러나 성격 경향들을 다룰 때 정신분석가는 무엇이 건강인지 가늠할 단순한 척도가 없다. 이때 의료 기준을 사회적 평가, 곧 '정상성(normality)'의 기준으로 무심코 바꾼다. 여기서 정상성의 기준은 주어진 문화나 인구의 통계적 평균 범위를 의미한다.[7] 이런 암시적 기준(implicit evaluation)이 어떤

---

6  본능 이론은 다른 방식으로 보편성에 대해 다시 보증한다. 거기서 정신분석가는 확실한 본능적 충동의 보편성을 지적한다.

7  윌프리드 트로터, 『평화와 전쟁에서 무리 본능』(1915).

문제와 씨름할지 결정한다. 여기서 '암시적'이라는 말에는 정신분석가가 어떤 평가 기준을 사용하는지 알아채지 못한다는 의미가 담겨 있다.

문화적 함축을 의식하지 못하는 정신분석가들은 선의로 방금 진술한 내용을 논박할 것이다. 그들은 자신들이 평가하지 않고, 어떤 가치 판단도 자기들의 일이 아니며, 환자가 제공한 문제를 그냥 다룰 뿐이라고 지적할 것이다. 그런데 여기서 그들은 환자가 제공하지 않거나, 단지 소심하게 제공하려고 시도할 뿐이어서 정신분석가가 인지하지 못하는 어떤 문제가 있다는 사실을 간과한다. 환자도 역시 자신의 특이한 점을 평균 범위와 일치하기 때문에 '정상적'이라고 생각한다.

어떤 여자가 남편의 직업상 성공을 위해 자신의 기력을 전부 쓰고 온갖 수단을 동원해 성공하지만 자신의 재능과 경력은 뒷전일 때, 정신분석가는 여자의 이런 태도가 '정상적'으로 보이기 때문에 어떤 문제도 알아보지 못할 수도 있다. 여자도 어떤 문제가 있다고 느끼지도 못하고 인정하지 않을지도 모른다. 물론 여기에 어떤 문제가 반드시 있다는 말이 아니다. 남편이 아내보다 재능이 훨씬 뛰어날지도 모른다. 아내는 남편에게 바친 헌신적 우정으로 자신의 최대 능력을 펼쳐내고, 자기 행복을 위한 최선의 기회가 거기에 놓여 있는 만큼 남편을 사랑하기도 한다. 그러나 다른 환자에게는 그렇지 않을지도 모른다. 남편보다 재능이 출중한 여자 환자의 예를 들어보자. 남편과 맺는 관계는 인간관계가 그럴 수 있는 만큼 장애를 일으켰다. 여자 환자의 가장 심각한 문제는 자신을 위해 아무것도 하지 못하는 총체적 무능력이었다. 하지만 그것이 '정상적인' 여성스러운 태도 뒤에 숨겨졌기 때문에, 이 문제를 늘 간과했다.

정신분석가가 거의 알아보지 못하고 환자가 제공하지 못하는 문제 가운데 하나는 환자에게 사람과 원인, 제도와 이론에 관해 판단할 능력이 없을 경우다. 이 불확실성이 간과되는 까닭은 환자의 무능력이 평균 범위에 속한 자유분방한 기질의 개인에게 '정상적'이기 때문이다.[8] 앞서 들었던 예와 비슷하게 이런 특이한 점은 모든 환자에게 필연적으로 당혹스러운 문제가 되지는 않는다. 그러나 때때로 환자의 결정적 두려움이 단지 무차별한 관용의 허울 뒤에 숨어 있다. 개인은 비판적 입장에 섬으로써 어떤 적개심이나 소외든 일어나는 것을 지나치게 두려워하고, 내면의 독립으로 향하는 어떤 단계든 지나치게 두려워할 수도 있다. 그런 경우 분별력의 부족을 분석해야 할 문제라고 알아보지 못하면, 환자의 가장 심각한 어려움을 손도 대지 않은 채 남겨두게 될 것이다.

당연히 정신분석가의 불충분한 문화 의식은 분명히 부족해서 논의가 필요치 않은 더 심각한 형태로 나타나기도 한다. 예컨대 정신분석가는 환자의 혁명적 분투를 붙잡고 따져볼 필요가 있다고 느낄 수도 있지만, 환자의 보수적 기준을 고수하는 경향은 건드리지 못한다.

---

8   에리히 프롬, 「정신분석 치료의 이익 사회적 제약(Die gesellshaftliche Bedingtheit der psychoanalytiscen Theraie)」, 『사회탐구 잡지(*Zeitschrift fur Sozialforschung*)』(1935) 참고.

마찬가지로 정신분석가는 환자가 정신분석 이론들에 비판적인 태도를 보이는 문제를 알아보지만, 그 이론들을 승인하거나 수용할 때 제기할 문제는 간과할 수도 있다.

따라서 기존 문화적 평가를 알아채지 못한 것이 앞에서 논의했듯 환자가 제공한 자료의 일면적 선별을 조장하려는 이론적 편견과 합쳐진다. 그러면 교육 분야에서 그렇듯 정신분석 치료에서도 목표는 무심코 '정상성'에 맞춘 적응이 된다. 좋은 성별 체제(a good sexual regime)가 심리 건강의 본질적 요인이라고 생각해서, 정신분석가는 오로지 성별 특징의 문제에 대해서만 현재 받아들인 관행과 독립적인 목표를 의식하게 된다. 이와 달리 누구든지 윌프리드 트로터를 따라 정상 심리(psychic normality)와 심리 건강(psychic health)을 구별하고, 심리 건강이란 '모든 역량이 나를 위해 사용될 수 있는'[9] 내면이 자유로운 상태라고 이해해야 한다.

---

9    윌프리드 트로터, 『평화와 전쟁에서 무리 본능』 참고.

## 11장 ◗◗ '자아'와 '이드'

The "Ego" and The "Id"

**'자아'** 개념은 비일관성과 모순으로 가득하다. 프로이트가 최근 발표한 논문 가운데 하나[1]에서 신경증 환자의 갈등은 '자아'와 본능 사이에서 빚어진다고 주장할 때, '자아'는 본능적 분투와 다르며 본능과 대립하는 것인 듯하다. 그렇다면 여기서 말하는 '자아'가 구체적으로 무엇인지를 알아보기는 어렵다.

원래 '자아'는 리비도가 아닌 모든 것을 포함하는 용어다. 그것은 순전한 자기보존의 필요를 충족하는, 우리 자신에 속한 성별 특징(sexuality)과 무관한 부분이었다. 그렇지만 자기도취(narcissism)를 끌어들임으로써 예전에 '자아'로 이관한, 우리 자신에 관한 염려, 자기 과장과 위신, 자존감, 이상들(ideals), 창조 활동을 향한 분투 따위의

---

1  지그문트 프로이트, 「끝이 있는 분석과 끝이 없는 분석」, 『국제 정신분석 학회지』(1937).

대다수 현상이 본성적으로 리비도에 속하게 되었다.[2] 나중에 '초자아' 개념을 끌어들이면서 도덕적 목표, 우리의 행동과 감정을 규제하는 내부 규범도 본성적으로 본능과 관련된 것으로 바뀌었다('초자아'는 자기도취 리비도와 파괴 본능, 예전 성적 애착의 파생물을 혼합한 결과물이다). 따라서 프로이트가 대립물의 쌍으로서 '자아'와 본능을 언급한 것은 명쾌하지 않다.

다양한 저술에서 자료를 수집해야 프로이트가 어떤 현상을 '자아'로 이관하는지에 대해 그나마 좀 정확한 개념을 얻을 수 있다. 프로이트의 자아 개념은 다음과 같은 요인들의 무리를 함의하는 것 같다. 첫째, 자기도취 현상이다. 둘째, '본능'에서 성과 관련된 요소를 없앤 결과물(예컨대 승화나 반응 형성을 통해 발달시킨 자질)이다. 셋째, 본능적 충동(예컨대 근친상간과 무관한 특성을 띠는 성욕)인데, 이런 충동은 개인이 받아들일 수 있을 만큼 변화되어 사회적으로 승인할 수 있는 것일 개연성이 높다.[3]

따라서 프로이트의 '자아'가 본능의 반대 극이 아닌 까닭은 자아가 자연적으로 본능에 속한 것이기 때문이다. 몇몇 저술에서 프로이트가 선언했듯, 자아는 오히려 '이드'의 유기적 부분이고, 이드는 조잡하고 변경되지 않는 본능적 필요의 총체다.[4]

---

2    지그문트 프로이트, 「자기도취 입문」, 『논문 선집』 4권(1914).

3    일반적으로 프로이트는 '초자아'를 '자아'의 특별한 부분으로 생각하지만, 몇몇 논문에서 그는 둘의 갈등을 강조한다.

4    지그문트 프로이트, 『집단 심리와 자아 분석(Group Psychology and the Analysis of the

'자아'의 본질적 특징은 취약성이다. 기력의 모든 원천은 '이드' 안에 있고, '자아'는 빌린 힘으로 산다.[5] 자아의 선호와 싫어함, 목표와 결정은 '이드'와 '초자아'에 따라 결정된다. 자아는 본능적 충동이 '초자아'나 외부 세계와 지나치게 위험할 정도로 충돌하지 않도록 조심해야 한다. 프로이트가 기술하듯 자아는 '이드'와 '초자아', 외부 세계에 삼중으로 의존하면서 중재자 노릇을 한다. 자아는 '이드'가 추구하는 만족을 즐기고 싶지만, '초자아'의 억제에도 따르는 경향이 있다. 자아의 취약성은 자신의 자원이 없는 상태로 한쪽에서 혜택을 원하면서 대립하는 다른 쪽의 아무것도 망치고 싶지 않은 개인의 상처받기 쉬운 처지와 유사하다.

나는 '자아' 개념을 평가하면서 프로이트가 제의한 거의 모든 학설에 대해 내린 것과 같은 결론에 도달한다. 바탕이 되는 아주 날카롭고 심층적인 관찰은 비(非)건설적인 이론 체계로 통합되어서 건설적 가치(constructive value)를 빼앗긴다. 임상적 관점에서 누구든지 자아 개념에 찬성하는 말을 정말로 많이 한다. 만성 신경증 환자들은 자신들의 삶에 대해 말하지 않는다는 인상을 준다. 자신들도 모르고 통제하지 못하는 정서적 힘에 내몰리는 만성 신경증 환자들은 지적 판단과 반대로 자주 경직되게 행동하고 반응할 수밖에 없다. 타인에 대한 그들의 태도는 의식한 소망과 가치가 아니라 긴급한 명령의 성

---

Ego)』(1922).

5    지그문트 프로이트, 『자아와 이드(*The Ego and the Id*)』(1935).

격을 띤 무의식적 요인으로 결정된다. 이는 강박 신경증에 아주 분명하게 나타나지만, 정신병은 말할 것도 없이 모든 심각한 신경증에 대해 대체로 사실이다. 프로이트는 말 타는 사람의 은유를 들었다. 말을 몬다고 생각하지만, 말이 가고 싶은 데로 끌려가는 기수는 신경증 환자의 '자아'를 잘 묘사하는 것처럼 보인다.

하지만 신경증과 관련된 이런 관찰은 '자아'가 일반적으로 단지 본능의 변형된 일부라는 결론을 허용하지 않는다. 이것은 신경증에 대해서도 결정적이지 않다. 신경증 환자가 타인에게 드러낸 연민이 대부분 변형된 가학증이거나 외면에 드러난 자기 연민(self-pity)이라고 가정해도, 이는 타인에 대한 공감의 일부가 '진정한(genuine)' 것이 아니라고 입증하지 않는다.[6] 어떤 환자가 정신분석가를 찬미하는 것이 대부분 정신분석가가 행할 기적을 무의식적으로 기대하는 경향이나 모든 경쟁을 배제하려는 무의식적 노력으로 결정된다고 가정해도, 이는 환자가 정신분석가의 역량이나 인격에 대해 '진정한' 감사의 마음을 품지 않을 수도 있다고 입증하지 않는다. 어떤 사람 A가 어떤 적수 B를 깔보는 말로 해치려고 기회를 잡은 상황을 생각해보자. A는 무의식에 자리한 정서적 이유가 얼마든지 있어서 그렇게 하기를 꺼릴 수 있다. A는 B의 앙갚음이 두려울 수도 있고, 자신의 시각에서 옳은 모습을 유지해야 할지도 모른다. A는 악의가 없

---

6  이 맥락에서 '진정한'이라는 말은 문제의 감정이나 판단이 증거 없이 주장된 본능적 구성 요소로 추가 분석을 허용하지 않는다는 뜻이다. 이 용어는 기본적이라는 의미와 자발성을 띤다는 의미를 결합한다.

음을 보임으로써 단순하게 타인의 좋은 의견에 부응할 수도 있다. 하지만 이런 모든 점이 다음과 같은 사실을 입증하지 않는다. A는 또한 자신의 품위가 손상된다고 느껴서 깔보는 말을 하지 않고, 이런 종류의 복수가 지나치게 값싸고 음흉하다고 의식하지 않을 수도 있다. 여기서 도덕적 자질의 내용이 문화 요인에 좌우되는 정도에 대한 문제를 고려하는 것은 너무 멀리 나가는 셈이다. 하지만 프로이트가 기대는 본능으로도 해소되지 않고 상대주의자들이 의지한 사회적 가치 평가 및 조건화로도 해소할 수 없는 '진정성(genuineness)'이 있을지도 모른다.

마찬가지로 정신이 건강한 개인에 대해 말할 수도 있다. 정신이 건강한 개인도 동기에 관해 자신을 속인다는 사실은 당사자가 언제나 속인다는 것을 증명하지 않는다. 정신이 건강한 개인은 불안에 시달리는 정도가 덜해서 신경증 환자보다 무의식적 충동이 발휘한 힘의 지배를 덜 받아서, 건강한 개인에 대한 프로이트의 결론은 보증되지 않는다. 따라서 '자아' 개념에 대해 프로이트는 더 기본적인 '본능' 단위로 해소할 수 없는 판단이나 감정이 있다는 것을 부정하고, 리비도 이론에 근거해 부정해야 한다. 일반적으로 프로이트의 '자아' 개념은 이론적 근거로 사람이나 원인에 대한 모든 판단을 '심층' 정서적 동기의 합리화로 여겨야 하고, 이론에 대한 모든 비판적 입장을 최종적으로 정서적 저항이라고 여겨야 한다는 의미를 담고 있다. 이론 차원에서 최종 분석을 거치면 본질적으로 리비도 충동이나 파괴 충동으로 결정되지 않는, 사람들을 좋아함도 싫어함도 없고 공감도 없으며, 관대함[7]도 없고 정의감도 없으며, 대의에 따르는 헌신도 없다는 뜻이다.

정신의 능력들(mental faculties)이 그 자체로 실존할 수도 있다는 점을 부정하는 것은 판단력의 불안정성을 조장한다. 이런 부정은 정신분석을 받는 사람들이 그들의 판단이 단지 무의식적 선호나 비선호의 표현일 것이라는 유보 조항을 붙이지 않으면, 뭐든 태도를 정하지 못하게 할지도 모른다. 그것은 또한 인간의 본성에 대한 어떤 우월한 지식이 타인에 대한 모든 판단이나 감정의 이면에 숨은 동기를 탐지할 때 얻는 것이라는 착각을 불러일으킴으로써 모든 것을 안다는 우쭐한 태도를 보이게 만들 수도 있다.

다른 귀결은 프로이트의 '자아' 개념이 감정에 관해 불확실성을 조장함에 따라 감정을 피상적인 것이 되게 만들 위험이 있다는 점이다. '그건 단지 ~때문일 뿐이지'라고 조금이라도 의식적으로 알아채는 순간 정서적 경험의 자발성과 깊이는 쉽게 위태로워질 것이다. 따라서 정신분석을 받는 개인은 잘 적응하더라도, '현실적인 진짜 사람에 덜 가깝거나' 혹은 겉보기에 생기가 덜해졌다는 인상을 주는 경우가 잦다.

방금 말한 효과에 대한 관찰은 때때로 지나치게 많이 의식하면 부

---

7 위에서 언급한 논문에서 프로이트는 관대한 사람들이 일부 드물게 인색한 경향을 드러내 놀라게 하기도 한다고 관찰한 내용을 말할 때, 다음과 같이 선언한다. "그들은 **모든** 칭찬받을 만하고 가치 있는 자질이 보상과 과잉 보상에 근거한다는 점을 보여준다."(강조 표시는 내가 한 것)

질없이 '내성적'이게 된다는 유서 깊은 오류의 영속화를 위해 쓰인다. 하지만 이런 '내성적 태도(introspectiveness)'가 무엇인지 설명하는 것은 더 많이 의식하는 것이 아니라 일반적으로 열등하다고 여겨지는 동기들(motivations)이 어디에나 있다는 암묵적 믿음이다. 프로이트는 동기를 가치 면에서 열등하다고 여기고, 과학적 관점에서 동기를 살펴서 동기란 연어가 배란기에 강물을 거슬러 헤엄치게 하는 본능만큼이나 도덕적 평가를 넘어선다고 강조한다. 자주 그렇듯 유효한 새로운 발견을 하려는 열정은 유효성을 잃는 지점까지 나가기도 한다. 프로이트는 우리의 동기를 회의적 시각으로 철저히 검토하도록 가르쳤다. 무의식이 자아 본위나 자기중심성을 갖는 반사회적 충동에 미친 광범위한 영향을 프로이트는 증명했다. 그러나 어떤 판단이 단순하게 누구든지 옳다거나 그르다고 주장한 것에 대한 표현일 수 없다. 또 누구든지 가치를 확신하기 때문에 대의에 헌신할 수 없고, 친절이 좋은 인간관계의 직접적 표현일 수 없다고 단언하는 것은 독단일 뿐이다.

정신분석 관련 문헌에서 우리가 '이드'에 관한 지식을 아주 많이 얻지만 '자아'에 관해서는 아주 조금 알게 되어서 유감스럽다는 생각이 자주 든다. 이런 '자아'에 대한 지식 부족 현상은 정신분석의 역사적 발전에서 비롯하고, 처음으로 '이드'에 대한 정교한 연구를 이끌었다. '자아'에 대한 지식도 딱 그만큼 때에 맞춰 따라 나오기를 희망하지만, 희망은 실망으로 바뀔 것 같다. 프로이트가 제의한 본능 이론은 '자아'에 방금 간략히 말한 것보다 더 많은 여지와 생명력을 남기지 않는다. 본능 이론을 버려야 비로소 우리는 '자아'에 관해 무언가를 배울 수 있는데, 이때 자아는 프로이트가 생각한 것과 전혀 다른 현상일 것이다.

그러면 프로이트가 기술한 것과 거의 비슷한 '자아'는 인간의 본성에 내재하지 않고, 신경증에 사로잡힌 특이한 현상임을 알게 될 것이다. 이런 자아는 나중에 신경증을 발병하게 만든 개인의 체질에 내재하지도 않는다. 프로이트의 '자아'는 복잡한 과정의 결과, 다시 말해 자기소외의 결과물(the result of an alienation from the self)이다. 자기소외, 또는 내가 다른 곳에서 불렀듯[8] 개인이 자발적으로 자기를 성장시키지 못하는 현상은, 신경증 발병의 원인일뿐더러 개인을 신경증에서 벗어나지 못하게 만드는 결정적 요인 가운데 하나다. 자기와 멀어지지 않는다면, 신경증 환자가 본질적으로 자신과 동떨어진 목표로 향하는 신경증 경향에 내몰리는 일도 가능하지 않을 것이다. 더군다나 신경증 환자는 자신과 타인을 평가할 역량을 상실하지 않았다면, 자신이 실제로 타인에게 의존하는 만큼 타인에게 의존적이라고 도저히 느꼈을 리가 없다. 왜냐하면 최종 분석을 거치면 어떤 종류든 신경증 환자의 의존성은 개인이 내부의 중심을 잃어버리고 외부 세계로 중심을 옮겨 놓았다는 사실에 근거하기 때문이다.

우리가 프로이트의 '자아' 개념을 버릴 때, 정신분석 치료의 새로

---

8    이 책의 5장 자기도취 개념, 13장 '초자아' 개념, 15장 피학증 현상, 16장 정신분석 치료를 참고하라.

운 가능성이 열린다. '자아'는 본성적으로 단지 '이드'의 봉사자이자 감독자라고 여겨지는 한, 치료의 대상일 수 없다. 이때 치료에서 기대하는 것은 '길들지 않은 정념'을 '반응'에 따라 잘 적응시킴으로 제한될 수밖에 없다. 하지만 만약 약하더라도 이 '자아'를 신경증의 본질적 부분으로 여긴다면, 자아의 변화는 치료의 과제가 되어야 한다. 그러면 정신분석가는 환자가 자발성과 판단력, 혹은 제임스의 용어로 말하면 '정신적 또는 영적 자기(spiritual self)'를 되찾아 준다는 최종 목표를 달성하려고 신중하게 작업해야 한다.

프로이트는 인격에 '자아'와 '이드', '초자아'라는 내부 구조가 있다고 가정함에 따라, 신경증에서 갈등과 불안의 본성에 관한 몇 가지 확실한 공식에 이른다. 그는 갈등의 세 유형을 구별한다. 첫째, 개인과 환경의 갈등은 최종적으로 다른 두 종류의 갈등에 책임이 있지만, 신경증에 특이한 것이 아니다. 둘째, '자아'와 '이드'의 갈등은 '자아'가 본능적 충동의 엄청난 크기에 압도당할 위험에서 생긴다. 셋째, '자아'와 '초자아'의 갈등은 '초자아'에 대한 두려움에서 생긴다. 이 주장은 이어질 장에서 차례로 논의하겠다.[9]

전문 용어와 이론적 세부 사항을 폐기하면, 프로이트의 신경증 갈등 개념은 대략 다음과 같다. 인간은 본능으로 물려받은 것 때문에 불가피하게 환경과 충돌하고, 개인과 외부 세계의 갈등은 나중에 개인의 내부에서 길들지 않은 정념과 이성이나 도덕적 기준의 갈등으

---

9  이 책의 12장 불안, 13장 '초자아' 개념을 보라.

로 이어진다.

과학적 수준에서 바라보면 누구든지 이런 개념이 선과 악, 도덕과 비도덕, 인간의 동물적 본성과 이성의 갈등이라는 그리스도교의 지배 이념(Christian ideology)을 따른다는 인상을 지울 수 없다. 그런 인상 자체는 어떤 비판도 함의하지 않는다. 문제는 신경증 환자의 갈등이 실제로 이런 본성에 속한 것이냐는 것뿐이다. 신경증에 대한 관찰에서 내가 도출한 결론에 따라 다음과 같은 관점을 밝힌다. 인간은 프로이트가 가정하듯 불가피하게 환경과 충돌하지 않는다. 환경과 충돌이 생긴다면, 인간의 본능이 아니라 환경이 두려움과 적개심의 기세를 돋우기 때문이다. 신경증 환자가 발달시킨 경향들은 어떤 방식으로 환경에 대처할 수단을 제공하지만, 다른 방식으로 환경과 빚는 갈등을 더 크게 늘린다. 그러므로 내가 판단컨대 외부 세계와 빚는 갈등은 신경증의 바탕일뿐더러 신경증 환자가 겪는 어려움의 본질적 부분이다.

더욱이 나는 신경증 환자의 갈등을 프로이트처럼 도식적으로 나타내는 일이 가능하다고 생각하지 않는다. 실제로 신경증 환자의 갈등은 여러 원천에서 생겨나기도 한다.[10] 예를 들어 독재 권력을 가지려는 욕망과 타인에게 의존할 필요 사이에 빚어지는 갈등처럼 신경증 환자의 양립할 수 없는 두 경향이 있다. 개인의 신경증 경향은

---

10    프란츠 알렉산더(Franz Alexander, 1891~1964)는 신경증 환자의 갈등이 여러 종류라고 처음으로 지적한 인물이다. 『정신분석 계간지』(1933)에 실린 그의 논문 「구조적 갈등과 본능적 갈등의 관계」를 보라.

그 자체로 갈등을 낳을 수도 있는데, 완벽해 보여야 할 필요가 순응 경향과 반항 경향을 둘 다 포함하고 있는 까닭이다. 무오류성을 지닌 겉모습을 보여야 할 필요는 이와 어울리지 않는 모든 경향과 갈등을 빚을 것이다. 갈등의 본성과 갈등이 신경증 환자의 성격과 삶에서 수행하는 역할은 이 책의 곳곳에서 암암리에 또는 명시적으로 다루고 있으므로, 여기서 더 자세히 말할 필요는 없다. 곧이어 신경증 환자의 갈등에 대한 다른 치우친 관점이 신경증의 불안에 대해 달리 이해한 방식을 논하겠다.

# 12장 )) 불안

Anxiety

**프로이트**처럼 심리 발현(psychic manifestations)을 최종적으로 유기체의 기반 위에서 설명하려는 사람들에게, 불안은 생리 과정과 밀접한 관계를 맺어서 도전해 볼 만한 문제다.

사실 불안은 흔히 가슴 두근거림, 땀 흘림, 설사, 빠른 호흡 같은 생리 증상과 동시에 나타난다. 이런 신체적 부수 현상은 불안을 알아채든 못하든 나타나기도 한다. 예컨대 시험을 치르기 전에, 환자는 설사가 나고 불안을 충분히 알아챌 수도 있다. 그러나 또한 가슴이 두근거리거나 소변을 자주 보고 싶은 충동이 있어도 불안을 알아채지 못하고 나중에 비로소 불안이 분명히 있었다고 인정할지도 모른다. 정서나 감정의 신체 표현은 특히 불안에 뚜렷하더라도, 불안의 특징만은 아니다. 우울증에는 신체와 정신의 과정이 느려지는 증상이 있다. 짜릿한 기쁨은 세포 조직의 긴장도를 바꾸는 효과를 내거나 걸음걸이를 더 가볍게 만든다. 격렬한 분노는 우리를 전율하게 만들고 피가 머리로 솟구치게 하기도 한다. 불안과 생리적 요인의 관계를 보여주려 자주 지적되는 다른 사실은 불안이 화학 물질로 일어날 수도 있다는 점이다. 그렇지만 이것도 역시 불안에만 해당하지는 않는다. 화학 물질은 의기양양의 상태나 잠에 빠지게 할 수도 있고, 화학 물질의 효과는 심리학과 관련된 어떤 문제도 구성하지 않는다. 심리학의 문제는 이렇게 물을 뿐이다. 불안, 잠, 의기양양 같은 상태들의 심리 조건은 무엇인가?

불안은 두려움과 마찬가지로 위험에 따른 정서 반응이다. 첫째, 두려움과 상반되는 불안의 특성은 산만하고 불확실한 성질이다. 지진처럼 어떤 구체적 위험이 있을 때도, 불안은 미지의 무언가에 대한 공포를 포함한다. 같은 성질이 신경증 환자의 불안에도 나타나는데, 위험은 막연한 것이든 고소공포증처럼 구체적이든 상관이 없다.

둘째, 불안을 일으킨 위험으로 위협받는 것은, 쿠르트 골트슈타인이 지적했듯[1] 인격의 본질이나 핵심에 속한 무언가다. 개인에 따라 사활이 걸린 중요한 가치라고 느끼는 것에 큰 차이가 있고, 사활이 걸린 위협이라고 느끼는 것에도 차이가 있다. 사활이 걸려 있을 만큼 중요하다고 거의 보편적으로 느끼는 생명, 자유, 자식(children) 같은 일정한 가치들이 있다. 그런데 어떤 사람에게 무엇이 특별히 본질적

---

[1]  쿠르트 골트슈타인, 「불안 문제(Zum Problem der Angst)」, 『일반 의사 정신분석 치료 잡지(Allgemeine ärzliche Zeitschrift für Psychotherapie)』, 2권. (옮긴이) 쿠르트 골트슈타인 (Kurt Goldstein, 1878~1965)은 독일의 신경학자이자 정신 의학자로 유기체 전체론을 세웠다.

가치를 표상하는지, 그것이 신체, 소유물, 평판, 일, 애정 관계가 될지는 당사자가 사는 조건과 인격의 구조에 전적으로 의존한다. 곧이어 보겠지만, 여기서 불안의 조건을 인지하는 것은 신경증 환자의 불안을 이해할 건설적 실마리다.

셋째, 프로이트가 옳게 강조하듯 두려움이나 공포와 상반되는 불안은 위험에 대한 무력감이라는 특징을 나타낸다. 무력감은 지진의 경우처럼 외부 요인에 좌우되거나 취약성, 비겁, 주도권 부족 같은 내부 요인에 좌우되기도 한다. 따라서 같은 상황이 위험에 맞서 씨름할 개인의 역량이나 의지력에 따라 두려움이나 불안을 유발할 수도 있다. 한 여자 환자가 들려준 이야기를 예로 들겠다. 어느 날 밤 집안에서 소음이 났는데 절도범이 침입하는 소리처럼 들렸다. 그녀는 가슴이 두근거리고 땀을 흘리며 불안을 느꼈다. 잠시 후 일어나 큰딸 방으로 갔다. 큰딸도 두려웠지만, 위험에 능동적으로 대처하기로 결심하고, 침입자가 있는 방으로 들어갔다. 그렇게 큰딸은 간신히 절도범을 쫓아냈다. 어머니는 위험에 대해 무력하다고 느꼈고, 딸은 그러지 않았다. 어머니는 **불안**을 느꼈지만, 딸은 **두려움**을 느꼈다.

따라서 어떤 유형의 불안이든 만족스럽게 설명하려면 세 가지 질문에 답해야 한다. 무엇이 위험에 빠지는가? 무엇이 위험의 원천인가? 무엇이 위험에 대한 무력감을 설명하는가?


신경증 환자의 불안에서 수수께끼는 불안을 유발하는 위험이 없는 것처럼 보이거나, 어쨌든 외견상 위험과 불안의 강도 사이에 비례가 맞지 않는다는 점이다. 신경증 환자가 두려워하는 위험이 단지 상상일 뿐이라는 인상을 누구나 받는다. 하지만 신경증 환자의 불안은 적어도 명백한 어떤 위험 상황으로 유발되는 불안만큼이나 강도가 셀 수 있다. 이 당황스러운 쟁점을 이해하려고 앞장섰던 사람이 프로이트다. 상반된 표층 인상들과 상관없이 신경증 환자의 불안에서 두려워한 위험은 객관적 불안의 위험만큼이나 현실적이라고 그는 주장했다. 차이점은 전자의 위험이 주관적 요인으로 구성된다는 것이다.

프로이트는 관련된 주관적 요인들의 본성을 찾아가면서 한결같이 신경증 환자의 불안을 본능적 원천과 결부시킨다. 간략히 말해 프로이트에 따르면 위험의 원천은 본능적 긴장의 엄청난 크기나 '초자아'의 위력이다. 위험에 빠진 대상은 바로 '자아'다. 무력감은 '자아'의 취약성, 그리고 '이드'와 '초자아'에 의존하는 성질로 구성된다.

'초자아'에 대한 두려움은 13장에서 '초자아' 개념과 관련지어 논의할 것이다. 여기서는 주로 프로이트가 엄밀한 뜻에서 신경증 환자의 불안이라고 부른 것을 다룬다. 신경증 환자의 불안은 '이드'의 본능적 요구에 압도당할지도 모른다는 '자아'의 두려움이다. 이 이론은 최종적으로 프로이트의 본능적 만족의 학설과 마찬가지로 기계론적 개념에 기대고 있다. 만족은 본능적 긴장이 감소한 결과고, 불안은 본능적 긴장이 증가한 결과다. 억압된 충동으로 생기는 긴장은 신경증 환자의 불안에서 두려움이 생겨나는 현실적 위험이다. 어머니가 자신을 홀로 남겨두었기 때문에 아이가 불안을 느낄 때, 아이는 리비도 충동의 가로막힘을 리비도 충동이 좌절된 결과라고 무의식적으로 예상한다.

프로이트는 이런 기계론적 개념의 지지 근거를, 정신분석가에 대해 지금까지 억압한 적개심을 표현할 수 있게 될 때 환자가 불안에서 벗어나 안도하기도 한다는 관찰에서 찾아낸다. 프로이트의 견해에서 불안을 야기한 것은 억눌린 적개심이고, 불안을 사라지게 만든 것은 억눌린 적개심의 분출이다. 프로이트는 정신분석가가 환자의 적개심에 비난이나 분노로 반응하지 않았기 때문에 환자가 안도감을 느꼈다고 인정하지만, 이런 설명이 자신의 기계론적 개념에 포함된 유일한 증거를 빼앗기에 충분하다는 점을 알아보지 못했다. 프로이트가 내린 결론이 도출되지 않았다는 점은 다시 한번 이론적 편견이 심리학의 전진을 방해한 정도를 보여주는 증거다.

비난이나 앙갚음에 대한 두려움이 갑자기 불안을 촉발하기도 한다는 점은 확실하지만, 이것만으로 충분한 설명은 아니다. 신경증 환자는 왜 이런 결과를 그토록 두려워하는가? 만약 우리가 불안이 사활이 걸린 중요한 가치를 위협한 것에 따른 반응이라는 전제를 받아들인다면, 우리는 환자가 적개심으로 위험에 빠졌다고 느낀 것이 무엇인지를 프로이트의 이론적 선입관 없이 검토해야 한다.

답은 모든 신경증 환자에게 같지 않다. 피학증 경향[2]이 우세한 유형의 환자는 지금까지 어머니, 교장, 아내에게 느꼈던 것과 마찬가

---

2　이 책의 15장 피학증 현상을 보라.

지로 정신분석가에게 의존한다고 느낄 것이다. 환자는 정신분석가 없이 도저히 살 수 없다고, 정신분석가가 자신을 파괴하거나 자신의 모든 기대를 충족할 마력을 지니고 있다고 느끼게 된다. 환자의 그런 인격 구조와 삶에서 느끼는 안전은 이런 복종에 의존한다. 따라서 관계를 유지하는 것은 환자에게 사느냐 죽느냐의 문제다. 자신 안에 있는 다른 절박한 이유로, 이 유형의 환자에게는 어떤 적개심이든 버림받을 위험이 떠오를 것이다. 그러므로 어떤 적대적 자극이 생기든 불안을 도발할 수밖에 없다.

하지만 완벽해 보여야 할 필요가 우세한 유형이라면, 환자의 안전은 자신의 특별한 기준이나 기대한다고 느낀 것에 부응하는지에 달려 있다. 완벽한 자아상이 본질적으로 합리성, 무념무상, 점잖음에 따라 만들어진다면, 적개심을 정서적으로 분출할 전망은 불안을 일으키고도 남는데, 비난받을 위험을 떠올리게 하기 때문이다. 버림받는 것이 피학증 유형에게 그렇듯, 비난받을 위험은 완벽주의 유형에게 사활이 걸린 위협이다.

신경증에서 생기는 불안에 대한 다른 관찰들은 변함없이 같은 일반적 원리와 일치한다. 자기도취 유형의 사람에게 안전은 높은 평가와 찬미를 받음에 달려 있고, 사활이 걸린 위험은 특권으로 여긴 사회적 지위를 잃는 것이다. 이런 유형의 사람에게 불안은, 여러 경우에 관찰할 수 있듯 조국에서 존중받던 어느 망명자가 인정받지 못하는 환경에 놓인 자신을 발견하면 나타날 수도 있다. 만약 개인의 안전이 타인과 융합하는 것에 달려 있다면, 불안은 개인이 혼자가 될 때 솟아날지도 모른다. 만약 어떤 사람의 안전이 주제넘게 나서지 않거나 남의 눈에 띄지 않음에 달려 있다면, 불안은 당사자가 세상의 이목을 끌 때 떠오를지도 모른다.

이런 자료에 비추어 다음과 같은 공식 진술이 보증되는 것 같다. 신경증 환자의 불안에서 위험에 빠진 것은 환자의 특정 신경증 경향들, 곧 환자의 안전이 이를 추구하는 것에 달린 경향들이다.

신경증 환자의 불안에서 무엇이 위험에 빠지느냐는 문제에 대한 이런 해석은 위험의 원천이 무엇이냐는 질문에 답하는 것을 쉽게 만든다. 일반적으로 답하면 다음과 같다. 개인의 특정 보호용 추구, 곧 특정 신경증 경향을 위험에 빠뜨릴 듯한 무엇이든지 불안을 도발한다. 어떤 사람이 안전을 확보할 주요 수단이 무엇인지를 우리가 이해하면, 우리는 그 사람이 어떤 도발로 불안해질지를 예측할 수 있다.

위험의 원천은 갑자기 위신(prestige)을 잃은 망명자의 경우 안전하다는 느낌이 필요한 것처럼 외부 환경에 있을지도 모른다. 마찬가지로 피학증 경향 탓에 남편에게 의존하는 여자는 남편이 병에 걸리든 고국을 떠나든 다른 여자가 생기든 외부 조건으로 남편을 잃을 위험이 있다면 불안을 느낄 수도 있다.

신경증에서 불안을 이해하는 작업은 신경증 환자 안에 위험이 있기도 하다는 사실로 복잡해진다. 신경증 환자 안에 있는 정상적 느낌, 반응으로 형성된 적개심, 억제, 상반된 신경증 경향들 같은 어떤 요인이든 안전장치를 위험에 빠뜨릴 듯하다면 위험의 원천이 된다.

이런 불안은 신경증 환자 안에서 어떤 사소한 오류나 정상적 느낌이나 자극으로 도발되기도 한다. 안전이 무오류성(infallibility)에 달린 사람 안에서, 불안은 이름을 까먹거나 여행 준비할 때 모든 가능성을 고려하지 못한 것처럼 누구나 저지르는 판단의 실수나 오류 때문에 생길 수도 있다. 마찬가지로 이기심이 없는 겉모습에 집착하는 사람 안에서, 자신을 위한 정당하고 작은 소망이 불안을 도발할지도 모른다. 안전이 초연한 태도에 달린 사람 안에서, 불안은 사랑이나 애정을 떠올릴 때 발생할 수도 있다.

위협으로 느껴지는 내부 요인 가운데 떠오르는 적개심이 첫째 자리를 차지한다는 점은 거의 의심할 여지가 없다. 이유는 두 가지다. 우선 신경증에서 다양한 적대 반응이 빈번하게 나타난다. 왜냐하면 모든 신경증이 특별한 본성과 상관없이 사람을 약하고 상처받기 쉽게 만들기 때문이다. 신경증 환자는 정상적인 사람보다 더 빈번하게 거부당하고 학대받고 굴욕당한다고 느껴서 더 자주 분노, 방어적 공격, 시샘이나 부러워함, 경멸이나 가학증 자극(derogatory or sadistic impulses)으로 반응한다. 다른 이유는 이런저런 형태로 신경증 환자는 사람들에 대해 느끼는 두려움이 너무 커서, 무모하고 적대적인 공격성이 비교적 드물게 안전을 확보하는 수단이 되지 않는 한, 사람들에게 반감을 쉽게 드러낼 수 없다는 것이다. 그러나 우리는 떠오르는 적개심이 위험에 빠뜨리는 요인으로서 등장하는 빈도를 근거로, 적개심 자체가 불안을 도발한다고 결론지으려는 유혹에 넘어가서는 안 된다. 앞선 논의에 암시되어 있듯, 우리는 언제나 정확하게 무엇이 적개심으로 위험에 빠지는지를 물어야 한다.

억제는 그 자체로 불안을 도발하지 않지만, 사활이 걸린 어떤 중요한 가치가 위험에 빠진다면 그럴 수도 있다. 따라서 만약 어느 해군 장교가 곧 일어날 충돌을 피하도록 배의 항로를 바꾸라고 명령해야 하는 순간에 손이나 목소리가 기능을 제대로 하지 않는다면, 당사자는 신경증 환자의 불안과 정확히 비교할 만한 공황 상태에 빠질 것이다. 예를 들어 의사결정에 관한 억제는 그 자체로 불안을 유도하지 않고, 결정적 순간에 극복할 수 없다면 공황에 빠지기 쉬울 터다.

끝으로 어떤 신경증 경향은 상반된 경향(a contradictory trend)이 실제로 있어서 위험에 빠지기도 한다. 따라서 독립을 향한 충동은 안전이라는 목적에 동등하게 필요한 의존 관계를 위험에 빠뜨린다면 불안이 발생할 수도 있다. 마찬가지로 피학증 의존을 향한 충동은, 개인의 안전이 일차로 독립에 달려 있다면 불안을 유발할지도 모른다. 모든 신경증에 갈등을 빚는 경향들이 많이 있는 만큼, 한 경향이 다른 경향을 위험에 빠뜨릴 기회도 무한하다.

하지만 상반된 경향들이 실제로 있다는 것만으로 불안의 발생을 설명하지 못한다는 점을 우리는 고려해야 한다. 상반된 경향들을 처리할 여러 가능성이 있다. 한 경향은 다른 경향에 방해가 되지 않도록 극단적으로 억압될 수도 있다. 어떤 경향은 공상이나 환상으로 밀쳐버리기도 한다. 반항과 순응을 절충한 해결책으로 수동적 저항 같은 타협안을 찾아낼 수도 있다. 강제된 주제넘게 나서지 않아야 할 필요가 동시에 발생한 강제적 야망을 억제할 때처럼, 어떤 경향이 단순하게 다른 경향을 억제하기도 한다. 이와 같은 다양한 해결책은 흔들리더라도 어떤 평형을 만들어낼 수 있다. 평형이 깨져서 안전장치가 다소 급성으로 위험에 빠질 때만 불안이 발생한다.

프로이트의 불안 개념과 비교하면, 내가 말한 신경증의 불안 개념을 명료하게 밝히는 데 도움이 될 것이다. 프로이트에 따르면 위험의 원천은 내가 언급했듯 '이드'와 '초자아'에 있고, 내가 말한 신경증 경향과 대략 일치한다고 말해도 된다. 나의 개념에 따르면 위험의 원천은 불특정하다. 위험의 원천은 내부 요인이나 외부 요인으로 구성된다. 불안을 도발하는 내부 요인은 프로이트가 주장하듯 필연적으로 충동이나 자극이 아니라 억제일 수도 있다. 어떤 신경증 경향은 위험의 원천이 되기도 하지만, 다른 도발 요인들과 같은 이유로 그렇다. 신경증 경향이 사활이 걸린 중요한 안전장치를 위험에 빠뜨리기 때문이다.

나의 개념에 따르면 신경증 경향들은 그 자체로 위험의 원천이 아니라 안전이 신경증 경향들의 구속받지 않는 작동에 달린 만큼 위험에 빠지는 것이다. 불안은 신경증 경향들이 작동하지 않게 되자마자 떠오른다. 여기서 위험에 빠진 것은 프로이트가 주장한 것으로서 '자아'가 아니라 개인의 안전이다. 개인의 안전이 신경증 경향들에 달린 만큼 그렇다.

신경증에서 불안과 관련해 프로이트와 나의 차이는 최종적으로 리비도 이론과 '초자아'에 대한 논의에 제시되어 있다. 내가 판단컨대 프로이트가 본능적 충동이나 본능의 파생물이라고 여긴 것은 안전을 위해 계발한 경향이다. 이렇게 계발한 경향은 바탕에 놓인 '근본 불안'으로 좌우된다.[3] 신경증에 대한 나의 해석에 따르면, 여기서 불안의 두 유형을 구별해야 한다. 하나는 근본 불안이고 **잠재** 위험에 보이는 반응이고, 다른 하나는 발현한 불안이고 **발현한** (manifest) 위험에 보이는 반응이다. 이런 맥락에서 '발현한'이라는 용어는 눈에 잘 띈다는 의미가 아니다. 불안의 모든 유형은 잠재하든 발현하든 다양한 이유로 억압될 수도 있다.[4] 불안은 의식적으로 느껴지지 않으면서 단지 꿈속이나 부수하는 신체 증상이나 일반적으로 안절부절 상태로만 나타나기도 한다.

불안의 두 유형에 나타난 차이는 상황을 기술해 보여줄 수 있다. 어떤 사람이 낯선 나라에서 여행하는데, 적대적인 토착민과 위험한 동물, 식량 부족 같은 위험이 가득한 곳이라고 여긴다고 가정하자. 총과 식량이 있는 만큼 당사자는 잠재 위험을 의식할 테지만 스스로 보호할 수단이 있다고 느끼기 때문에 발현한 불안은 없을 것이다. 그러나 만약 무기가 파손되거나 식량을 도둑맞는다면, 위험은 분명해진다. 당사자에게 생명이 본질적 가치라면, 발현한 불안을 느낄 것이다.

근본 불안은 그 자체로 신경증 발현(a neurotic manifestation)이고, 대체로 부모에 대한 실존하는 의존성과 부모를 거스른 반항이 갈등을 빚은 결과로 생긴다. 부모에 대한 적개심은 의존성 탓에 억압되어

---

3    이 책의 3장 리비도 이론을 보라.

4    사실상 사람들이 자신들의 불안에 대해 가정한 다른 태도는 중요한 특징을 드러내기 때문에 면밀하게 관찰할 만한 가치가 있다.

야 한다. 내가 더 일찍 출간한 책에서 공들여 진술했듯,[5] 적개심이 억압되면 싸워야 할 위험을 보지 못해서 무방비 상태가 된다. 만약 어떤 사람이 적개심을 억압한다면, 그것은 다른 사람이 자신에게 위협이 된다는 점을 더는 알아채지 못함을 의미한다. 따라서 당사자는 경계해야 할 상황에서 복종하고 순응하며 친절한 태도를 보일 개연성이 있다. 이런 무방비 상태는 적개심을 억압해도 여전히 남은 앙갚음에 대한 두려움과 함께 적의가 잠재하는 세상에서, 신경증 환자가 느끼는 근본적 무력감을 설명하는 강력한 요인 가운데 하나다.[6]

불안을 이해하는 것과 관련된 셋째 질문이 아직 남아 있다. 무엇이 위험에 대한 무력감을 설명하는가? 개인은 왜 위험에 대해 무력감을 느끼는가? 프로이트는 무력감의 원인이 '자아'의 취약성이고, 자아가 '이드'와 '초자아'에 의존하는 성질로 좌우된다고 주장한다. 나의 견해에 따르면 무력감은 근본 불안에 어느 정도 암시되어 있다. 무력감의 다른 이유는 신경증 환자의 상황이 위태롭다는 것이다. 안전장치를 엄격하게 고수하는 태도는 어떤 방식으로 신경증 환자를 보호하지만, 다른 방식으로 무방비 상태로 만든다. 신경증 환자는 줄타기 곡예사(rope dancer)와 비슷한 처지에 있다. 줄타기 곡예사의 균

---

5    카렌 호나이, 『우리 시대의 신경증 인격(*The Neurotic Personality of Our Time*)』(1937), 4장.

6    신경증 환자의 근본 불안과 **원초 불안**(Urangst)이라는 일반적인 인간 현상의 차이는 다음과 같다. **원초 불안**은 병, 결핍, 죽음, 자연력, 적 따위의 실존하는 위험에 직면해서 느끼는 실존하는 인간적 무력감의 표현이다. 반면에 근본 불안의 무력감은 대체로 억압된 적개심으로 일어나고, 위험의 원천으로 느껴진 것은 일차적으로 타인의 예상된 적개심이다.

형 잡는 능력은 평형을 잃어서 발생할 추락을 막아 곡예사를 보호하지만, 다른 가능한 위험에 대해서는 속수무책이다. 끝으로 무력감은 신경증 충동의 강제성에 암시되어 있다. 신경증에서 불안을 도발하는 주요한 내부 요인도 긴급한 명령의 성격을 띠는데, 왜냐하면 이런 요인이 경직된 신경 구조에 박혀 있기 때문이다. 어떤 도발에 적대적 반응을 삼가거나 적대 반응을 줄이는 것조차 아무리 안전을 위태롭게 하더라도 신경증 환자의 힘이 닿는 일이 아니다. 예를 들어 흡사하게 긴급한 명령에 따른 야심 찬 추구를 아무리 위태롭게 하더라도, 자신의 타성(inertia)을 일시적이라도 없애는 것은 신경증 환자의 힘이 닿지 않는 일이다. 무언가에 붙들린 느낌에 대한 신경증 환자의 빈번한 불평은 완전히 보증된다. 여기까지 발현한 불안은 대부분 신경증 환자가 긴급한 명령을 양쪽에서 받는 진퇴양난 상황에 무력하게 빠져 있어서 생긴 결과다.

불안 개념의 변경은 필연적으로 치료의 접근법도 바꾼다. 프로이트의 개념을 따르는 정신분석가는 환자의 불안에 반응해 억압된 충동을 탐색할 것이다. 정신분석 치료를 하는 동안 불안이 발생할 때, 정신분석가는 마음속으로 환자가 분석가에 대한 적대적 자극을 억압했는지, 또는 환자가 자각하지 못한 성적 욕구를 느끼는지 같은 질문을 제기할 것이다. 더군다나 정신분석가의 사유는 이론적 선제에 지배받는 만큼, 엄청나게 많은 이와 같은 효과를 찾아낼 것이라 기대하고, 실제 상황에서 많은 양의 효과를 설명하느라 당황하고 최종적으로 욕구나 적개심의 양이 한때 억압되었으나 지금 되살아나서 전이된, 길들지 않은 유아기의 정동을 표상한다는 생각에 의지할 것이다.

불안 개념에 대한 나의 해석에 따르면, 환자의 불안 문제를 마주한 정신분석가는 적합한 시기에 환자에게 이렇게 설명해야 한다. 불안은 알아채지 못하지만 어떤 심각한 진퇴양난(some acute dilemma)에 빠진 환자에게 그 진퇴양난의 본성을 탐색하라고 용기를 북돋워서 생긴 결과인 경우가 자주 있다. 떠오르는 적개심을 정신분석가에게 드러낸 환자의 예로 돌아가자. 정신분석가는 적대 반응의 이유를 이해한 다음 환자에게, 적개심 표출이 환자의 불안을 덜어주더라도 불안 문제를 완전히 해결하지 못한다고 말해주어야 한다. 또 누구든지 불안을 느끼지 않으면서 적개심을 느낄 수도 있으며, 불안이 생겼다면 아마도 중요한 무언가가 적개심 때문에 위험에 빠졌다고 환자가 느꼈을 것이라고 말해주어야 한다. 이 문제의 추구는 성공할 경우 적개심으로 위험에 빠진 신경증 경향을 드러낼 것이다.

나의 경험에 따르면 이 접근법으로 단기간에 환자의 불안을 다룰 수 있을 뿐 아니라 환자의 성격 구조에 대한 중요한 자료 학습이 가능하다. 프로이트는 꿈 분석이 환자의 무의식 과정을 이해하기 위한 **왕도**(via regia)라고 옳게 말했다. 발현한 불안의 분석도 마찬가지로 말할 수 있다. 불안 상황에 대한 올바른 분석은 환자의 갈등을 이해하기 위한 큰길이다.

# 13장 〉〉 '초자아' 개념

The Concept of the "Super-Ego"

**프로이트**의 '초자아' 개념을 뒷받침하는 주요 관찰은 다음과 같다. 일정한 신경증 유형들은 특히 경직된 높은 도덕 기준에 집착하는 것 같다. 이런 유형들의 삶에 동기를 주는 힘은 행복에 대한 소망이 아니라 청렴과 완벽을 향한 열정적 충동이다. '당위, 곧 마땅히 해야 하는 것(shoulds)'과 '필수, 곧 반드시 해야 하는 것(musts)'의 연속이 이런 유형을 지배한다. 이 유형의 사람들은 일을 반드시 완벽하게 해야 하고, 여러 분야에서 반드시 유능해야 하고, 판단을 반드시 완벽하게 해야 하고, 모범이 될 만한 남편, 딸, 안주인 따위여야 한다.

이들의 강제적 도덕 목표는 수그러들 줄 모른다. 내부든 외부든 그들이 통제하지 못하는 상황을 허용하지 않는다. 그들은 모든 불안을 통제할 수 있어야 하고, 불안이 아무리 깊더라도 상처를 입어서는 안 되고, 어떤 실수도 해서는 안 된다고 느낀다. 이런 요구의 마수에 걸려든 환자들은 현재 요구에 부응하는 데 실패한 것뿐만 아니라 과거의 실패에 대해서도 자신을 나무란다. 그들은 불리한 환경에서 자랐지만, 불리한 환경에 영향받지 않았어야 한다고 느낀다. 두려움, 순응, 원망 같은 정서 반응 없이 어떤 학대든 충분히 견뎌낼 만큼 강했어야 한다고 그들은 느낀다. 이렇게 불합리할 정도로 책임을 많이 떠안는 태도는 유년기까지 거슬러 올라간 죄책감 탓으로 잘못 돌려지기 쉽다.

요구들이 띠는 정언적 특성은 요구가 무차별하게 적용되기 쉽다는 사실을 봐도 명백하다. 개인은 반대할 만한 자질과 무관하게 모든 사람을 좋아해야 할 의무감이 들 수도 있고, 만약 그렇게 행동할 수 없다면 자신을 탓할 것이다. 관련된 사건에서 무정하고 자기중심적이고 배려심이 없고 시기심이 많은 어떤 여자에 관해 말했던 환자의 예를 들어보자. 그때 여자 환자는 싫음의 이유에 대해 자기 '분석'을 진행했다. 특정인을 싫어함에 대해 지나치게 반응하는 것 같아서, 환자가 왜 그 여자를 억지로 좋아해야 하는지 물으면서 나는 환자의 자기 분석을 중단시켰다. 이때 나의 환자는 인격의 자질이 갖는 가치와 무관하게 모든 사람을 좋아하는 것이 자신의 불문율이었음을 실감하면서 크게 안도하는 반응을 보였다.

이런 기준들이 갖는 긴급하게 명령하는 본성의 다른 측면은 프로이트가 '자아 소외(ego-alien)' 특성이라고 부른 것이다. 프로이트는 이 용어를 개인이 스스로 강제한 규칙 문제와 관련해 아무 말도 하지 않는 것 같다는 의미로 사용한다. 개인이 스스로 강제한 규칙을 좋아하느냐, 규칙이 가치 있다고 믿느냐는 문제는 그런 규칙을 무차별하게 적용할 개인의 역량만큼이나 그림 속에 거의 등장하지 않는다. 스스로 강제한 규칙은 의문의 여지가 없고 변경할 수 없게 실존하고, 복종해야 하는 것이다. 스스로 강제한 규칙에서 벗어난 뭐든지 개인의 의식하는 마음속에서 주의 깊게 정당화되어야 하고, 그렇지 않으면 죄책감, 열등감이나 불안이 뒤따른다.

개인은 강제적 도덕 목표가 실존한다는 것을 알아채고, 예컨대 자신이 '완벽주의자'라고 말할 수도 있다. 혹은 바로 완벽해지려는 개인의 집요한 주장이 완벽함에 대한 어떤 비합리적 충동도 인정하도록 허용하지 않아서 그렇게 말하지 않을지도 모르지만, 자신이 어떻게 상처받는다고 느끼지 않아야 하는지, 어떻게 모든 정서를 통제하거나 모든 상황에 대처할 수 있어야 하는지를 줄기차게 말할 수도 있다. 아니면 개인은 기질상 '착한(good)' 사람이고, 양심에 따르고 이성적이라고 순진하게 확신할지도 모른다. 끝으로 개인은 도덕 목표의 강제적 성격을 전혀 알아채지 못할 수도 있다. 요컨대 이 강제적 기준을 알아채는 정도는 다양하다.

전반적으로 다른 곳처럼 여기서도 충동이 의식되느냐는 문제는 지나치게 일반적이어서 기대한 만큼 흥미로운 사실이 드러나지 않는다. 어떤 사람은 야망이 있음을 자각하기도 하지만 야망의 장악력이나 파괴성을 알아채지 못할 수도 있다. 가끔 불안이 있음을 자각해도, 자신의 전반적 생활 양식이 어느 정도 불안으로 결정되는지 알아채지 못할지도 모른다. 마찬가지로 어떤 사람이 도덕적 완벽성에 대한 필요를 자각하거나 알아채지 못한다는 단순한 진술은 별로 의미가 없다. 그런 필요의 실존을 자각하는 것은 너무 어렵다. 중요한 점은 개인이 타인 및 자신과 맺는 관계에 이런 필요들이 미치는 영향의 정도와 본성을 정신분석가와 환자가 인지하고, 경직된 기준을 유지할 개인의 필요를 만든 요인들도 인지하는 것이다. 이런 두 방침에 따른 진행은 힘든 작업을 의미하는데, 왜냐하면 이런 문제들에서 온갖 무의식적 요인과 얽힌 투쟁이 시작되기 때문이다.

문제는 이렇게 제기해도 된다. 만약 환자가 자신의 기준이 있음을 거의 알아채지 못하거나 기준의 강도와 영향을 전혀 알아채지 못한다면, 이런 요구는 현재 있으며 효과적이라고 정신분석가가 결론을 내리는 것은 어떻게 가능한가? 세 유형으로 분류한 주요 자료가 있다.

첫째, 상황이나 이익에 따라 요구되지 않을지라도 경직된 어떤 종류의 행동을 변함없이 할 수도 있다는 관찰이다. 예컨대 사람은 타인을 위해 변함없이 무차별하게 일하고 남에게 돈을 빌려주며, 일자리를 얻어주고 남의 심부름을 하지만, 바로 그런 만큼 변함없이 자신을 위한 일을 하지 못한다.

둘째, 실존하는 강제적 기준에서 실제로 벗어나거나 벗어날 가능성에 반응해 일정한 불안, 열등감, 자책이 떠오른다는 관찰이다. 예컨대 실험실에서 작업을 시작한 의과대 학생은 단번에 혈액 수치를 빠르고 정확하게 측정할 수 없어서 바보 같다고 느낀다. 타인에게 변함없이 관대한 사람은 여행하거나 안락한 주거 공간을 빌리고 싶을 때 불안 발작 증상을 보인다. 판단 착오에 대해 질책을 받은 사람은 의견이 다를 수도 있는 문제에 관한 것인데도 끝도 없이 깊이 무가치하다는 감정으로 반응한다.

끝으로 어떤 사람은 타인이 자신을 비난하거나 자신에게 합당하지 않은 업적을 기대한다고 자주 느끼지만, 현실에서는 아무도 질책하지 않고 기대하지도 않는다는 관찰이다. 그런 경우에서 개인은 이런 태도들이 실제로 있다고 가정할 절박한 이유를 가진다고 결론지어도 된다. 여기서 가정은 당사자가 자신에 대해 기대하고 비난하는 태도를 투사한 것일 수도 있다.

나는 이런 자료들이 정확하다고 생각한다. 여기서 말한 현상이 신경증에 대한 이해와 치료에 중요하다는 점을 알아봤다는 것이, 프로이트의 관찰력을 보여준 많은 증거 가운데 하나다. 문제는 이를 어떻게 설명하느냐는 것이다.

프로이트는 본능 이론을 바탕으로 신경증 환자의 완벽해야 할 필요와 같은 강력한 힘(a powerful force)이 자연에 따른 본능이라고 가정하지 않을 수 없었다. 그는 신경증 환자의 필요를 본능과 본능의 파생물로 여긴다. 프로이트에 따르면 신경증 환자의 완벽해야 할 필요는 자기도취 충동과 피학증 충동, 그리고 특히 파괴 충동의 혼합물이다. 이런 필요는 금지에 따를 수밖에 없는 통합된 부모의 모습을 표상하는 만큼, 오이디푸스 콤플렉스의 잔여물이기도 하다. 앞선 장들에서 관련된 이론적 쟁점들이 논란의 여지가 있다고 주장한 이유를 진술했기 때문에, 여기서 더 논하지 않겠다. 다음과 같은 점만 말하고 넘어가겠다. 프로이트의 '초자아' 개념은 리비도 이론 및 죽음

본능 이론과 일관된다. 방금 말한 두 이론을 받아들인다면 '초자아'
에 대한 견해도 받아들여야 한다.

  위에서 언급한 주제에 대한 프로이트의 저술을 재검토함으로써,
'초자아'가 일차로 금지하는 특성을 띤 내부 대행 기관(inner agency)
이라는 것이 프로이트의 주요 주장임을 알 수 있다. 그것은 비밀 경
찰부와 비슷하게 금지된 자극, 특히 공격적인 종류에 속한 어떤 경향
이든 틀림없이 탐지하고, 만약 지금 있다면 개인을 가차 없이 처벌
한다. '초자아'는 불안과 죄책감을 불러일으키는 것처럼 보이므로,
프로이트는 초자아가 파괴력을 타고난다고 결론짓는다. 따라서 신
경증 환자의 완벽해야 할 필요는 '초자아'의 전제적 힘이 작용한 결
과로 보인다. 개인은 '초자아'에 순응하고 처벌을 피하려고 좋건 싫
건 닥치는 대로 완벽의 경지에 도달해야 한다. 이 논점을 해명해보
자. 프로이트는 스스로 강요한 제한과 이상(ideals)의 관계에 대해 흔
한 견해를 명백히 거부한다. 으레 제한은 실존하는 도덕 목표의 결
과로 여기지만, 프로이트는 도덕 목표를 가학적 침해 행위(sadistic
infringements)의 결과로 여긴다. "일상적 견해는 상황을 반대로 본다.
자아 이상으로 세운 기준이 공격성을 억압할 동기가 되는 것 같다."[1]
개인의 자신에 대한 가학증은 상황이 달랐다면 타인에게 뿜어낼 가
학증에서 기력을 끌어낸다. 타인을 미워하고 고문하고 비난하는 대
신에, 개인은 자신을 미워하고 고문하고 비난한다.

---

1    지그문트 프로이트, 『자아와 이드』(1935).

프로이트는 이런 주장의 증거로 두 종류의 관찰을 제공한다. 하나는 완벽해야 할 필요에 사로잡힌 유형의 사람들이 자신들을 비참하게 만든다는 관찰이다. 그들은 제한하는 요구에 짓눌려 숨이 막힌다. 다른 하나는 프로이트의 용어로 말하면 "인간은 타인에 대한 공격 성향을 견제할수록 자아 이상 속에서 폭정에 더 시달리고, 공격성이 더 강해진다."[2]

첫째 관찰은 의심할 여지 없이 참이지만 다른 해석을 허용한다. 둘째 관찰은 논란의 여지가 있다. 이런 유형의 사람은 남들에게 관대한 것처럼 보일 수도 있지만, 자신에게 즐거움을 허락하지 않는다. 남들을 비판하거나 해치는 행위를 초조하게 삼갈지도 모르지만, 자책으로 자신을 지나치게 책망한다. 그러나 이런 관찰은 달리 해석될 수도 있다는 사실과 별개로 일반화를 보증하지 못한다. 상반되는 자료는 많다. 겉으로 보기에도 신경증 환자는 자신에게 기대하는 바로 그만큼 타인에게 기대하고, 자신을 비난하는 바로 그만큼 타인을 비난할 준비가 되어 있다. 도덕이나 종교의 요구라는 이름으로 자행되는 온갖 잔혹 행위에 관해서는 어떤가?

만약 신경증 환자의 완벽해야 할 필요가 가정된 금지 대행 기관에서 떨어져 나온 결과가 아니라면, 그런 완벽해야 할 필요의 의미는 무엇인가? 프로이트의 해석은 논란의 여지가 있더라도 건설적 실마

2  지그문트 프로이트, 『자아와 이드』.

리를 함의한다. 완벽해지려는 분투는 진정성이 부족하다는 것을 함축한다. 속어로 표현하면, 신경증 환자의 도덕적 추구에 비린내를 풍기는 무언가가 있다. 프란츠 알렉산더는 신경증 환자의 도덕 목표 추구가 지나치게 형식주의로 기울고 그런 추구가 바리새인처럼 허례를 중시하고 위선적 성격을 띤다고 지적하면서 이런 측면을 공들여 설명했다.[3]

완벽해야 할 필요에 가차 없이 내몰리는 듯한 사람들은 오로지 자신들이 가진 척하는 덕들을 발휘하려는 시늉만 한다.[4] 진지하게 무언가를 성취하고자 원하는 사람이라면 누구나 내부에서 자신의 목표에 장애를 알아차릴 때, 기꺼이 악의 뿌리를 찾아내서 마침내 극복할 수도 있다. 예를 들어보자. 진지하게 무언가를 성취하고자 원하는 사람은 때때로 아무 이유 없이 짜증이 난다면, 먼저 짜증을 통제하려고 시도할 것이다. 통제하려는 시도가 효과적이지 않으면 인격 내부의 어떤 경향에 책임이 있는지 찾아내려고 건설적 노력을 기울이고, 가능하다면 바꾸려고 시도할 것이다. 우리가 말하고 있는 신경증 유형은 그러지 않는다. 신경증 유형은 자신의 짜증을 축소하거나 짜증

---

3    프란츠 알렉산더, 『전체 인격의 정신분석』(1935).

4    법률의 형식적 이행과 성심성의를 다한 이행의 차이를 보여준 가장 유명한 표현은 바오로의 고린도전서에 들어 있다. "내가 인간과 천사의 말을 하더라도 사랑(charity)이 없으면, 나는 울리는 징과 요란한 꽹과리가 됩니다. 내가 예언력이 있고 온갖 신비를 꿰뚫고 모든 지식을 이해하더라도, 내가 온 힘을 다한 신앙심으로 산을 옮길 수 있더라도 사랑이 없으면, 나는 아무것도 아닙니다. 내가 모든 재산을 바쳐서 가난한 이들을 먹이고 그들을 위해 불 속에 뛰어들더라도, 사랑이 없으면 아무 소용이 없습니다."(고린도전서, 13:1~3)

에 대해 정당한 근거를 대면서 시작할 것이다. 이 방법이 실패하면, 자신의 태도를 무자비하게 꾸짖는다. 신경증 유형은 이를 통제하려고 열심히 시도할 것이다. 통제에 성공하지 못하면, 불충분한 자제력에 대해 자책하게 된다. 그런데 신경증 유형은 거기서 노력을 중단한다. 자신에게 무언가 잘못이 있어서 짜증이 날 수 있다는 생각이 떠오르지 않을 것이다. 따라서 아무것도 변하지 않으며, 암담한 놀이는 끝없이 되풀이된다.

신경증 유형은 정신분석을 받을 때, 내키지 않더라도 자신의 노력이 얼마나 헛된 것인지 실감할 것이다. 그런 사람은 짜증이 표면에 드러난 물거품일 뿐이라는 정신분석가의 암시를 예의 바르고 지적인 태도로 따를지도 모른다. 그러나 정신분석가가 더 심각한 장애에 손을 대면 바로 신경증 유형은 감춰진 짜증과 산만한 불안이 혼합된 상태로 반응하고, 곧이어 정신분석가가 틀렸고 적어도 극도로 과장한다고 아주 영리하게 논증할 것이다. 그런 다음 다시 짜증을 통제하지 못한 자신의 실패를 스스로 비난하면서 매듭지을 수도 있다. 더 심각한 문제를 아무리 조심해서 분석한다고 해도, 이런 반응은 되풀이될 것이다.

따라서 이런 유형의 사람들은 캐묻고 장애의 진상을 규명하고 현실적으로 바꿀 유인책이 부족할 뿐만 아니라 이런 유인책에 적극적으로 반대한다. 그들은 정신분석을 바라지 않고 질색한다. 만약 정신분석이 공포증, 건강 염려증 따위의 확실히 심한 증상을 다루지 않는다면, 그들은 성격이 부닥친 어려움이 실제로 아무리 크더라도 정신분석을 받으러 오지 않으려고 할 터다. 그들은 치료받으러 올 때, 인격을 건드리지 않은 채 증상만 없애기를 원한다.

내가 이런 관찰을 통해 내린 결론은 문제의 유형이 프로이트가 가정하듯 '점점 더 완벽해야 할' 필요가 아니라 '완벽함'의 **외양**을 유지해야 할 필요에 내몰린다는 것이다. 누구의 눈에 보이는 외양인가? 첫인상은 문제의 유형이 일차로 자신에게 옳아 보여야 한다는 점이다. 이 유형의 사람은 타인이 알아보는지와 무관하게 자신의 단점을 정말 크게 책망하기도 한다. 이런 사람은 표면상 타인과 비교적 독립되어 있다. '초자아'는 원래 유아기의 사랑, 미움, 두려움에서 유래하지만, 마침내 도덕적 금지라는 자율적 정신 내부 표상이 된다는 프로이트의 신념을 낳았던 것이 바로 이런 인상이다.

이런 신경증 유형들은 피학증 경향이 우세한 유형과 비교할 때 뚜렷한 독립 경향을 분명히 드러낸다. 하지만 내면적 힘의 세기(inner strength)보다 오히려 반항심에서 기인한 독립성이고, 이런 이유로 독립 경향은 대체로 겉으로만 그럴싸하다. 실제로 이런 유형들은 특이한 방식으로 타인에게 극단적으로 의존한다. 신경증 유형들의 감정과 사유, 행위는 타인이 자신들에게 기대한다고 느낀 것에 따라 이런 기대에 순응으로 반응할지, 반항으로 반응할지 결정된다. 신경증 유형들은 또한 자신들에 관한 타인의 의견에 의존한다. 여기서 다시 한 번 의존성은 특이한 것이다. 신경증 유형들의 무오류성(infallibility), 곧 틀릴 수 없다는 점을 인정받는 것은 그들에게 긴급한 명령의 성격을 띤다. 어떤 반대나 불화든 그들을 불편하게 만드는 까닭은 그들의 의로움(righteousness)이 의심할 여지가 있음을 함축하기 때문이다. 따라서 그들이 제시하려고 안달하는 의로운 겉모습은 자신들뿐 아니라 남들의 이익을 위한 가식이다. 내가 다음 단락에서 완벽해 보여야 할 필요에 대해 말할 때, 필요는 남들의 눈뿐만 아니라 제 눈에 완벽해 보여야 할 필요의 단순한 표현이다.

또한 이런 가식의 특징은 도덕적 쟁점이 아니라 단지 모든 것을 알아야 한다는 것 따위의 자기중심적 목표와 관련된 강제된 완벽해야 할 필요에 노골적으로 더 자주 나타난다. 우리 시대의 지식인들에게 빈번하고 쉽게 관찰할 수 있는 현상이다. 이런 유형의 사람들은 질문을 마주하고 답할 수 없을 때, 무지를 인정하는 것이 자신의 지적 위신에 조금도 반향을 일으키지 않을지라도, 질문의 답을 아는 척한다. 혹은 단지 형식적으로 과학의 용어와 방법, 이론으로 속이려고 할 것이다.

만약 우리가 개인의 노력을, 어떤 이유로 유지할 필요가 있는 완벽함과 무오류성이라는 '가식'을 향한 것으로 여긴다면, '초자아'라는 전체 개념은 근본적으로 바뀐다. 그러면 '초자아'는 '자아' 내부의 특별한 대행 기관이 더는 아니고, 개인에게 특별한 필요다. 그것은 도덕적 완벽함의 대변자가 아니라 완벽함의 외양을 유지해야 할 신경증 환자의 필요를 표현한다.

조직 공동체에서 사는 누구나 어느 정도 겉치레를 해야 한다. 우리는 저마다 어느 정도 환경의 기준을 흡수했다. 누구나 어느 정도 타인이 우리에 대해 갖는 관심에 의존한다.[5] 그렇지만 우리가 살펴

보고 있는 신경증 유형에게 벌어진 일은 조금 과장해 말해도 된다면 한 인간이 아예 겉모습으로 바뀐다는 것이다. 자신이 무엇을 원하고 좋아하고 싫어하느냐, 가치 있다고 여기느냐는 전혀 중요하지 않다. 중요한 일은 오로지 기대와 기준에 부응하고 의무를 이행하는 것뿐이다.

완벽해 보여야 한다는 강박은 주어진 문화에서 가치 있게 여기는 무엇이든지, 예컨대 질서정연함, 청결, 시간 엄수, 양심에 따름, 효율성, 지적 또는 예술적 성취와 업적, 합리성, 관대함, 관용, 이기적이지 않은 태도와 관련될 수도 있다. 특정 개인이 강조하는 완벽함의 종류는 다음과 같은 다양한 요인에 의존한다. 내면의 역량, 유년기에 호의적 인상을 주었던 사람이나 자질, 어릴 적에 겪었고 더 낫게 행동하기로 결심하게 만든 부족한 환경 요인, 남보다 실제로 뛰어날 가능성, 완벽해져서 자신을 보호해야 할 불안의 종류 같은 것에 달려 있다.

이처럼 완벽해 보여야 할 필요의 절박함을 우리는 어떻게 이해해야 하는가?

완벽해 보여야 할 필요의 발생에 관해, 프로이트는 그런 성향이 유년기에 시작되며 부모의 금지와 부모에 대해 억압한 원망과 관계

---

5    다른 누구보다 윌리엄 제임스(William James, 1842~1910)와 카를 구스타프 융(Carl Gustav Jung, 1875~1961)은, 모든 사람이 '사회적 자기(social self)'(제임스의 용어)나 '가면 인격(persona)'(융의 용어)이 있다고 지적할 때 이런 사실을 강조했다.

가 있다고 지적하면서 일반적 실마리를 제공했다.[6] 하지만 '초자아'의 금지를 부모가 강요한 금기(tabus)의 거의 직접적 잔여물로 여기는 것은 단순화로 보인다. 다른 모든 신경증 성향에서 그렇듯, 신경증 경향의 계발은 유년기의 이런저런 개별 특징이 아니라 전체 상황의 총체로 설명한다. 완벽주의 경향의 태도는 본질적으로 자기도취 경향과 같은 바탕에서 자라난다. 그런 바탕에 대해서는 자기도취와 관련해 논의했으므로, 여기서는 요약만 해도 충분하다. 여러 불리한 영향의 결과로 아이는 괴로운 상황에 놓인다. 아이의 개별적 자기는 부모의 기대에 강제로 부응해야 해서 제대로 성장하지 못한다. 이로써 아이는 자기 삶의 주도권, 자신의 소망과 목표, 판단력을 잃는다. 다른 한편 아이는 사람들에게 소외당하고 사람들을 두려워한다. 앞에서 언급했듯 이런 근본 재앙(fundamental calamity)에서 벗어날 몇 가지 탈출구로 자기도취, 피학증, 완벽주의 경향이 발달한다.

뚜렷한 완벽주의 경향을 가진 어느 부모의 유년기 역사는 자식에게 의문의 여지 없는 권위주의적 지배권, 일차로 기준이나 개인 독재 체제를 가리켰을 권위를 행사한 독선적인 부모가 있었다는 점을 자주 보여준다. 아이도 역시 다른 형제자매에 대한 부모의 편애나 아이가 아닌 부모나 다른 형제자매가 비난받아야 할 일에 대한 질책처럼 아주 불공평한 대우를 자주 받았다. 이 불공평한 대우는 평균 수

---

6  멜라니 클라인(Melanie Klein, 1882~1960)은 이 후자의 관련성을 알아본 첫째 인물이었다.

준을 초과하지 않더라도, 실제 대우와 부모의 무오류성이라는 가식의 불균형으로 평균 범위를 훨씬 넘는 원망과 의분이 생겼다. 받아들여질 수 있을지 너무 불확실해서, 아이는 이렇게 생겨난 의혹과 비난(accusations)을 표현할 수 없었다.

이런 조건이 영향을 미쳐서 아이는 스스로 중심을 잡지 못하고, 권위자로 중심을 완전히 바꾼다. 이런 과정은 서서히 무의식적으로 진행된다. 마치 아이는 아버지나 어머니는 언제나 옳다고 결정을 내렸던 것처럼 보인다. 좋거나 나쁜 것, 바람직하거나 바람직하지 않은 것, 재미있거나 재미없는 것, 좋아하거나 싫어하는 것의 척도가 개별 자기 밖으로 이동하고 계속 밖에 있다. 아이는 판단을 더는 스스로 하지 않게 된다.

아이는 이런 경로를 택함으로써 자신이 회피하고 외부 기준을 자신의 것으로 삼았다는 사실을 인식하지 못하고, 그래서 독립성과 비슷한 것을 얻는다. 의미는 이렇게 바꿔 말할 수도 있다. 나는 해야 할 모든 일을 하고, 그러므로 어떤 의무든 벗어나 혼자가 될 권리를 얻는다. 외부 기준에 집착함으로써 개인은 자신의 실존하는 취약성을 숨기는 어떤 단호한 성질(a certain firmness), 코르셋[7]이 등뼈를 망가뜨

---

7    (옮긴이) 서양 옷의 역사에서 코르셋(corcet)은 허리가 가늘어 보이게 하려고 입는 보정용 속옷이나 겉옷이다. 기원전 2000년경 청동기 미노아 문명의 크레타 여자들이 허리를 조이고 가슴을 강조하기 위해 겉옷으로 착용했고, 남자들도 입었다. 근대에 여러 종류의 코르셋이 생겨났고, 1920년대까지도 여자들이 착용했다. 현재 코르셋이라는 용어는 다양한 보정용 의류품을 가리키는 파생적 의미로 사용한다. 여성성의 특정 성질을 강조하거나 강요하는 문화적 상징으로서 코르셋이라는 용어를 사용하기도 한다. 여성주의자들의 탈코르셋 운

리는 것과 유사한 단호한 성질도 획득한다. 그런 기준이 개인에게 무엇을 원해야 하는지, 무엇이 옳거나 그른지를 말해주고, 그러므로 개인은 강한 성격의 소유자라는 기만적 인상을 준다. 이렇게 얻은 것은 둘 다 개인을 피학증 경향의 사람과 갈라놓는다. 피학증 경향의 사람은 공공연히 타인에게 의존하며, 지나치게 부드러운 태도는 규칙의 딱딱한 갑옷으로 가려지지 않는다.

더군다나 지나치게 기준에 맞추거나 기대에 부응함으로써, 개인은 자신을 비난과 공격을 넘어선 곳에 두고 그로써 환경과 빚는 갈등을 제거한다. 결국 개인의 강제적 내부 기준이 인간관계를 규제한다.[8]

끝으로 기준에 집착함으로써 개인은 우월감을 얻는다. 이런 만족은 자기 팽창으로 얻는 것과 유사하지만 다른 점이 있다. 자기도취 경향의 사람은 그토록 멋진 삶을 누림으로써 받는 찬미를 즐길 수도 있다. 자신의 기준만 옳다고 믿는 독선적인 사람의 경우 타인에 대한 복수심이 우세하게 나타난다. 그렇게 쉽게 일어나는 죄책감도 개인이 도덕적 요건에 대한 높은 민감성을 지녔음을 입증하기 때문에 일종의 덕으로 느낀다. 따라서 만약 정신분석가가 환자의 자책감이 얼

---

동을 예로 들 수 있다.

8    어니스트 존스, 「사랑과 도덕: 성격 유형 연구(Love and Morality: A Study in Character Types)」, 『국제 정신분석 학술지』(1937년 1월). (옮긴이) 어니스트 존스(Ernest Jones, 1879~1958)는 영국의 정신분석가로 프로이트의 전기를 3권으로 출간했다. 정신분석 이론을 인류학·민속학·예술·문학 등에 적용했다.

마나 과장되어 있는지 지적하면, 환자는 의식하든 못하든 자신이 정신분석가보다 훨씬 섬세하며 정신분석가의 '더 낮은' 수준의 척도로 자신을 도저히 이해할 수 없다고 의구심을 가질 것이다. 이런 태도는 대체로 무의식적인 가학증 경향의 만족을 함의한다. 자신의 우월감으로 타인을 찌르고 부숴버리는 셈이다. 가학증 자극(sadistic impulse)은 단지 타인의 실수와 단점에 대한 경멸적 사유로 표현될 수도 있다. 그러나 가학증 자극은 다른 사람들이 얼마나 바보스럽고 무가치하며 경멸받을 만한지를 그들에게 말하고, 먼지처럼 하찮다고 느끼게 만드는 것이다. 자신의 무오류성[9]이라는 높은 기준에 따른 의분(righteous indignation)으로 남들을 때리는 셈이다. '너보다 성스러운' 존재가 됨으로써 개인은 남들을 내려다보고, 부모가 자신을 괴롭혔듯 타인을 똑같이 괴롭힐 권리를 획득한다. 니체[10]는 『아침놀』에서 이런 종류의 도덕적 우월감을 '덕으로서 세련된 잔혹함(Refined Cruelty as Virtue)'이라는 제목 아래 다음과 같이 기술했다.

"구별되는 탁월함에 대한 우리의 갈망에 전적으로 근거하고,

---

**9**  폴 빈센트 캐럴(Paul Vincent Carroll(1900~1968)의 희곡『그림자와 실체(*Shadow and Substance*)』에 나오는 교회법의 성격과 비교해 보라.

**10**  (옮긴이) 프리드리히 니체(Friedrich Wilhelm Nietzsche, 1844~1900)는 독일의 문헌학자이자 철학자로 서양 문화의 두 뿌리인 그리스도교 윤리와 주지주의 전통을 깨고, 실존하는 가치를 뒤엎고 새로운 의지 철학을 세웠다. 그래서 '망치를 든 철학자'라는 별명이 붙었다. 20세기 사상과 문화에 지대한 영향을 미쳤으며, 프랭크 터너(Frank Miller Turnner, 1944~2010) 같은 역사학자는 현대인들을 '니체의 아이들'이라고 불렀다.

그러므로 지나치게 높은 견해를 환영하지 않는 도덕이 여기에 있도다! 그것은 도대체 어떤 종류의 자극이고, 근본적 의의는 무엇이냐고 우리는 당연히 물을 수 있다. 이는 우리의 출현으로 이웃을 비통하게 만들고 이웃의 부러움을 사고 이웃의 무기력감과 모멸감을 일깨우려는 것이다. 우리는 이웃의 혀에 **우리의** 꿀 한 방울을 떨어뜨리지만, 이렇게 은혜를 베풀었다고 생각하며 이웃의 눈을 날카롭게 응시하고 승리감을 만끽함으로써 이웃에게 운명의 쓴맛을 보게 한다.

이 사람을 보라. 이제 겸허해졌고, 겸손은 완벽하고 자신이 오랫동안 고문하려고 준비한 사람들을 찾아라. 그대는 그런 사람들을 확실히 찾아낼 테니까! 여기 동물에게 자비를 베풀고 그렇게 찬미의 대상이 되는 다른 사람이 있지만, 바로 이렇게 잔혹함을 발산하고자 소망하는 어떤 사람들이 있다. 위대한 예술가에게서 당사자가 위대한 사람이 되기까지 자신이 앞질렀고 자신의 힘을 발휘하지 않은 채 두지 못하게 만들었던 경쟁자들의 부러움을 생각하면서 미리 즐겼던 쾌감을 보라. 이 사람은 자신의 위대함을 대가로 다른 사람의 영혼에 얼마나 많은 쓰라린 순간을 맛보게 했던가! 수녀의 정숙함을 보라. 그 수녀는 얼마나 위협적인 눈길로 자신과 다르게 행동하는 여자의 얼굴을 들여다보는가! 그런 눈길에 얼마나 복수의 기쁨이 어려 있는가! 주제곡은 짧지만, 변주곡이 셀 수 없이 많다면 쉽게 지루해지지 않을 수 있다. 구별되는 탁월함의 도덕은 근본적으로 무

244

(無)이자 하찮은 것(nothing)이지만, 세련된 잔혹함 속에서 느끼는 기쁨의 긍정은 아직도 역설적일 만큼 새롭고, 거의 고통스러울 만큼 새로운 것이니까."[11]

여기서 말한 유형이 복수함으로써 타인에게 승리를 거두려는 자극은 여러 원천에서 생겨난다. 이런 사람은 단지 인간관계나 일에서 만족을 끌어낼 가능성이 빈약하다. 사랑과 일은 둘 다 강요된 의무로 바뀌어 마음속에 반항이 싹튼다. 타인에 대한 자발적 긍정 감정은 억눌리고, 원망할 이유는 많아진다. 그런데 가학증 자극이 쉴새 없이 일어나는 특정 원천은 인생이 자신의 것이 아니고, 자신이 언제나 외부의 기대에 부응해야 한다는 느낌이다. 스스로 자신의 의지와 기준을 밀쳐버리고 다른 것으로 바꾸었다는 사실을 몰라서, 당사자는 의무에 얽매여 숨이 막힌다. 이런 이유로 타인에게 승리를 거두려는 개인의 욕구를 충족할 유일한 방법은 의로움과 덕의 측면에서 탁월해지는 것이다.

따라서 이런 개인의 부드러운 겉모습의 이면은 기대할 수 있는 모든 것에 거스른 내면의 반항이다. 활동이나 느낌이 자신이 해야 하거나 느껴야 한다고 가정한 범주에 속한다는 사실만으로도 반항심을 충분히 불러일으킨다. 극단에 이른 경우 이런 범주에서 벗어난, 예컨

---

11    (옮긴이) 프리드리히 니체, 박찬국 옮김, 『아침놀』(책세상, 2011), 46쪽. 니체 전집 10권의 해당 부분을 참고할 수 있다.

대 추리 소설 읽기나 사탕 먹기 같은 몇 가지 활동만 한다. 그러면 이런 활동은 내면의 저항 없이 해내는 유일한 것일 수도 있다. 이 유형의 사람은 다른 모든 방식으로 자신에게 기대하거나 자신이 기대한다고 느낀 것을 자신도 모르게 방해할 수도 있다. 그 결과로 열의 없는 태도와 타성에 젖는 경향이 자주 나타난다. 알아채지 못하지만 자유로운 행위자도 아니고, 자신의 동력에 따라 행위와 감정을 규정하지도 못하는 사람의 경우, 개인 활동은 전반적 삶과 마찬가지로 생기가 없으며 단조롭고 호소력도 없어진다.

자신도 모르는 이런 기대감 차단의 특별한 결과는 실천 측면에서 중요하므로 따로 지적하겠다. 바로 일에서 생기는 억제다. 어떤 일은 당사자의 주도로 시작되더라도, 곧이어 이행되어야 할 의무의 범주에 속하게 되어서 일에 불리한 수동 저항을 일으킬 것이다. 따라서 개인은 무언가를 완벽하게 달성하려고 정신없이 바쁜 충동(a hectic drive)과 일을 아예 꺼리는 태도(an unwillingness to work at all)의 갈등에 자주 빠진다. 갈등의 결과는 양쪽에 말려든 요인의 강도에 따라 달라진다. 거의 완전히 타성에 젖어버릴 수도 있다. 정신없이 바쁘게 일하고 타성에 젖는 주기는 같은 한 사람 안에서 번갈아 생길지도 모른다. 이는 일을 극도로 힘들어지게 만들 수도 있다. 착수한 모든 일은 어떤 공격도 받지 않을 만큼 옳게 돌아가야 하고 오류를 저지를 가능성은 불안을 일으키기 때문에, 일이 하찮고 판에 박힌 과제를 뛰어넘는 것일수록 중압감은 더 커진다. 따라서 일을 아예 포기하거나 일의 책임을 남에게 떠넘길 핑계를 대거나 구실을 찾는다.

여기서 순응하면서 반항하는 이중적 성향은 또한 치료의 어려움 가운데 하나를 설명한다. 개별 환자가 사유와 감정을 표현하고 자신에 관해 통찰함으로써 마침내 내부에서 어떤 변화를 일으킬 것이라는 정신분석가의 기대감은 분석 절차에 맞서는 환자의 반항을 최대로 끌어올린다. 결과적으로 이런 유형의 환자는 외향적으로 유순하지만, 내향적으로 정신분석가의 모든 노력을 기어코 방해하려고 한다.

이런 기본 신경증 구조는 두 종류의 다른 불안을 일으킬 수도 있다. 둘 가운데 하나는 프로이트가 기술했다. '초자아'의 가혹한 힘에 대한 두려움이라고 부른 불안이다. 단순한 용어로 말하면 실수를 하거나 단점을 보거나 실패를 예상해서 발생하는 불안이다.

나의 해석에 비추어 볼 때, 이 불안은 겉모습과 배경의 실존하는 불균형(disparity)에서 발생한다. 주로 가면이 벗겨져 정체가 드러날지도 모른다는 두려움이다. 이 두려움은 수음 같은 특별한 무언가에 애착을 느끼게 하더라도, 신경증 환자의 널리 퍼진 어수선한 두려움이다. 언젠가 가면이 벗겨져 사기꾼으로서 정체가 드러나고, 자신이 실은 관대하거나 이타적이지 않고 자기중심성과 이기심으로 똘똘 뭉쳐 있다거나, 혹은 자신이 실은 일이 아니라 영광에만 관심이 있다고 언젠가 남들이 간파하리라는 두려움이다. 어느 지식인의 경우 이런 두려움은 토론 염려증을 일으킬지도 모른다. 왜냐하면 즉각 논박할 수 없는 논점이 나오거나 답할 수 없는 질문이 나올 수도 있어서 '모든 것을 안다'라고 허세를 부리게 되기 때문이다. 여기에 자신을 좋아하는 친구들이 있다. 하지만 그들과 친해지지 않는 편이 더 낫다. 그들이 자신에게 실망할 수도 있기 때문이다. 고용주는 자신을 좋게 생각하고 더 책임 있는 자리를 제의한다. 하지만 이를 받아들이지 않는 편이 더 낫다. 자신이 아주 유능하지 않다는 사실이 드러날 수도 있기 때문이다.

자신의 모든 가식이 드러나는 것에 대한 두려움은 선의로 가식을 부리더라도, 이 유형의 사람이 정신분석을 불신하고 염려하도록 만든다. 정신분석이 '드러내는 것'을 명백하게 원하는 까닭이다. 환자의 두려움은 갑자기 심각한 불안으로 번질 수도 있다. 이 두려움은 의식될 수도 있고, 일반적인 수줍은 태도로 보여주기도 하고, 솔직하게 드러날 수도 있다. 가면이 벗겨져 정체가 드러남에 대한 두려움은 뭐라고 딱 꼬집어 말할 수 없는 많은 고뇌의 원천이다. 예컨대 남들이 원하는 사람이 되지 못한다는 뼈아픈 느낌의 한 원인이고, 이런 맥락에서 '아무도 나를 있는 그대로 좋아하지 않으리라는' 느낌이다. 그것은 배타성과 외로움의 주요 원천 가운데 하나다.

가면이 벗겨져 정체가 드러나는 것에 대한 두려움은 완벽해 보여야 할 필요에 말려든 가학증 자극 때문에 더욱 커진다. 남들의 단점을 놀리려고 높은 단상에 올라가면, 실수해서 조롱, 경멸, 굴욕에 노출될 위험은 커질 것이다.

이런 신경증 성격 구조에 말려든 다른 불안은 당사자가 자신의 소망, 다시 말해 건강이나 교육, 이타적 행위 따위에 필요한 것으로서 정당화할 수 없는 소망을 품거나 추구한다고 알아채게 될 때 생긴다.

예를 들어 자신을 위해 무엇을 요구할 때 변함없이 너무 조심스러운 여자는 비용이 쓸 돈의 범위를 초과하지 않고, 가지 않으면 도리어 친구나 친척들이 바보 같다고 여길 텐데도, 일급 호텔에 갈 때 불안이 엄습했다. 같은 환자는 정신분석 상황에서 삶에 대한 자신의 주장이 무엇이냐는 문제를 건드릴 때 뚜렷한 불안을 느낄 것이다.

방금 논한 종류의 불안을 이해하는 몇 가지 방식이 있다. 어떤 정신분석가는 환자의 겸손을 탐욕에 따른 반응 형성으로, 어떤 정당한 소망이든 떠오를 때 생기는 환자의 불안을 탐욕에 대한 통제력을 잃을까 봐 두려워함으로 여길 수도 있다. 하지만 이런 종류의 해석은 만족스러운 것으로 입증되지 않는다. 물론 이런 환자들은 탐욕에 대해 신경 발작을 일으키지만, 나의 의견을 말하자면 이런 신경 발작은 모든 인격 및 개인적 소망의 일반적 억압에 따른 이차 반응이다.

혹은 어떤 정신분석가는 '이기적이지 않은 태도'의 외양이 관용, 합리성 따위의 외양만큼이나 환자에게 긴급한 명령이라고 주장할 수도 있다. 그러면 '이기적' 소망을 발견함으로써 생긴 불안은 가식의 가면이 벗겨지는 상황에 대한 두려움으로 설명할 수 있을 것이다. 이런 설명은 옳더라도 나의 경험에 따르면 불충분하다. 다시 말해 환자가 스스로 자유롭게 소망한다고 느끼게 만들 수 없다.

이런 유형의 신경증 성격 구조를 내가 제시했던 방식으로 알아본 다음에 비로소 나는 방금 언급한 불안에 대해 더 깊이 이해할 가능성을 실감했다. 정신분석 상황에서 이런 유형의 사람은 정신분석가가 자신에게 어떤 행동을 기대하고, 따르지 않으면 자신을 검열할 것이라고 자주 믿는다. 이런 성향은 으레 '초자아'를 정신분석가에게 투사한 것이라고 기술한다. 그러므로 환자는 정신분석가에게 투사한 것이 자신에게 내세운 요구라고 말한다. 나의 경험에 따르면 이런 해석은 불완전하다. 환자는 자신의 요구를 투사할 뿐만 아니라 정신분석가를 자신의 배를 조종하는 선장으로 여기면서 확실히 관심을 보인다. 규칙이 없다면, 환자는 방향을 잡지 못하고 표류하는 배처럼 길을 잃었다고 느낀다. 따라서 환자는 가식이 드러나는 것을 두려워할 뿐만 아니라 환자의 안전이 규칙들과 자신에게 기대한 바에 복종하는 데 뿌리를 내리고 있어서 그것들이 없으면 어떻게 행동할지 모르게 될 것이다.

언젠가 정신분석을 위해 모든 것을 희생하리라고 기대했던 사람은 정신분석가인 내가 아니라, 환자가 스스로 그렇게 가정했다고 환자를 설득하는 중이었다. 그때 여자 환자는 내게 화를 내면서 정신분석을 받을 때 어떻게 행동할지 알리는 광고지를 만들어 배포하는 편이 나았겠다고 말했다. 우리는 (꿈에 암시된 것으로서) 그녀가 자신의 주도권과 소망을 잃은 것에 대해 논의했고, 그래서 그녀는 자신이 될 수 없었다. 자신이 된다는 상념은 그녀에게 인생의 다른 무엇보다 바라던 것으로서 호소력이 있었지만, 다음 날 밤 그녀는 홍수가 나서 수집한 음반이 위태로워진 불안한 꿈을 꾸었다. 자신에게 아무 두려움도 생기지 않았고 단지 음반에 대한 것이었다. 음반은 그녀에게 완벽함을 상징했다. 음반을 최신 상태로 티 하나 없이 관리하는 것은 사활이 걸린 중요한 문제였다. 꿈의 의미는 다음과 같다. 만약 내가 자신이 된다면, 다시 말해 만약 내가 나의 감정(홍수)을 쏟아낸다면, 나의 완벽한 겉모습은 위태로워질 것이다.

우리는 예로 들었던 여자 환자처럼 온전히 자신으로 존재하는 것이 바람직하다고 순진하게 생각하기 쉽다. 물론 온전히 자신이 되는 것은 귀중하다. 그러나 한 사람의 인생 전체의 안전이 그 사람 자신이 되지 않는 것에 기반을 두었다면, 겉모습의 배후에 한 인간 존재가 있음을 알아내는 것은 섬뜩한 일이다. 아무도 동시에 꼭두각시면서 자발적인 인간 존재일 수는 없다. 이런 불일치(discrepancy)에서 발생하는 불안을 극복해야 비로소 누구든지 자신의 중심을 회복한 상태로 안전을 찾을 수 있다.

여기에 제시한 관점들은 억압의 역동성을, 다시 말해 억압하는 힘과 억압되는 요인을 다르게 조명한다. 프로이트는 사람들의 직접적 두려움과 별개로 '초자아'에 대한 두려움이 억압을 낳는다고 가정한다. 나는 억압하는 요인에 대한 프로이트의 이런 관점이 너무 편협하다고 믿는다. 어떤 충동, 필요, 감정이든 개인에게 사활이 걸린 중요한 다른 충동, 필요, 감정을 위태롭게 한다면 억압될 수 있다. 파괴적 야망은 이타적인 겉모습을 유지해야 할 필요성 때문에 억압될 수 있다. 그러나 파괴적 야망은 타인에게 피학증 경향에 치우친 방식으로 매달릴 수밖에 없어서 억압되기도 한다. 따라서 '초자아'는 아무리 억압을 유발할 때 관련된다고 이해하더라도, 나의 견해에 따르면 단지 다른 여러 요인 가운데 하나로서 중요할 뿐이다.[12]

억압을 일으킬 수 있는 '초자아'의 위력에 관해, 프로이트는 그 위력을 주로 자기파괴 본능의 결과로 돌린다. 내 의견으로 그 현상은 주로 기저 불안에 맞서 거대한 방어벽을 쌓는 이유인 만큼 강력하다. 그러므로 '초자아'의 위력은 신경증 경향들처럼 어떤 대가를 치르더라도 유지되어야 한다.

프로이트는 본능적 충동이 반사회적 특성 때문에 '초자아'의 억압에 굴복한다고 믿는다. 명료화를 위해 이를 소박한 도덕 용어로 표현해보자. 프로이트의 의견에 따라 억압되는 것은 인간의 나쁜 면, 바로 인간에게 내재하는 악이다. 이 학설이 프로이트의 놀라운 발견 가운데 하나라는 점은 의심할 여지가 없다. 그러나 나로서는 더 유연한 공식을 제언해야 하겠다. 억압되는 것은 개인이 나타내도록 강요받는다고 느낀 겉모습의 종류에 의존한다. 그런 겉모습과 맞아떨어지지 않는 모든 것이 억압된다. 예컨대 어떤 사람은 음탕한 생각과 음란 행위에 탐닉하거나 많은 사람이 죽기를 소망할 때 자유롭다고 느낄 수도 있지만, 개인적 이득을 위한 어떤 소망이든 억압할지도 모른다. 하지만 내가 공식으로 제언한 차이는 실천적으로 그다지 중요하지 않다. 겉모습은 대략 '좋다'고 여긴 것과 일치할 테고, 따라서 좋다고 여긴 무엇을 위해 억압되는 것은 대체로 '나쁜' 또는 '열등한' 것과 일치할 터다.

그런데 억압되는 요인에 관한 다른 더 중요한 차이가 있다. 간략

---

12 『정신분석 계간지』(1933)에 발표한 프란츠 알렉산더의 중요한 논문 「구조적 갈등과 본능적 갈등의 관계(The Relation of Structural and Instinctual Conflicts)」를 보라.

히 말하면 어떤 겉모습을 유지할 필요성은 '나쁜', 예컨대 반사회적, 자기중심적, '본능적' 충동을 억압할 뿐만 아니라 가장 가치 있는 것, 인간 존재에 내재한 가장 활기 넘치는 요인, 예컨대 자발적 소망이나 감정, 개인의 판단력 따위도 억압한다. 프로이트는 이런 사실을 알아봤으나 의의를 밝히지는 못했다. 예를 들어 프로이트는 사람들이 탐욕뿐 아니라 정당한 소망도 억압한다는 사실을 알아봤다. 그러나 프로이트는 억압의 정도를 상세히 그려내는 것이 우리의 능력을 넘어서는 일이라고 지적함으로써 이렇게 설명했다. 억압하려고 의도한 것은 단지 탐욕이었지만, 정당한 소망이 그것과 함께 휩쓸려 억압된다. 물론 이런 일이 벌어질 수도 있다. 하지만 그 자체로 가치 있는 자질의 억압도 실제로 일어난다. 이런 자질은 겉모습을 유지하기 위해 억압될 수밖에 없다.

따라서 요약해 말하면 신경증 환자의 완벽해 보여야 할 필요는 첫째로 환자의 특정 겉모습과 맞아떨어지지 않는 모든 것을 억압하고, 둘째로 그런 겉모습의 유지를 불가능하게 만드는 모든 것을 억압한다.

완벽해 보여야 할 필요에 따라 생긴 고통스러운 결과에 비추어 볼 때, 프로이트가 왜 '초자아'를 본질적으로 자기에게 반대하는 대행 기관(anti-self agency)이라고 주장했는지 이해할 만하다. 그러나 나의 관점에 따르면 자기에게 반대하는 공격처럼 보이는 것은 개인이 무오류성, 곧 틀릴 수 없음을 긴급한 명령으로 느끼는 만큼 피할 수 없는 결과다.

프로이트는 '초자아'를 도덕적 요구, 특히 도덕적 금지의 내면 대행 기관으로 여긴다. 이런 의견 때문에 그는 '초자아'가 양심의 정상적인 현상 및 이보다 더 엄밀한 말인 이상들과 본질적으로 똑같다는 일반화를 끌어낼 권한이 있다고 느낀다. 프로이트에 따르면 양자는 본질적으로 자기에게 잔혹함을 드러낸다.[13]

내가 공들여 설명한 다른 해석을 받아들여도, 정상 도덕과 완벽해 보여야 할 필요 사이에 어떤 유사점은 여전히 남아 있다. 사실상 많은 사람의 도덕 기준은 도덕성을 갖춘 듯한 모습을 유지하는 것을 의미할 뿐이다. 그러나 도덕 규범들이 일반적으로 단지 그뿐이라고 주장하는 것은 사실과 일치하지 않는 독단일 터다. 이상들(ideals)을 정의하는 과제에 관한 철학적이고 복잡한 사항은 제쳐 두고, 누군가는 이상이란 개인이 가치 있으며 자신에게 의무라고 인정한 감정이나 행동의 기준이라고 말할지도 모른다. 여기서 이상들은 자아 소외(ego-alien)와 관련된 것이 아니라 자기의 통합된 부분이다. 이상들(ideals)에 비해 '초자아'는 단지 피상적인 닮은꼴이다. 완벽해 보여야 할 필요의 내용이 오로지 부수적으로 문화 속에서 승인된 도덕 가치와 일치한다고 말하는 것은 올바르지 않을 터다. 완벽주의자의 목표는 승인된 기준과 일치하지 않는다면 다양한 기능을 하지 못할

---

13    "그러나 일상의 정상 도덕조차 모질게 억제하고 잔혹하게 금지하는 성질이 있다."(지그문트 프로이트, 『자아와 이드』)

것이다. 그러나 완벽주의자의 목표는 도덕 규범을 흉내 낼 뿐이다. 말하자면 도덕 가치를 흉내 낸 모조품이다.

유사 도덕 목표는 도덕 규범 및 이상과 전혀 다르며, 후자를 계발하지 못하게 만든다. 우리가 지금 논의하고 있는 신경증 유형은 두려움의 압박을 받으면서 평화를 위해 자신의 기준을 채택했다. 이런 유형의 사람은 자신의 기준을 형식적으로 따르지만, 내면에서는 반대 기준을 따른다. 예를 들어 당사자는 피상적으로 사람들을 친절하게 대하지만, 이런 태도를 무의식적으로 부담스러운 강요라고 느낀다. 자신의 친절한 태도가 강제적 성격을 띠지 않게 된 후에 비로소 당사자는 자신이 혹시 타인을 친절하게 대하고 싶어하는지를 고려하기 시작할 수 있다.

신경증 환자의 완벽해야 할 필요와 관련된 도덕 문제는 정말로 있지만, 환자가 분명히 붙들고 씨름하는 문제도 아니고 가진 척하며 가식을 떠는 문제도 아니다. 현실적인 진짜 도덕 쟁점은 위에서 기술한 신경증 성격 구조와 분리할 수 없는 불성실함, 거만한 태도, 세련된 잔혹함에 있다. 환자는 방금 언급한 특징들에 책임이 없으며, 이를 계발할 수밖에 없었다. 그러나 정신분석 상황에서 환자는 그런 특징들과 마주해야 한다. 환자의 도덕을 개선하는 것이 정신분석가의 일이기 때문이 아니라 환자가 괴롭기 때문이다. 불성실함, 거만한 태도, 세련된 잔혹함 같은 특징은 타인 및 자신과 좋은 관계 맺기를 방해하고, 최선의 가능한 발달을 막는다. 정신분석의 이 부분은 특히 환자에게 고통스럽고 마음도 상하게 하지만, 가장 큰 안도감을 줄 수도 있다. 윌리엄 제임스는 가식을 버리는 일이 가식을 채웠던 것만큼 다행스러운 안도감을 준다고 말했다. 정신분석에서 관찰한 내용으로 판단하자면, 가식을 버린 결과로 얻는 안도감은 정신분석가와 환자 모두에게 아주 큰 것 같다.

# 14장 신경증 환자의 죄책감

## Neurotic Guilt Feeling

**원래** 죄책감은 신경증에서 눈에 띄는 역할이 없는 것으로 여겼다. 단지 리비도의 충동이나 성기기 이전 또는 근친상간적 특성을 갖는 공상과 관련지었다. 그러나 요하네스 마르시노프스키[1]가 그랬듯, 모든 신경증은 죄책감 신경증이라는 주장이 드물지만 나왔다. '초자아' 개념의 공식화 이후 비로소 죄책감에 주의를 집중하면서, 마침내 죄책감을 신경증의 역동성에 결정적 요소로 여기게 되었다. 사실상 죄책감의 강조, 특히 무의식적 죄책감 이론과 피학증 개념은 '초자아'의 다른 측면일 뿐이다. 이를 분리해 다루는 까닭은 내가 중요하게 생각하는 일정한 문제들을 다른 방법으로는 마땅히 고찰하지 못하기 때문이다.

---

1  (옮긴이) 요하네스 마르시노프스키(Johannes Marcinowski, 1868~1935)는 폴란드에서 태어난 독일 신경과학자이자 정신분석가다. 프로이트, 융과 교류했고, 독자적인 정신분석 치료법을 계발해 진료했다.

어떤 경우 죄책감은 그 자체로 표현되고, 전체 그림을 가리기도 한다. 그러면 죄책감은 일반적으로 무가치하다는 느낌을 나타내거나 특별한 행위, 자극, 생각, 근친상간에 관한 공상, 수음, 사랑받는 사람들이 죽기를 바라는 것 따위에 애착을 보일 수도 있다. 하지만 임상 측면에서 죄책감이 신경증에서 보편적이고 핵심적인 역할을 한다고 믿게 만든 것은 비교적 빈번하지 않은 직접적 표현보다 훨씬 빈번한 간접적 표현이었다. 기저 죄책감을 암시하는 많은 발현 가운데 특히 중요한 몇 가지를 언급하겠다.

첫째, 일정한 신경증 유형들은 뭐든지 모든 것에 관련된 미묘하고 지독한 자책(self-recriminations)에 탐닉한다. 다른 사람들의 감정 해치기, 짓궂게 굴기, 부정직하기, 인색하게 굴기, 모든 사람의 파괴를 원하기, 게을러지기, 약해지기, 약속 시간 어기기 따위로 죄를 짓는다. 이렇게 죄를 덮어쓰며 자책하는 태도는, 중국의 한 고위 관리의 살해부터 감기에 걸리는 일까지 부정적인 모든 일에 대해 책임지려는 성향(inclination)과 관련이 있다. 이런 유형의 사람은 병에 걸릴 때 건강을 돌보지 않은 것, 적당히 옷을 입지 않은 것, 제때 의사를 찾지 않은 것, 감염에 노출되도록 둔 것에 대해 자신을 나무란다. 만약 어떤 친구가 한동안 전화를 하지 않았다면, 이런 유형의 사람이 보이는 첫 반응은 자신이 친구의 감정을 상하게 했을 가능성을 곰곰이 생각하는 것이다. 만약 약속에 오해가 생긴다면, 그런 사람은 확실히 자신의 실수였고 주의 깊게 듣지 않았다고 느낀다.

때때로 이런 자책은 자신이 말했어야 하고, 끝냈어야 하고, 하지 말았어야 할 것에 관해 끝없이 곰곰이 생각하거나 다른 어떤 활동을 배제하거나 불면증을 일으킬 정도로 계속 생각할 때 나타난다. 이렇게 골똘히 생각한 내용을 기술하려고 시작하는 일도 헛수고일 터다. 이런 유형의 사람은 자신이 말했던 것, 다른 사람이 자신에게 말했던 것, 자신이 말했을 수도 있는 것, 자신이 했던 발언의 어떤 효과에 관해, 자신이 가스 분출구를 잠갔는지, 열어놓은 가스 분출구 때문에 누가 다쳤을지, 자신이 치우지 못한 오렌지 껍질 때문에 거리에서 누가 넘어졌을지를 두고 몇 시간 동안 계속 생각할지도 모른다.

내 평가에 따르면 자책의 빈도는 흔히 가정하는 것보다 더 높다. 왜냐하면 이런 현상이 단지 동기를 알아보려는 개인의 소망처럼 보이는 것에 감춰져 있을지도 모르기 때문이다. 이 경우에 신경증 환자는 어쨌든 드러내놓고 자기를 비하하지 않고, 표면적으로 자신을 '분석할' 뿐이다. 예컨대 환자는 자신의 매력을 입증하려고 어떤 일을 시작하지 않았는지, 어떤 논평으로 다른 사람에게 상처를 주고자 원하지 않았는지, 혹은 어떤 일을 하지 못하는 것이 발현한 게으름 탓인지 궁금해하기도 한다. 이따금 이 모든 것이 마침내 개선을 바라는 소망에서 나온 동기를 찾는 정직한 질문인지, 아니면 단지 정신분석 방법에 미묘하게 적응한 자책의 형태일 뿐인지 구별하기가 어려울 수도 있다.

둘째, 비슷하게 죄책감이 실제로 있다고 암시하는 다른 무리의 발현은 타인의 어떤 반대 의견에든 보이는 과민증(hypersensitivity)이나 발각에 대한 두려움이다. 이런 두려움에 시달리는 신경증 환자는 다른 사람들이 자신을 더 잘 알게 되면 실망할까 봐 항상 염려할지도 모른다. 정신분석 상황에서 이런 환자들은 중요한 정보를 보유할 수도 있다. 그들은 범죄자가 법정 공방에 대해 느끼듯 정신분석 과정에 대해 느낀다. 결론적으로 그들은 언제나 자신들이 정확히 어떤 종류의 발각을 두려워하는지 모른 채 방어에 내몰린다. 어떤 가능한 비난이든 떨쳐버리거나 틀렸음을 입증하기 위해, 그들은 어떤 실수도 하지 않으면서 법률 조문을 따르려고 극도로 조심한다.

끝으로 불리한 일(adverse happenings)을 초래하는 것처럼 보이는 신경증 환자들이 있다. 그들의 행동은 화를 돋울 수도 있어서 늘 구박을 받는다. 그들은 쉽게 사고를 일으키는 것처럼 보이기도 하고, 병에 자주 걸리거나 돈을 잃을 수도 있다. 그리고 이런 환자들은 실제로 구박을 받지 않을 때보다 구박을 받을 때 편안함을 더 많이 느끼기도 한다. 이런 발현들도 역시 깊은 죄책감, 정확히 말해 죄책감을 괴로움으로 속죄해야 할 필요를 나타내는 것으로 여겨진다.

이 모든 성향에서 죄책감이 실제로 있다는 결론을 도출하는 것은 합당해 보였다. 자책은 오히려 죄책감의 직접적 표현인 듯하다. 확실히 비판이나 동기를 찾는 질문에 대한 과민증은, 간파당할까 봐 두려워서 기분이 상한 결과일 때가 자주 있다. (무엇을 훔친 가정부는 물건이 어디 있냐는 자신에게 해롭지 않은 질문이라도 자신의 정직을 의심한다고 해석할 것이다.) 자신의 죄에 대해 스스로 십자가를 지는 것은 덕망 있는 지위에 어울리는 관습이다. 그러므로 신경증 환자들이 평균 범위에 속한 사람보다 죄책감을 많이 느낀다고 가정하는 것은 합당해 보였다.

260

하지만 이 가정은 문제가 된다. 신경증 환자들은 왜 그렇게 죄가 있다고 느껴야 하는가? 그들은 다른 사람들보다 더 나쁜 것처럼 보이지 않았다. 이 질문에 대한 프로이트의 대답은 '초자아'에 암시되어 있다. 신경증 환자들은 남들보다 더 나쁜 것이 아니라 심각한 도덕 과잉의 '초자아' 탓에 남들보다 쉽게 죄책감을 느낀다. 프로이트의 공식 진술에 따르면 죄책감은 '초자아'와 '자아' 사이에 실존하는 긴장을 표현한다. 그런데 여기서 다른 어려운 문제가 생겨났다. 어떤 환자들은 죄책감에 관한 암시를 선뜻 받아들였지만, 다른 환자들은 그러기를 거부했다.[2] 이 진퇴양난에서 벗어날 길은 무의식적 죄책감 이론이었다. 환자는 알지도 못하면서 깊은 무의식적 죄책감으로 괴로워할 수도 있다. 환자는 깊은 무의식적 죄책감 탓에 불행한 의식과 신경증 질환으로 속죄해야 한다. 환자는 '초자아'에 대한 두려움이 너무 커서 자신이 죄책감을 느끼고 왜 그렇게 느끼는지를 인지하기보다 아픈 상태로 머물기를 선호한다.

죄책감이 억압될 수 있다는 것은 사실이다. 그러나 무의식적 죄책감이 실제로 있다는 것을 그런 죄책감이 만들어낸다고 믿는 발현들에 대한 최종 설명으로 받아들이는 것은 충분치 않다. 무의식적 죄

---

2  "그러나 환자에 관한 한, 이 죄책감은 아무것도 말해주지 않는다. 그것은 환자에게 죄가 있다고 말해주지 않는다. 환자는 죄책감을 느끼지 않고, 단순히 기분이 나쁘거나 아프다고 느낀다. 여기서 죄책감은 지극히 극복하기 어려운 회복 저항으로 드러날 뿐이다. 또한 환자가 계속 아픈 상태의 배후에 이런 동기가 있다고 환자를 설득하는 것은 특히 어렵다. 환자는 정신분석 요법이 자신의 경우에 올바른 치료법이 아니라는 더 명백한 설명을 고수한다."(프로이트, 『자아와 이드』)

책감 이론은 이런 무의식적 죄책감의 내용, 정확히 말해 이런 감정이 왜, 언제, 어떻게 생기는지와 관계가 없다. 단지 정황 증거로 개인이 알아채지 못하는 죄책감이 여기에 틀림없이 있다고 포고할 뿐이다. 이는 정신분석이 치료를 위해 아무 가치도 없게 만들고 무의식적 죄책감 이론을 실체가 드러나지 않은 채 남겨둔다.

다른 문제와 마찬가지로 여기서도 용어의 의미에 동의하고 다른 목적으로 사용하지 않는 것이 쟁점을 명료하게 드러낼 것이다. 정신분석 관련 문헌에서 죄책감은 때로는 무의식적 죄책감에 따른 반응을 나타내고, 때로는 처벌할 필요와 동의어로 사용한다.[3] 공용 언어에서 죄책감이라는 말이 요즘 빈번하고 느슨하게 사용되어서, 어떤 사람이 죄책감을 느낀다고 말할 때 진짜 그렇게 느끼는지 의아스러울 때가 자주 있다.

'진짜 죄책감(really feeling guilty)'은 무엇을 의미하는가? 어떤 상황에서든 유죄는 주어진 문화 속에서 유효한 도덕적 요구나 금지를 어김으로써 구성되고, 죄책감은 이처럼 위반했다는 고통스러운 믿음의 표현이라고 말해야 한다. 그러나 기존 규범은 두 사람에게 같지

---

3  헤르만 넌버그는 다른 이유를 대지만, 이 죄책감이 처벌할 필요와 의미가 같다는 주장에 올바르게 의문을 제기했다. 「죄의식과 처벌할 필요(The Sense of Guilt and the Need for Punishment)」, 『국제 정신분석 학회지(*International Journal of Psychoanalysis*)』(1926). (옮긴이) 헤르만 넌버그(Herman Nunberg, 1884~1970)는 폴란드 출신의 정신분석가이자 신경과학자다. 독일에서 의학 학위를 받았고, 1932년까지 오스트리아의 빈에서 활동하다 미국으로 이주했다. 뉴욕 정신분석 학회 회장을 역임했다.

만, 어떤 사람은 위급한 상황에서 친구를 돕지 않은 것이나 혼외 관계를 맺은 것에 죄책감을 느끼고, 다른 사람은 그렇지 않다. 그래서 죄책감으로 고통스럽다는 믿음은 개인이 스스로 인정한 규범의 위반과 관계가 있다고 덧붙여야 한다.

죄책감은 진정한 감정일 수도 있고 아닐 수도 있다. 죄책감의 진정성에 대한 중요한 기준은 별충하거나 더 잘하려는 진지한 소망이 죄책감에 동반되느냐다. 진지한 소망이 실제로 있는지는 일반적으로 위반한 규범에 부여한 중요성뿐만 아니라 규범을 어겨서 파생한 이익에 의존한다. 이런 고려 사항은 규범 위반이 행위나 감정에 대한 것이든, 자극이나 공상에 대한 것이든 그대로 적용할 수 있다.

신경증 환자가 죄책감을 느낄 수도 있다는 것은 확실히 참이다. 환자의 기준이 진정한 요소를 포함하는 정도만큼 기준의 실제 또는 상상한 위반에 따른 환자의 반응은 진정한 죄책감일 수도 있다. 그러나 우리가 보았듯 환자의 기준은 적어도 부분적으로 특정 목적에 쓸모 있게 설계한 건물의 정면처럼 허울일 뿐이다. 환자의 기준이 겉으로만 그럴싸한 만큼 허울의 위반에 따른 환자의 반응은 위에서 정의한 죄책감과 아무 관계도 없고, 그저 가짜일 뿐이다. 따라서 '초자아'의 절박한 도덕적 요구를 따르지 않는 것이 진정한 죄책감을 만들어 낸다고 가정할 수도 없고, 죄책감이 나타난다고 해서 원천이 진짜 유죄(real guilt)라고 결론지을 수도 없다.

만약 우리가 기술한 신경증 발현이 무의식적 죄책감의 결과라는 주장을 받아들이지 않는다면, 신경증 발현의 실제 내용과 의의는 무엇인가? 이 문제의 일부 측면은 이미 '초자아'에 대한 논의에서 보여 주었다. 그러나 다른 측면이 추가되어야 하므로, 여기서 되풀이해 말하겠다.

동기에 대한 비판이나 질문과 비슷한 어떤 점에든 보이는 과민증은 주로 완벽한 겉모습과 실제로 지닌 단점이나 부족한 점의 불균형에서 생긴다. 완벽한 겉모습이 유지되어야 하므로, 완벽한 겉모습의 확고함을 흔드는 어떤 질문이든 필연적으로 두려움과 짜증을 일으킨다. 덧붙여 말하면 완벽주의자의 기준과 그 기준에 도달하려는 시도는 당사자의 자부심과 연결된다. 이것은 가짜 자부심으로 진짜 자존감을 대체한다. 그러나 가짜든 진짜든 완벽주의 유형의 사람은 자신의 기준에 자부심을 느끼고 자신의 기준이 있어서 남들보다 우월하다고 느낀다. 그러므로 완벽주의 유형은 비판에도 다른 방식으로, 곧 굴욕당한다는 느낌으로 반응한다. 이 반응은 치료할 때 실천적으로 중요한데, 어떤 환자들은 굴욕감을 표현하지만 다른 환자들은 이를 숨기거나 억압하는 까닭이다. 환자들은 자신들이 그려낸 완벽한 모습이 합리성을 함축하는 만큼 정신분석에 따른 암시에 상처받지 않아야 한다고 느낀다. 왜냐하면 암시를 들으려는 명백한 목적을 위해 정신분석을 받으러 왔기 때문이다. 만약 숨은 굴욕감이 제때에 드러나지 않으면, 정신분석은 예상치 않은 암초에 부딪힐 수도 있다. 병에 걸리려고 하거나 병든 상태로 계속 있으려는 성향은 피학증 현상과 연결해 15장에서 논의하겠다.

자책은 일반적으로 구조가 복잡하다. 자책의 의미에 대해 단 하나의 답은 없다. 심리 문제에 단순한 답이 있다고 우기는 사람들은 길을 잃기 마련이다. 먼저 자책은 완벽해 보여야 할 필요에 속한 정언적 특성(categorical character)의 피할 수 없는 결과다. 일상에서 단순한 유비를 두 가지 들어보자. 어떤 이유로든 탁구 시합에서 이기는 것이 당사자에게 중요하다면, 어중간한 경기를 한 자신에게 화가 날 것이다. 어떤 이유로든 면접에서 좋은 인상을 주는 것이 자신에게 중요하다면, 유리한 논점을 깜빡 잊은 자신에게 화가 날 테고, 나중에 자신을 비웃고 논점에 관해 언급하지 않은 자신이 얼마나 바보 같은지 말할지도 모른다. 우리는 단지 여기 기술한 내용을 신경증 환자의 자책에 적용할 뿐이다. 우리가 보았듯 거기에서 완벽해 보여야 할 필요는 여러 이유로 불가피한 명령이다. 개인에게 완벽에 가까운 모습을 유지하지 못하는 어떤 경우라도 패배와 위험을 의미한다. 그러므로 당사자는 필연적으로 사유나 생각이든, 감정이나 행위든 완벽해지는 데 실패한 것을 의미하는 어떤 움직임에 대해서든 화가 날 수밖에 없다.

프로이트는 이 과정을 '자신에게 등 돌리기(turning against oneself)'라고 기술하는데, 이 용어는 전체로서 자신에게 적개심을 품고 있음을 함축한다. 하지만 실제로 개인은 특별한 점에 대해서만 자신에게 화를 낸다. 일반적으로 우리는 당사자가 불가결하게 달성해야 할 중요한 목표를 위험에 빠뜨린 것에 대해 자책한다고 말해도 된다. 기억이 나겠지만 이 공식 진술은 신경증 환자의 불안에 대한 것과 유사하며, 이런 상황에서 정말로 불안이 발생하기도 한다. 자책이 떠오르는 불안에 대처하려는 시도가 아닌지를 사색해봐도 좋을 듯하다.

자책의 둘째 함축은 첫째 함축과 밀접하게 연관되어 있다. 앞에서 말했듯 완벽주의 경향의 사람은 자신의 겉모습이 겉모습일 뿐이라고, 따라서 비판과 비난에 대한 미칠 듯한 두려움을 알아보는 누구든지 몹시 무서워한다. 이런 점에서 완벽주의 유형의 자책은 비난을 예상하고 자신을 비난해서 남들의 비난을 막고, 자신에게 훨씬 더 엄격한 것처럼 보임으로써 남들을 달래서 안도의 말을 끌어내려는 시도다. 정상 심리와 비교하면 명백해진다. 잉크를 묻혀서 꾸중을 들을까 봐 두려운 아이는 낙담한 표정을 지어 보임으로써 선생님의 마음을 누그러뜨리고 잉크를 묻힌 것이 결국 나쁜 짓이 아니라는 위로의 말을 끌어내려고 기대할 수도 있다. 아이로서는 의식한 전략일지도 모른다. 스스로 죄를 덮어쓰며 자책하는 신경증 환자도 그렇게 한다고 의식하지 못해도, 전략에 따라 움직인다. 만약 신경증 환자가 죄를 스스로 덮어쓰며 자책하는 태도를 누군가가 곧이곧대로 받아들이면, 즉시 방어하려고 할 것이다. 더군다나 스스로 자신을 그토록 많이 비난하는 당사자는 남들이 조금이라도 자신을 비판하면 불같이 화를 내고, 불공평한 대우라고 분개한다.

이런 맥락에서 자책은 비난을 막거나 피하는 유일한 전략이 아님을 상기해야 한다. 판을 뒤집어 공격하는 정반대 전략도 있다. 공격이 최선의 방어라는 오래된 격률을 따르는 전략이다.[4] 이것이 더 직접적인 방법인 까닭은 자책에 숨은 성향, 다시 말해 어떤 단점이든 실제로 있다는 사실을 격렬히 부정하는 성향을 드러내기 때문이다.

이것이 더 효과적인 방어 수단이기도 하다. 그러나 타인의 공격을 두려워하지 않는 신경증 환자들만 사용할 수 있다.

하지만 타인을 비난하는 것에 대한 이 두려움은 으레 나타난다. 사실상 그것은 자기를 비난할 때 도구로 쓰는 다른 요인이다. 여기서 작동하는 기제(mechanism)는 타인을 비난하는 것에 대한 두려움 때문에 자신을 나무라는 것이다. 이는 신경증 환자가 으레 숨기는, 타인에 대한 비난의 강도와 타인을 비난하는 것에 대한 두려움의 강도 때문에 신경증에서 중요한 역할을 한다.

타인에 대한 비난 감정(accusatory feelings)이 생기는 이유는 각양각색이다. 신경증 환자는 부모나 어릴 적 환경의 다른 사람들에게 씁쓸한 반감을 느낄 만한 이유가 있다. 현재 신경증 환자의 비난에 딸린 신경증 요소는 환자의 특별한 성격 구조에서 생겨난다. 우리가 여기서 그 특별한 성격 구조를 제대로 다루지 못하는 까닭은 그런 작업이 신경증의 얽히고설킨 관계의 모든 가능성을 재검토하고 비난이 어떻게 발생할 수밖에 없는지 상세히 이해한다는 것을 의미하기 때문이다. 그러므로 몇 가지 이유를 대략 밝히는 것으로 만족해야 한다. 본인이 인정하지 않더라도 타인에게 과도하게 기대하고, 기대가 충족되지 않으면 불공평하게 대우받는다고 느낌, 쉽게 노예가 된 것처럼 느끼고 이에 분개하는 타인에 대한 의존성, 자기 팽창 또는 오

---

4    안나 프로이트가 왜 이 단순한 과정을 공격자와 동일시로 기술하는지 이해할 수 없다. 안나 프로이트, 『자아와 방어 기제(*Das Ich und die Abwehrmechanismen*)』(1936)를 참고하라.

해받고 평가 절하되고 부당하게 비판받는다고 느끼는 의로움의 외양, 틀림없이 보여야 할 필요성, 타인을 비난함으로써 자신의 단점을 들여다보지 않기, 쉽게 학대당하고 강요당한다고 느끼는 이타적인 겉모습 따위다.

마찬가지로 비난 감정을 억압해야 할 절박한 이유도 많다. 우선 신경증 환자는 사람들을 두려워한다. 이런저런 방식으로 신경증 환자는 타인의 보호든, 도움이나 의견이든 타인에게 지나치게 의존한다. 신경증 환자는 자신이 합리적인 모습을 보여야 하는 만큼, 완전히 정당하다고 말하기 어려운 어떤 불평불만이든 느끼거나 드러내지 못한다. 따라서 타인에 대한 쓰라린 비난이 쌓이는 상황이 빈번히 발생한다. 쓰라린 비난들은 방출되지 않기 때문에 폭발력을 갖게 되고, 따라서 개인을 위험에 빠뜨리는 한 원천이다. 개인은 쓰라린 비난들을 중지 상태로 두기 위해 노력을 점점 더 많이 기울여야 한다. 자책이 쓰라린 비난을 견제하는 수단으로 떠오르는 지점이 바로 여기다. 개인은 타인이 비난받아서는 안 되고, 비난받아야 할 사람은 자신뿐이라고 느낀다.[5] 내 판단으로 이것이 프로이트가 비난의 대상이 되는 사람과 동일시라고 여긴 과정의 역학이다.[6]

---

5 　타인의 어떤 비판이든 보류하기를 간절히 바라야 할 필요는 타인을 비판적으로 평가할 능력이 없게 만들고, 따라서 타인에 대한 무력감을 증가시킨다.

6 　지그문트 프로이트, 「비탄과 우울증(Mourning and Melancholia)」, 『논문집』 4권 (1917). 카를 아브라함, 『리비도의 발전사의 시도(Versuch einer Entwicklungs-geschichte der libido)』(1924).

비난의 대상을 타인에서 자신으로 바꾸는 실천은 해로운 일이 벌어질 때마다 누군가가 비난받아야 한다는 지침에 자주 근거한다. 언제나 그렇지는 않지만, 흔히 완벽에 가까운 모습을 유지하려고 거대한 장치를 마련한 사람들은 곧 닥칠 재앙을 대단히 염려한다. 그들은 알아채지 못할 수도 있지만, 마치 언제 떨어질지 모를 매달린 칼 아래서 사는 것처럼 느낀다. 그들은 인생의 기복을 사실 그대로 겪어낼 기본 능력이 없다. 인생이 수학 과제처럼 계산할 수 없고, 어느 정도 모험이나 도박과 비슷하며, 행운과 불운에 좌우되고, 예측할 수 없는 어려운 일과 위험, 미리 보이지 않고 볼 수 없는 당혹스러운 일로 가득하다는 사실을 받아들이지 못한다. 그들은 안심시키는 수단으로서 인생이 계산하고 통제할 수 있다는 믿음에 집착한다. 따라서 그들은 뭔가 잘못 돌아간다면 누군가의 탓이라고 믿는다. 인생이 계산할 수 없고 통제할 수 없다는 불쾌하고 무서운 현실을 피할 수 있기 때문이다. 이들은 어떤 이유로든 타인을 비난하기를 멈출 때, 불운한 일에 대한 책임을 스스로 지려고 할 것이다.

겉으로 분명한 죄책감의 뒤에 숨어 있을지도 모를 문제의 범위는 내가 언급했던 요인들로 남김없이 규명되지 않는다. 예컨대 자기 최소화 성향(self-minimizing tendencies)은 다양한 원천에서 발생하며, 죄책감에서 기인하기 쉬운 무가치하다는 느낌으로 받아들일 수도 있다. 그러나 나의 의도는 죄책감의 기저 역학을 남김없이 드러내는 것이 아니라 죄책감을 암시하는 모든 발현이 실제로 그런 방식으로 해석되지 않는다는 한 가지 논점을 보여주는 것이다. 가짜 죄책감은 있고 죄는 없을지도 모른다. 그리고 두려움, 굴욕감, 분노, 비판을 피하려는 결심, 타인을 비난할 능력이 없음, 불운한 일에 대한 비난의 화살을 어딘가로 돌려야 할 필요 따위의 반응은 있다고 해도 되는데, 이 반응은 양심의 가책과 아무 관계도 없으며 오로지 이론적 선입관 때문에 그런 방식으로 해석될 뿐이다.

　'초자아'와 죄책감에 관해 프로이트와 나의 차이는 다른 치료 접근법을 함의한다. 프로이트는 그의 부정 치료 반응 이론에서 상세히 설명했듯 무의식적 죄책감을 심각한 신경증 치료의 장애물로 여긴다.[7] 나의 해석에 따르면 환자가 자신의 문제에 대해 현실적인 진짜 통찰력을 얻도록 안내할 때, 어려움은 강제된 완벽해 보여야 할 필요 때문에 환자가 보이는 꿰뚫을 수 없을 듯한 겉모습에 놓여 있다. 환자는 최후 수단으로 정신분석을 받으러 오지만, 마음속으로 자신은 괜찮고 정상이며 정말 아픈 것이 아니라고 확신한다. 환자는 동기를 찾으려는 질문이나 문제가 있음을 자신에게 보여주는 어떤 종류의 해석에도 분개하고, 기껏해야 지적으로만 해석을 따른다. 환자는 틀림없어 보여야 해서 부족한 어떤 점이든 심지어 자신이 실제로 지닌 어떤 문제든 부정해야 한다. 환자의 신경증에 사로잡힌 자책은 진짜 본능에 가까우리만치 확실하게 실제 약점을 회피한다. 사실상 현

---

7　지그문트 프로이트, 『새로운 정신분석 강의』, 「피학증의 경제 문제」, 『논문집』 2권 (1924), 『쾌락 원리를 넘어서』(1920), 『자아와 이드』(1935).

실적인 어떤 부족한 점이든 직면하지 않게 만드는 것이 바로 자책의 기능이다. 신경증 환자의 자책은 기존 목표를 위한 의례적 양보, 자신이 결국 그다지 나쁜 사람이 아니며 양심의 가책을 느끼므로 남들보다 더 낫다는 점을 다시 확인하는 수단이다. 이런 자책은 체면을 차리는 장치다. 만약 어떤 사람이 현실적으로 개선되기를 소망하고 그렇게 할 가능성을 알아본다면, 자책하느라 시간을 낭비하지 않을 것이다. 어쨌든 당사자는 자책함으로써 충분히 개선할 수 있다고 느끼지 않을 테고, 이해와 변화를 위한 건설적 노력을 기울일 것이다. 하지만 신경증 환자는 자신을 나무라기만 한다.

따라서 정신분석가는 신경증 환자가 자신에게 불가능한 것을 요구한다는 점을 먼저 보여주고, 다음에 목표와 성취의 형식에 치우친 본성을 실감하도록 만들 필요가 있다. 환자의 완벽한 겉모습과 실제 경향의 불균형을 드러내야 한다. 신경증 환자는 자신의 완벽주의에 따른 필요의 절박함에 문제가 있다고 느껴야 한다. 이런 필요의 모든 결과를 주의 깊게 살펴 분석 작업에 활용해야 한다. 정신분석가의 질문과 찾아내기를 원한 것에 따른 환자의 실제 반응을 분석해야 한다. 환자는 필요를 만들어내고 유지하는 요인들을 이해하지 않으면 안 된다. 필요가 어떤 기능을 하는지도 환자는 이해해야 한다. 끝으로 환자는 관련된 진짜 도덕 쟁점을 알아내야 한다. 이런 접근법은 흔한 접근 방식보다 훨씬 어렵지만, 프로이트의 방식보다 치료 가능성이 낙관적이다.

# 15장 〉〉 피학증 현상
## Masochistic Phenomena

**피학증**은 으레 괴로움이나 고통을 통해 성적 만족을 추구하는 경향이라고 정의한다. 이 정의는 세 주장을 기본 전제(postulate)로 포함한다. 첫째, 피학증은 본질적으로 성과 관련된 현상이다. 둘째, 피학증은 본질적으로 만족을 얻으려는 분투다. 셋째, 피학증은 본질적으로 괴로워하거나 고통받으려는 소망이다.

첫째 주장을 뒷받침하기 위해 아이들이 매를 맞음으로써 성적으로 흥분할 수도 있고, 피학증 성도착의 경우 굴욕당하고 노예 상태에 놓이거나 신체적으로 학대당함으로써 성적 만족에 도달하고, 피학증 환상에서 유사한 상황을 상상하는 것이 수음으로 이어진다는 따위의 잘 알려진 사실을 자료로 제공할 수 있다. 하지만 피학증 환상은 본성이 성과 관련된 것처럼 보이지 않고, 성과 관련된 최종 기원을 보여줄 자료도 없다. 자료는 리비도 이론에 근거한 주장, 바로 타인에 대한 피학증 성격 경향이나 태도는 피학증 성 충동을 변형한 어떤 종류에 해당한다는 주장으로 대체된다. 예를 들어 어떤 여자가 순교자 역할을 함으로써 얻는 만족은 본성적으로 성과 명백한 관계가 없는데도 최종적으로 성과 관련된 원천에서 파생한 것이라고 주장할 것이다.

다른 가설은 이른바 '도덕적 피학증', 다시 말해 실패나 사고를 초래하거나 '초자아'와 조화를 이루기 위해 자책으로 자신을 몰아세우려는 '자아'의 열망과 관련이 있다. 프로이트는 '도덕적 피학증'도 최종적으로 성과 관련된 현상이라고 시사한다. 처벌할 필요는 '초자아'에 대한 두려움에 맞서 안심시키는 수단이지만, 동시에 '자아'를 '초자아'에 복종시키는 변용한 성적 피학증이고, '초자아'는 통합된 부모의 모습을 나타낸다고 프로이트는 주장한다. 이런 모든 이론이 논란의 여지가 있는 까닭은 내가 오류라고 생각하는 전제들에 따라 작동하기 때문이다. 전제들에 대한 논의는 앞선 장에서 했으므로, 프로이트의 주장을 추가로 고찰할 필요는 없겠다.

정신분석을 연구하는 다른 저자들은 피학증 현상에서 성적 만족을 덜 강조했으나, 피학증을 이해하려면 누구나 만족을 얻으려는 분투의 측면에서 피학증이라는 용어를 정의해야 한다는 전제를 계속 받아들인다. 이 전제에 근거한 추리는 피학증 분투만큼 저항할 수 없고 어려운 분투가 만족을 약속한 최종 목표에 따라 필연적으로 결정된다는 믿음이다.[1] 따라서 자신들에게 기꺼이 고통을 주는 사람들은

---

1    이 책의 3장 리비도 이론을 보라.

'초자아'에게 위협당하는 처벌을 피하고자 원할뿐더러 고통이라는 대가를 치름으로써 금지된 일정한 자극을 벗어나서 살 수도 있다고 믿기 때문에 그렇게 한다고 프란츠 알렉산더는 제언한다.[2] 프리츠 비텔스는 다음과 같이 제언한다. "피학증 경향의 환자는 다른 중요한 부분에서 더욱 안심하며 살기 위해 인격의 한 부분이 무익한 것이라고 입증하기를 바란다. 이런 환자는 다른 사람이 느낀 고통에서 쾌락을 끌어낸다."[3] 나는 모든 피학증 분투가 최종적으로 만족을 얻으려는 쪽으로, 다시 말해 갈등과 한계가 있는데도 자기 망각, 자기 제거라는 목표로 향한다는 가설을 제안했다. 그러면 우리가 신경증에서 찾아낸 피학증 현상은 세상에 널리 퍼져 있는 디오니소스 숭배 경향[4]의 병리적 변용(pathological modifications)을 나타낼 것이다.

하지만 피학증 현상을 최종적으로 결정하는 것이 이런 종류의 만

---

2    프란츠 알렉산더, 『전체 인격의 정신분석』(1935).

3    프리츠 비텔스, 「피학증의 신비(The Mystery of Masochism)」, 『정신분석 평론지』(1937). (옮긴이) 프리츠 비텔스(Fritz Wittels, 1880~1950)는 오스트리아 출신의 미국 정신분석가다. 비텔스는 프로이트의 전기를 썼고, 미국의 기발한 시인 커밍스의 정신분석을 수행하기도 했다.

4    프리드리히 니체, 『비극의 탄생(Die Geburt der Tragädie)』; 루스 베네딕트, 『문화의 유형(Patterns of Culture)』(1934). (옮긴이) 디오니소스 숭배 경향은 고대 그리스 문명에서 비합리주의 성향을 대표하는 디오니소스 숭배 의식에서 유래한 개념이다. 이성보다 열정을, 제도보다 자연을, 관습과 규범에 따르기보다 관습과 규범을 파괴하려는 경향이다. 19세기 이후 서양 문화권에서 주지주의, 공리주의, 실용주의, 과학기술 중심 지배에 반항하는 낭만주의 운동이 일어났고, 낭만주의는 20세기와 21세기에 상당한 영향력을 행사하고 있다. 특히 현대 개인주의자 가운데 니체의 영향을 받은 다수는 파괴 행위를 조장하고 자랑스러워하는 것 같다. 카렌 호나이는 이를 일종의 병리 현상으로 진단하고 있다.

족을 얻으려는 분투냐는 문제는 남는다. 요컨대 누구든지 피학증을 본질적으로 자기를 포기하려는 분투라고 정의할 수 있는가? 이와 같은 분투는 어떤 경우에 분명히 관찰할 수 있지만 다른 경우에 분명해 보이지 않는다. 만약 피학증이 망각을 위한 분투라는 정의가 유지되어야 한다면, 우리는 그 정의를 뒷받침하기 위해 이런 분투가 분명해 보이지 않을 때도 작용한다는 추가 가설이 필요할 것이다. 이런 종류의 가정들은 빈번하게 만들어진다. 그런 가정들은 예컨대 모든 피학증 현상이 최종적으로 본성상 성과 관련된다는 기본 전제를 받치는 주춧돌이다. 그리고 우리가 알아채지 못하면서 만족이라는 허깨비를 좇는 일은 확실히 이따금 생긴다. 그러나 뒷받침할 자료가 없는데도 이런 가정들에 기대며 작업하는 것은 위험한 일이다.

이어질 고찰에서 보여주겠지만, 피학증이 본질적으로 만족을 얻으려는 분투라는 선입관을 가지고 피학증 문제에 접근하지 않는다면, 더 건설적인 방향으로 나아가게 될 터다. 사실 프로이트는 이런 가정에 관해 그다지 경직된 태도를 보이지 않는다. 피학증은 파괴 본능과 성 충동이 융합한 결과며, 이런 융합의 기능은 개인을 자기파괴로부터 보호하는 것이라고 프로이트는 주장했다. 이 가설은 죽음 본능의 사변적 특성 때문에 안전한 땅 위에 서 있다고 보기 어렵지만, 피학증에 대한 논의에 보호 기능이라는 생각을 도입하기 때문에 주목할 만하다.

피학증을 본질적으로 괴로워하거나 고통받으려는 소망으로 여기는, 피학증의 흔한 정의에 포함된 셋째 주장은 대중에게 인기를 끈 의견과 일치한다. 이는 아무개가 걱정거리가 없고, 희생한다고 느끼지 않으면 행복하지 않다는 식으로 증명된다. 정신 의학에서 이 전제는 일부 신경증 치료에서 맞닥뜨리는 어려움을 현재 심리학적 지식의 부족과 관련시키지 않고, 아픈 상태로 계속 머물려는 환자의 소망과 연결해 설명할 위험을 함의한다.

앞에서 지적했듯 이 주장의 근본적 오류는, 어떤 분투의 절박함이 불안을 누그러뜨리는 기능으로 결정될 수 있다는 사실을 간과한 점이다. 이제 곧 피학증 분투가 안전을 확보할 특별한 방식을 지나치게 많이 대표한다는 점을 보게 될 것이다.

피학증이라는 용어는 성격 경향에 포함된 어떤 성질을 지시하기 위해 사용하지만, 이 성질의 본성에 대한 간결한 개념은 없다. 실제로 피학증 성격 경향들은 두 가지 주요 방향으로 기운다.

하나는 자기 최소화 성향이다. 피학증 유형의 개인은 아주 빈번하게 이런 성향을 알아채지 못하고 단지 그 결과를 의식할 뿐인데, 매력이 없고 중요하지 않으며 비효율적이고 바보 같고 무가치하다고 느낀다. 내가 자기 팽창 성향이라고 기술한 자기도취 경향과 반대로, 이 피학증 경향은 자기를 축소하는 쪽으로 기운다. 자기도취 유형의 사람[5]은 자신과 타인에게 자신이 지닌 자질과 역량을 과장하기 쉽

---

5    자기도취, 피학증, 완벽주의 유형의 사람들은 자기도취, 피학증, 완벽주의 성향이 우세한 사람들을 의미한다.

고, 피학증 유형의 사람은 자신의 미흡한 점을 과장하기 쉽다. 자기도취 유형의 사람은 어떤 과제든 쉽게 통달할 수 있다고 느끼기 쉽고, 완벽주의 유형의 사람은 자신이 어떤 상황이든 반드시 대처할 수 있어야 한다고 느끼기 쉽다. 그런데 피학증 유형의 사람은 무력하게 "나는 할 수 없어"라고 반응하는 성향이 있다. 자기도취 유형의 사람은 주목받는 중심에 서기를 갈망하고, 완벽주의 유형의 사람은 자신의 기준에 따라 자기에게 부여한 비밀스러운 우월감을 품으며 은둔하지만, 피학증 유형의 사람은 눈에 띄지 않고 구석으로 움츠러들기 쉽다.

피학증 유형의 다른 주요 성향은 인격적 의존성이다. 타인에 대한 피학증 유형의 의존성은 자기도취 유형이나 완벽주의 유형이 보이는 의존성과는 다르다. 자기도취 유형의 사람은 주목과 찬미가 필요해서 타인에게 의존한다. 완벽주의 유형의 사람은 독립성 유지를 지나치게 염려하지만, 실제로 안전은 타인이 자신에게 기대한다고 믿는 바와 자동으로 일치함에 달려 있어서 역시 타인에게 의존한다. 그러나 완벽주의 유형의 사람은 타인에게 의존한다는 사실과 의존의 정도를 숨기려고 염려하고, 정신분석에서 그렇듯 타인에게 의존한다는 사실이 어떤 식으로 드러나든 자부심과 안전에 타격을 입는다고 느낀다. 두 유형에서 의존성은 특정 성격 구조의 원치 않는 결과다. 다른 한편 피학증 유형의 사람에게 의존성은 실제로 삶의 조건이다. 이런 사람은 산소 없이 살 수 없는 것만큼이나 다른 사람의 현존, 자선, 사랑, 우정 없이는 살 수 없다고 느낀다.

단순하게 피학증 유형이 의존하는 사람을 부모, 연인, 언니, 남편, 친구, 의사든 피학증 유형의 상대라고 해보자.[6] '상대'는 개인이 아니라 가족의 다른 동기들이나 종파 같은 집단일 수도 있다.

피학증 유형의 사람은 자기 힘으로 아무것도 할 수 없다고 느끼고 상대에게 사랑, 성공, 위신, 돌봄, 보호 따위의 모든 것을 받으리라 기대한다. 이를 전혀 실감하지 못하지만 대체로 의식하는 겸손과 대조적으로, 피학증 유형의 사람이 거는 기대는 성격상 기생적이다. 피학증 유형의 사람이 다른 사람에게 집착하는 이유는 너무 절박해서, 상대가 자신의 기대를 충족할 만한 적합한 사람이 아니고 그런 사람이 되지도 못할 것이라는 사실을 의식에서 아예 배제할지도 모른다. 피학증 유형의 사람은 어떤 관계에 암시된 한계를 인정하고 싶어 하지 않는다. 그러므로 이런 유형의 사람은 어떤 애정[7] 표시나 관심 표시든 만족할 줄 모른다. 이런 사람은 흔히 운명에 대해서도 일반적으로 같은 종류의 태도를 보인다. 운명의 손에 놀아나는 무력한 인형이라고 느끼거나 불운하다고 느끼며 자신의 운명을 스스로 결정할 어떤 가능성도 그려낼 수 없다.

이런 기본 피학증 경향은 본질적으로 자기도취와 완벽주의 경향

---

6  프리츠 퀸켈(Fritz Künkel, 1889~1956)은 신경증 환자에 대해 **관계자**(*Beziehungsperson*)의 중요성을 지적했지만, 이를 특수하게 피학증과 연결하지 않고 신경증의 일반적 특징으로 고찰했다. 에리히 프롬은 이런 유형의 관계를 공생 관계라고 부르고 피학증 성격 구조의 기본 경향으로 여긴다.

7  카렌 호나이, 『우리 시대의 신경증 인격』, 6장 '신경증 환자의 애정 결핍'을 보라.

과 같은 토양에서 자라난다. 간략히 요약해 보자. 불리한 영향들의 결합으로 개별 주도권, 감정, 소망, 의견을 자발적으로 주장할 능력이 왜곡되어서 아이는 주변 세상에 적의가 잠재한다고 느낀다. 이런 어려운 조건에서 아이는 안전하게 살아낼 가능성을 찾아야 하고, 따라서 내가 말하는 신경증 경향을 계발한다. 우리는 자기를 부풀리는 성질이 이런 경향 가운데 하나고, 기준에 지나치게 따르는 성질이 다른 하나라는 점을 보았다. 위에서 기술한 피학증 경향의 발달이 추가할 성질이라고 나는 믿는다. 이 가운데 어떤 방도로든 제공되는 안전은 현실성이 있다. 예컨대 완벽주의 경향의 사람이 보여주는 가짜 적응은 실제로 다른 사람들과 빚는 명백한 갈등을 제거하고 조금 단호해졌다고 느끼게 만든다. 이제 피학증 경향이 어떤 형태로 안도감을 역시 제공하는지 이해해 보자.

기댈 수 있는 친구나 친척이 있다는 것은 누구에게나 안도감을 준다. 피학증 경향의 사람이 의존성을 보일 때 찾는 안도감도 원리상 같은 종류다. 피학증의 특이한 점은 다른 선제에 근거한다는 사실에서 유래한다. 보호받는 환경에서 자란 빅토리아 시대의 여자는 타자에게 의존해 살았다. 하지만 당대 여자가 의존했던 세상은 일반적으로 우호적이었다. 관대하고 선의가 넘치고 보호받는 느낌을 주는 세상에 기대고 그런 세상을 수용하는 태도는 고통스럽지도 않고 갈등을 유도하지도 않는다.

하지만 신경증에 걸린 경우, 세상은 좀처럼 신뢰할 수 없고 차갑고 못마땅하고 앙심을 품고 있는 것으로 여겨진다. 이렇게 적의가 잠재하는 세상에 무력하게 의존한다고 느끼는 것은 위험 속에 무방비 상태로 있다는 느낌과 같다. 피학증 경향의 사람이 이런 상황에 대처하는 길은 어떤 사람의 자비에 자신을 맡기는 것이다. 이런 사람의 안도감은 작고 위험에 빠진 나라가 권리와 독립을 강하고 공격적인 나라에 넘김으로써 보호받아서 달성하는 안전과 비교된다. 한 가지 차이는 작은 나라는 큰 나라에 대한 사랑 때문에 이런 단계를 밟지 않는다는 것을 알지만, 신경증 환자의 마음속에서 일어나는 과정은 충성심, 헌신, 위대한 사랑의 모습을 자주 띤다. 그러나 피학증 경향의 사람은 실제로 사랑할 능력도 없고 상대나 다른 누구든지 자신을 사랑할 수 있다고 믿지도 않는다. 헌신의 깃발 아래 나타나는 것은 실제로 불안을 누그러뜨리려고 상대에게 단순히 집착하는 모습이다. 결과는 이런 종류의 안전에 딸린 위태로운 본성과 버림받는 것에 대한 사라지지 않는 두려움이다. 상대방의 어떤 친절한 몸짓이든 안도감을 주지만, 상대가 다른 사람들이나 자신을 위해 가질 수도 있는 어떤 관심이나 긍정적 관심의 표시에 대한 영구적 갈망을 충족하지 못하는 경우에는 즉각 주문에 걸린 듯 버림받을 위험이 떠올라서 불안이 발생한다.

자기를 하찮게 만들어서 성취할 안전의 종류는 주제넘게 나서지 않음으로써 얻는 안전이다. 안전은 현실적으로 자신의 영예로운 자질로 타인에게 깊은 인상을 주어서 얻을 수 있는 만큼, 현실적으로 자신을 중요하지 않고 매력이 없고 눈에 띄지 않게 만들어서 얻는다는 사실을 다시 한번 강조해야 한다. 주제넘게 나서지 않음으로써 안전을 추구하는 사람은 나가면 고양이에게 잡아먹힐 것일까 봐 두려워서 쥐구멍에 머물기를 좋아하는 쥐처럼 행동한다. 그 결과로 생긴 삶에 대한 느낌은 남의 눈에 띄지 않아야 하고 아무 권리도 없는 밀항자의 한탄과 다를 바 없다고 기술할 수 있다.

이런 태도가 현재 있다는 것은 당사자가 주제넘게 나서지 않는 행동 방식에 집착하는 경직성과 그 행동 방식의 강제적 성격을 포기할 때 불안이 나타난다는 사실로 암시된다. 예컨대 이런 유형의 사람은 현재보다 더 유망한 자리를 제의받으면, 겁을 낸다. 혹은 마음속으로 자신의 역량을 깎아내리는 사람은 토론 중에 자신의 의견을 주장하고 싶을 때 겁이 날 수도 있다. 이런 사람은 가치 있는 공헌을 할 때조차 사과하듯 표현한다. 이 유형에 속한 사람들은 유년기나 청소년기에 남의 눈에 띈다고 느껴서 친구들보다 더 세련되고 예쁘게 차려입는 것을 두려워했다. 그들은 누군가가 자신들 때문에 상처받는다고 느낄 수 있다고 생각할 수 없고, 자신들을 좋아한다고도 높이 평가한다고도 생각할 수 없다. 왜냐하면 반대 증거가 있는데도 그들은 자신들이 '중요하지 않다'라는 확신을 고수하기 때문이다. 그들은 잘한 일에 대해 충분히 받을 만한 어떤 칭찬도 쑥스럽고 불편하게 느낄 개연성이 있다. 그들은 잘한 일의 가치를 줄이는 경향이 있고, 따라서 성취로 얻어야 할 만족감을 느끼지 못한다. 여기서 발생한 불안감은 일에 관해 자주 나타나는 억제의 중요한 특징이다. 예컨대 창조 작업이 고통스러워질 수도 있는 까닭은 언제나 자신의 특별한 관점이나 감정에 따른 자기주장(self-assertion)을 함축하기 때문이다. 그러면 다른 어떤 사람이 옆에서 항상 안도감을 줄 경우에만 과제를 끝낼 수 있다.

'쥐구멍'에 머무는 태도에서 발생하는 불안은 그런 태도의 빈도에 비례할 만큼 자주 나타나지 않는다. 이것은 삶이 발생할 불안을 막는 방식에 따라 자동으로 조정된다는 사실이나 물러서는 반응이 자동으로 발생한다는 사실에서 기인한다. 기회가 있어도 붙잡지 못하거나 심지어 알아채지도 못한다. 실존하는 가능성과 역량에 미치지 못하는 이류 자리를 이런저런 핑계(pretext)로 고수한다. 심지어 할 수 있고 해야 할 권리 주장을 알아채지도 못한다. 현실적으로 좋아지거나 도움을 받을 수 있는 사람들과 접촉을 피한다. 이런 모든 어려움 속에서 성공을 거두게 되더라도, 성공은 정서적으로 경험되지 않는다. 고안한 새로운 발상, 잘 끝낸 작업은 즉각 당사자의 마음속에서 가치를 깎아내린다. 이런 사람은 링컨 자동차를 선호하고 재정적으로 여력이 있어도 포드 자동차를 산다.

신경증 환자는 자신이 주제넘게 나서지 않는 성향의 지배를 받는다는 사실을 거의 알아채지 못하고, 일반적으로 결과만을 느낀다. 환자는 의식적으로 방어 태도를 보이고 자신이 남의 눈에 띄는 것을 혐오하거나 성공에 신경 쓰지 않는다고 믿을지도 모른다. 혹은 그냥 자신이 약하고 중요하지 않으며 매력이 없다고 유감스러워할 수도 있다. 아니면 가장 빈번하게 나타나는 경우로 신경증 환자는 열등감이라는 일반적 개념을 품고 있을지도 모른다. 이 감정은 자기주장을 해야 하는 순간에 뒤로 물러나는 경향의 원인이 아니라 결과다.

삶에 대해 취약하고 무력한 태도가 실제로 있음을 함축하는 이런 모든 경향은 낯익은 현상이지만, 으레 다른 원천에서 생겨난 결과로 여겨진다. 이 경향들은 정신분석 관련 문헌에서 수동 동성애 경향, 죄책감이나 아이가 되고 싶은 소망의 결과로 기술한다. 내 의견을 말하자면 이런 해석은 모두 쟁점을 흐린다. 아이가 되고 싶은 소망에 대해, 피학증 경향은 정말 다음과 같이 표현되기도 한다. 자궁 속으로 되돌아가거나 어머니의 팔에 안기는 꿈이나 환상 속에 그런 소망이 있다는 것이다. 그러나 이런 발현을 아이가 되고 싶은 소망이라고 해석하는 것은 정당하지 않을 수 있다. 신경증 환자는 무력해지기를 '소망하는' 것만큼 아이가 되기를 거의 '소망하지 않는' 까닭이다. 신경증 환자에게 현재 전략을 택하도록 강요한 것은 불안의 압박감(the stress of anxiety)이다. 유아로 돌아간 꿈은 유아가 되려는 소망을 증명한 것이 아니라 보호받고 싶고 스스로 서지 않고 책임지지 않으려는 소망, 다시 말해 무력감이 생겨났기 때문에 호소력을 갖는 소망의 표현이다.

지금까지 우리가 보았듯 피학증 경향은 불안을 누그러뜨리고 삶의 어려움, 특히 위험이나 위험이라고 여긴 것에 대처하는 특수한 방식이다. 하지만 그것 자체가 갈등을 빚는 방식이다. 우선 신경증 환자는 변함없이 자신의 취약성을 스스로 비하한다. 여기에 문화 양식으로 굳어진 무력감 및 의존성과 구별되는 뚜렷한 차이점이 있다. 예컨대 빅토리아 시대의 여자는 자신의 의존성에 만족했을 수 있다. 이는 빅토리아 시대에 살던 여자의 행복감을 망치지 않고 자신감(self-confidence)도 훼손하지도 않았다. 반대로 어떤 연약한 성질과 무력하게 기대는 태도는 욕구할 만하고 바람직한 여성스러운 자질이었다. 하지만 피학증 유형의 사람에게는 이런 태도에 위신(prestige)을 세워줄 문화 양식이 없다. 게다가 신경증 환자가 원한 것은, 자신에게 욕구하는 무엇이든 성취할 가치 있는 전략적 수단을 제공해도, 무력감이 아니라 주제넘게 나서지 않는 태도와 의존성이다. 심지어 환자는 단지 그것으로 얻는 안전감을 위해서 원한다. 취약성은 채택한 경로에 따른 불가피하고 원치 않는 결과다. 이미 지적했듯 적의가 잠재하는 세상에서 취약해지는 것은 위험하기 때문에 더더욱 원치 않는 결과다. 이런 위험과 타인이 환자의 취약성을 못마땅하게 여기는 기색은 둘 다 취약성이 경멸할 만하다고 여기게 만든다.

따라서 취약성은 거의 쉴 새 없는 짜증의 원천이거나 아무 위력도 없는 격노의 원천이기도 하고, 짜증이나 격노는 일상적으로 발생하는 무한히 다양한 기회로 촉발될 수도 있다. 그 기회와 잇따른 짜증은 둘 다 자주 지각되지만 어렴풋하다. 그런데 이런 유형의 사람은 자신의 의견을 옹호하지 못했고, 감히 자신의 소망을 표현하지 못했고, 거절하고 싶다고 느꼈던 곳에서 양보했으며, 누군가가 자신에게 은근히 못되게 굴었다는 점을 너무 늦게 알아챘던 일을 마음속 깊이 꼭꼭 새겨 넣는다. 당사자는 스스로 주장했어야 할 순간에 회유하고 사과했으며, 여기서 기회를 놓쳤으며, 여기서 병에 걸림으로써 어려운 상황을 회피했다.

자신의 취약성으로 항상 겪는 이런 괴로움은 강한 힘을 무차별하게 숭배하게 만든 한 원인이다. 과감하게 대놓고 공격하거나 주장을 내세우는 어떤 사람이든 자신에게 돌린 가치와 상관없이 적어도 은밀한 찬미와 숭배를 확신한다. 대담하게 거짓말하거나 허세를 부리는 사람은 대의명분을 위한 용기를 보여주는 사람만큼이나 찬미와 숭배라는 저류를 만들어낸다.

이런 내면의 재앙에서 비롯한 또 다른 결과는 웅대한 상념이 아주 많이 생겨서 점점 커진다는 것이다. 공상 속에서 피학증 경향의 사람은 자신의 고용주나 아내에게 자신이 그들에 대해 생각한 것을 말할 수 있고, 역대 가장 성공한 돈 후안[8]이며 발명도 하고 책도 쓴다. 이런 공상은 위안을 준다는 점에서 가치가 있으나 당사자 내부에 실존하는 대조점을 날카롭게 드러낸다.

피학증 경향의 의존성에 따라 맺어진 관계는 상대에 대한 적개심으로 가득하다. 이 적개심의 주요 원천을 세 가지만 언급하겠다. 첫째 원천은 신경증 환자가 상대에게 거는 기대감이다. 신경증 환자는 기력과 주도권과 용기가 없으므로, 상대에게 돌봄과 도움, 위험과 책임 덜어내기부터 생활비와 위신, 영광에 이르기까지 모든 것을 은밀하게 기대한다. 신경증 환자는 언제나 깊이 억압되지만, 마음속으로 상대의 생기를 먹고 살고자 원한다. 이런 기대가 도저히 충족될 수

---

8    (옮긴이) 돈 후안(Don Juan)은 유럽의 전설에 등장하는 인물로 방탕한 생활 끝에 회개를 거부하고 파멸에 이른다. 스페인 극작가 티르소 데 몰리나(Tirso de Molina, 1584~1648)의 비극 『세비야의 호색가』에 주인공으로 등장한다. 이밖에 희곡과 소설, 시에 악당 주인공으로 등장했다.

없는 까닭은 자신의 개성과 개별 생명을 보존하고자 원하는 상대라면 그런 기대에 도저히 부응할 수 없기 때문이다. 실망에 따른 적대 반응은 신경증 환자가 상대에게 내세운 요구의 정도를 알아챘다면 자주 그렇듯 비례가 전혀 맞지 않을 것이다. 그 경우 신경증 환자는 자신이 얻고자 원한 것을 전부 얻지 못한 것에 대해 화만 낼 터다. 하지만 카드의 패를 공개하고 놀이를 하지 않는 것이 자신에게 이익이므로 가장 얌전하거나 순진무구한 작은 소년이나 소녀처럼 보여야 한다. 여기서 말하는 과정은 현실적으로 분노의 단순한 이기적 반응인데, 신경증 환자의 마음속에서 왜곡된다. 신경증 환자는 자신의 기대 속에서 이기적이고 배려심이 없는 사람이 아니라 게으르고 어리석고 상대에게 학대당하는 사람이다. 따라서 보증할 길이 없는 분노 반응은 악한 종류의 도덕적 분개로 바뀐다.

둘째 원천은 피학증 유형의 사람이 안전을 위해 자신은 '중요하지 않다'라는 확신에서 한 발짝도 물러설 수 없지만, 타인의 아주 작은 무시나 소홀함의 신호에 과민해서 강한 분노로 반응하며, 분노를 여러 이유로 표현하지 못한다는 점이다. 진정한 호의나 친절은 피학증 유형의 사람에게 생기더라도 마음에 새겨지지 않는다. 자신에게 '중요하지 않은' 아무도 자신이 다른 누구에게 중요하다고 알아차릴 수 없기 때문이다. 그렇게 생겨난 타인에 대한 쓰라린 감정은 타인이 필요한 것과 타인을 혐오하는 것의 갈등을 격렬하게 만드는 주요 요인 가운데 하나다.

셋째 원천은 더 깊숙이 숨어 있다. 피학증 유형의 사람은 자신과 상대를 분리하는 것은 고사하고 도저히 거리를 둘 수 없어서 실제로 노예 상태에 있다고 느낀다. 이 유형의 사람은 자신이 상대의 요구 조건을 무엇이든지 받아들여야 한다고 느낀다. 하지만 자신의 의존성을 혐오하고 굴욕으로 여겨서 분개하므로, 그런 사람은 어떤 상대든 아무리 배려심이 있어도 내면으로 반항할 수밖에 없다. 이 사람은 상대가 자신을 지배하고 있으며, 자신이 거미줄에 걸린 파리처럼 붙잡혀 있고 상대는 거미라고 느낀다. 결혼 생활에서 아내와 남편이 이와 유사한 구조로 엮여서, 두 사람이 모두 견딜 수 없게 지배당하고 있다는 불만을 드러낼 수도 있다.

이렇게 생겨난 적개심은 부분적으로 이따금 폭발해서 뿜어져 나오기도 한다. 하지만 전체적으로 피학증 유형의 사람이 상대에게 느끼는 적개심은 항상 누그러지지 않는 위험을 구성한다. 왜냐하면 이런 사람은 상대가 필요하며 상대와 멀어지는 것을 두려워하기 때문이다.

적개심이 급작스럽게 발생할 때 불안이 잇따라 생길 수도 있다. 그런데 불안이 커지면서 상대에게 집착할 필요도 부풀려진다. 그렇게 악순환에 빠져서 상대와 자신을 분리하는 것이 점점 어렵고 고통스러워진다. 따라서 피학증 경향의 사람이 맺는 인간관계에 내재하는 갈등은 최종적으로 의존성과 적개심의 갈등이다.

위에서 논의한 피학증 성격 구조의 기본 경향들은 필연적으로 삶의 모든 영역과 관계를 맺는다. 이 기본 경향들은 피학증 유형의 사람이 자신의 소망을 좇고, 적개심을 표현하고, 어려움을 피하는 방식을 결정한다. 피학증 유형의 사람이 타인을 통제해야 할 필요나 완벽해 보여야 할 필요 같은 다른 신경증 필요를 다루는 방식도 그런 기본 경향이 결정한다. 끝으로 피학증 성격 구조의 기본 경향은 피학증 경향의 사람이 접근할 수 있는 만족의 종류를 결정하고 그로써 성생활(sexual life)에 영향을 끼친다. 다음으로 다양한 삶의 영역에서 구체적인 피학증의 특징에 대해 논의할 때, 성격과 관련된 몇 가지 특징만 선별해 다루겠다. 왜냐하면 이번 장의 의도는 피학증의 연구가 아니라 피학증 현상의 기본 사항에 대한 일반적 인상을 전달하는 것이기 때문이다.

피학증 유형의 사람이 좇는 어떤 소망은 직접적으로 표현되기도 하지만, 그럴 수 있는 정도와 조건은 다양하다. 하지만 이런 사람이 소망을 표현하는 특수한 방식은 나쁜 조건 때문에 자신의 필요가 얼마나 큰지를 타인의 마음에 깊이 새겨 넣는 것이다. 예를 들어보자. 어느 보험회사 직원은 보험의 이점을 알려주지 않고, 자신이 수수료를 아주 적게 받는다는 근거로 보험을 들어달라고 간청한다. 어떤 좋은 음악인은 구직 신청서를 낼 때 자신의 기교에 대해 깊은 인상을 주지 않고, 돈을 벌어야 할 필요를 강조한다. 더 심하게 소망을 표현하는 특수한 방식은 도움을 요청하는 필사적 외침으로 의미를 전달한다. "나는 너무 비참하고 절망적인 상황이니 나를 좀 도와줘." "네가 날 돕지 않으면 나는 완전 끝장이야." "나는 세상에 너 말고 아무도 없어. 그러니 넌 나에게 친절해야 해." "나 그걸 도저히 할 수 없어. 그러니 네가 나를 위해 그걸 해줘.""너는 나에게 많은 상처를 줬으니 나의 모든 비참한 상태에 책임이 있어. 그러니 넌 나를 위해 뭔가 해야 해." 이런 말을 들은 사람은 절박한 도덕적 의무를 짊어진다. 환자와 거리를 더 두는 정신 의학 관찰자는, 환자가 원하는 바를 얻어내려는 전략적 목적을 위해 자신의 비참함과 필요를 부주의하게 과장한다는 점을 마음에 새겨둘 것이다. 그런 전략은 실제로 먹혀들기 때문에 꽤 괜찮다. 그래서 환자는 비참한 고통과 무력감을 전시함으로써 무언가를 얻어내려는 전형적 피학증 전략을 쓴다.

그렇지만 환자가 왜 이런 특별한 전략을 쓰냐는 문제는 남는다. 특별한 전략은 이따금 효과가 있지만, 거의 모든 경우에 역사가 보여주듯 그 효과는 잠시 후 사라진다. 주변 사람들은 이런 유형의 간청이 피곤해져서, 비참함을 당연하게 받아들이고 행동하라고 더는 격려하지 않는다. 예컨대 자살하겠다고 위협함으로써 공격을 보강한다면, 여전히 목적을 달성할지도 모르지만, 그 효과도 역시 때가 되면 사라진다. 그러므로 우리는 환자의 태도를 단지 전략으로 여길 수 없다. 이를 더 충분히 이해하려면, 피학증 유형의 사람이 의식적으로나 무의식적으로 주변 세상은 힘이 많이 들고 못마땅한 일이 생기는 곳이며, 자발적 친절이란 없다고 깊이 확신한다는 점을 우리는 실감해야 한다. 이처럼 피학증 유형의 사람은 강하게 압박해야만 원하는 것을 얻을 수 있다고 느낀다. 더군다나 이런 사람은 기본적으로 자신에게 무엇이든 요구할 권리가 없어서 마음속으로 자신의 소망은 정당한 것이라고 느낀다. 이런 내면의 재앙 속에서 피학증 유형의 사람이 찾은 해결책은 실존하는 무력감과 고뇌를, 자신의 요구가 정당함을 보여줄 뿐만 아니라 압박할 수단으로 사용하는 것이다. 이를 인식하지 못한 채, 예전보다 비참한 고통을 더 심하게 느끼고 무력감에 더욱 빠져들고, 그러면 주관적으로 도움을 요구할 권한이 있다고 느낀다. 이 과정을 사근사근 겪느냐, 호전적으로 겪느냐는 문제는 여러 요인에 의존하지만, 원리상 이런 '피학증 경향의 도움 요청'과 관련된 요소들은 언제나 아주 비슷해 보인다.

적개심이 표현되는 방식은 인격의 구조에 따라 다양하다. 완벽해 보여야 할 필요가 우세한 유형은 자신의 도덕적 또는 지적 우월감 및 무오류성으로 타인을 찔러 마음을 아프게 하고자 원한다. 피학증 유형이 특수하게 적개심을 표현하는 방식은 괴로움이나 고통과 무력감을 드러내고, 당사자가 스스로 희생되고 상처를 입었다고 말하고, 악의에 차서 자신을 산산이 부서뜨리고, 인류학의 용어로 말하면 범인의 집 앞에서 자살하는 것이다. 피학증 유형의 적개심은 또한 잔혹 환상 속에, 특히 거슬린다고 느꼈던 사람들에 대해 쌓인 굴욕감의 형태로 나타나기도 한다.

피학증 유형의 적개심은 단지 방어 수단이 아니고, 가학증 특성을 띠는 경우가 자주 있다. 어떤 사람은 타인을 무력감에 빠지게 만들거나 괴롭게 만드는 자신의 힘에서 만족을 끌어낼 때 가학적이다.[9] 가

---

9  이 정의가 불완전한 까닭은 참사나 잔혹한 행위를 단지 목격하거나 들을 때도 유사한 만족을 얻을 수도 있기 때문이다. 그렇지만 여기서도 만족의 요소는 사고, 잔혹 행위, 굴욕 따위를 당한 사람들보다 낫다는 우월감을 즐긴다는 것이다. 가학증에서 힘의 요소는 사드

학증 자극은 취약하고 억압받는 개인, 말하자면 자신의 소망을 따르도록 타인에게 타격을 입힐 무언가로 자신도 타인을 움츠리게 할 수 있다고 느끼기를 갈망하는 노예의 복수심에서 솟아난다. 기본 성격 구조 면에서 피학증 유형의 사람은 위에서 정의한 뜻에서 가학증 경향의 발달을 부추기는 모든 선입관을 가진다. 피학증 유형의 사람은 여러 가지 이유로 취약하고 굴욕당하고 억압받는다고 느끼며, 진심으로 타인이 자신의 괴로움에 책임지게 만든다.

여기에 이론상 조금 다른 점이 있다. 프로이트는 언제나 가학증 경향과 피학증 경향의 상호관계를 자명한 것으로 여겼다. 그의 최초 제언은 피학증을 뒤집힌 가학증으로 여기고, 따라서 일차적 만족은 타인을 고통스럽게 만드는 데서 얻고 이차로 같은 자극이 자신에게 향할 수도 있다는 주장이었다. 프로이트는 나중에 피학증에 대한 견해를 밝힐 때도 이 주장을 고치지 않는다. 왜냐하면 피학증을 성 본능과 파괴 본능이 혼합된 경향이라고 여길 때도, 우리가 관심을 가진 유일한 것으로서 피학증의 임상 발현은 여전히 가학증 자극의 방향을 외부에서 자기로 바꾸는 것이기 때문이다. 하지만 프로이트의 새로운 이론은 사변적 방식으로 피학증이 가학증(일차적 피학증)보다 더 일찍 나타날 가능성을 덧붙인다. 나는 뒤에 덧붙인 제언의 이론적

가 지적했고, 니체가 자신의 모든 저술에서 강조했다. 최근 프롬은 권위의 심리학에 대한 강연에서 가학증에 포함된 힘의 요소를 강조했다. (옮긴이) 마르키 드 사드(Marquis de Sade, 1740~1814)는 '가학증(sadism)'이라는 용어가 유래한 가학적 성애 경향(eroticism)을 다룬 문학 작품을 남겼다. 카렌 호나이는 이 책에서 가학증을 성적 도착증보다 넓은 의미로 사용하고 있다.

함축에 동의하지 않지만, 임상 관점에서는 프로이트의 제언에 동의한다. 기본 피학증 성격 구조는 가학증 경향의 비옥한 토양이다. 그렇지만 이 진술의 일반화를 멈춰야 하는 까닭은 가학증 경향이 피학증 유형만의 특징이 아니기 때문이다. 취약하고 신경증과 상관없는 다른 이유로 타인에게 억압당하는 어느 개인이라도 가학증 경향을 계발할 수도 있다.

어려움과 씨름하기를 꺼리는 태도는 확실히 그 자체로 피학증이 아니다. 피학증과 특수하게 얽힌 요소는 당사자가 어려움이라고 느낀 것과 특히 어려움을 피하려고 선택한 방식에 놓여 있다. 강제된 주제넘게 나서지 않는 태도와 의존성 때문에, 그런 경향의 모든 함축으로, 피학증 유형의 환자에게 특히 자신을 위해 무언가를 한다고 가정하거나 책임과 위험에 직면할 때 두더지가 파놓은 흙 두둑은 산처럼 보일 때가 자주 있다. 일부 유형은 단순하게 모든 노력을 회피한다. 예컨대 크리스마스 선물 사기나 이사 같은 큰일을 예상하기만 해도 치명적 피로 반응을 보일 수도 있다. 피학증 유형의 사람이 어려운 일에 보이는 전형적 반응은 "나는 할 수 없어"라는 직접적 반응이고, 때때로 필요한 노력이 자신을 해칠 것이라는 두려움으로 나타난다.

피학증 유형의 사람이 어려움을 회피하는 방식의 특징은 꾸물거림, 특히 병에 걸리는 것이다. 시험이나 고용주와 논쟁, 무서운 전망 같은 불쾌하고 겁이 나는 과제가 기다릴 때, 이런 사람은 병이 나거나 적어도 사고가 나기를 소망할 수도 있다. 의사에게 진료받으러 가거나 확실한 사업 준비가 필요할 때, 꾸물거리고 실존하는 문제를 마음속에서 떨쳐낸다. 예컨대 복잡한 가족 상황을 바로잡아야 한다고 치자. 앉아서 능동적으로 문제와 씨름한다면, 문제를 해결할 방도를 알아낸 다음에 잊어버릴 것이다. 이와 달리 피학증 유형의 사람은 실존하는 재앙을 뚜렷이 구별해 생각하지 못한다. 뚜렷이 구별되지 않고 뒤섞인 흐릿한 희망을 품고, 일은 예정된 때 스스로 바로잡히며, 그런 희망이 모호하고 거대한 위협적 존재처럼 머리 위로 어렴풋이 보인다고 느낀다. 이렇게 모든 어려움을 회피하면 피학증 유형의 약한 느낌이 강화되고 실제로 더 약해진다. 왜냐하면 어려움과 맞서 끝까지 싸울 때 획득하게 되는 힘을 놓치기 때문이다.

기본 피학증 성격 구조는 개인이 자신의 피학증 경향과 결합할 수도 있는 다른 신경증 경향을 다루는 방식도 결정한다. 가능한 상호관계를 몇 가지 간략히 지적하겠다.

이미 언급했듯 피학증 성격 구조는 자신에 대한 과장된 상념들을 만들어내는 경향과 분리해서 고려할 수 없다.[10] 자신에 대한 과장된 상념은 피학증 성격 구조에 속하고, 대부분 자기 비하에 빠진 상황에서 자신을 구하는 수단이다. 이런 상념들은 흔히 시간과 기력의 상당 비율을 흡수하면서 완전히 공상에 빠져 있다.

이와 동시에 현실적으로 위대하고 유일한 일을 성취하지 못할 때

---

10    이 진술은 거꾸로 말할 수는 없다. 자기 팽창은 피학증 경향 없이, 또는 적어도 인격과 관련해 피학증 경향이 중요한 의미를 갖지 않으면서 발생할 수도 있다. 이 책의 5장 '자기도취 개념'을 참고하라.

견딜 수 없게 만드는 야망이 신경증 환자에게 실제로 있을 때 그림은 달라진다. 그런 경우 심각한 진퇴양난에 빠진다. 야망은 개인이 성공을 향해 가도록 재촉하지만 주제넘게 나서지 말아야 할 필요는 성공을 두려워하게 만들기 때문이다. 피학증 유형의 사람이 진퇴양난에 특수하게 대처하는 방식은 성취 부족에 대한 책임을 타자, 곧 다른 사람이나 상황에 전가하고, 질환과 불충분한 점에서 변명거리(alibi)를 찾는 것이다. 어떤 여자는 실패의 책임을 자신이 여자라는 사실에 전가할 수도 있다. 혹은 창조적 작업을 해내지 못한 것은 일상생활의 긴급한 사정 탓으로 돌리기도 한다. 위대한 배우가 되기를 원하지만 시도하는 것이 두려운 소녀는 키가 너무 작다는 근거로 무대에 서기를 주저한다. 다른 여자는 무대에서 큰 경력을 쌓지 못한 것을 남들의 시샘 탓으로 돌렸다. 다른 이들은 가난한 가족 배경이나, 계획을 훼방 놓거나 충분히 지원하지 않았던 친구나 친척 탓으로 실패한다고 여긴다.

이 유형에 속한 환자들은 의식적으로 결핵 같은 만성 질환에 걸리고 싶은 소망을 품는다. 으레 그들은 병을 앓게 될 전망이 상상일 뿐임을 알아채지 못한다. 그런 사람이 병에 걸릴 듯한 아주 작은 가능성을 얼마나 열렬히 붙잡는지를 볼 때, 누구라도 이런 결론을 피하기 어렵다. 가슴이 두근거리는 증상은 심장병에 걸렸다는 확신으로, 일시적으로 잦아진 배뇨 증상은 당뇨병에 걸렸다는 확신으로, 어떤 통증은 맹장염에 걸렸다는 확신으로 마법에 걸린 듯 바뀐다. 이런 관심은 건강 염려증 환자의 두려움에 포함된 요소 가운데 하나고, 그때 두려움은 상상 속에서 너무나 생생한 병에 걸릴 전망에 따른 반응이다. 병에 걸리는 것에 관심이 있는 이런 사람에게 심장, 폐, 위장에 아무 문제도 없다고 설득하기 어렵다. 모든 의사가 경험으로 알 듯, 그런 환자는 병에 걸릴까 봐 두려워하면서도 건강에 이상이 없다는 진술에 분개한다. 말할 필요도 없지만, 이는 건강 염려증 환자의 두려움에 대한 온전한 설명이 아니라 거기에서 작동할 수도 있는 요인 가운데 하나일 뿐이다.

끝으로 여기서 신경증 환자의 장애는 변명거리, 바로 치료를 지연시킬 어떤 사실로 이용되기도 한다. 피학증 유형의 사람은 막상 치료하면 자신의 역량을 실제로 시험하지 않을 좋은 변명거리를 모두 잃어버릴 것이라고 느낀다. 그런 시험을 두려워하는 몇 가지 이유가 있다. 첫째 이유는 자기 최소화 성향 탓에 자신이 뭐든 성취할 수 있다는 점을 본질적으로 의심한다는 것이다. 둘째 이유는 성취하려는 어떤 현실적 분투든 당사자에게는 '무모한 짓을 하는 것' 같다는 점이다. 또한 피학증 유형의 사람은 현실적인 일과 성공의 전망이 자신에게 호소력이 없다는 점을 어렴풋이 실감한다. 환상 속에서 어떤 노력도 하지 않고서 도달할 매혹적인 목표에 비해, 힘이 많이 들고 일관된 노력이 필요한 존중할 만한 일은 매력이 별로 없다. 따라서 피학증 유형의 사람은 야심 찬 목표를 환상 속에 그대로 두고 신경증에서 기인한 골치 아픈 문제를 변명거리로 간직한다. 이 현상은 정신분석학에서 처벌할 필요 때문에 건강해지기를 꺼리는 마음으로 자주 해석된다. 이런 해석은 유지될 수 없다. 예컨대 환자는 요양원이나 휴양지에서 타인이나 자신에 대해 아무 책임이나 의무도 지지 않고, 아무 기대 없이 지내면 일시적으로 나아졌다고 느낀다. 잘 살아내는 것이 삶에 대해 능동적 태도를 정하고 환자들의 야망 가운데 일부를 능동적으로 실현하지 않은 것에 핑계를 대지 않음을 의미하는 한, 이런 환자들은 병이 낫기를 원하지만 나아질 전망을 꺼린다고 말해야 더 정확하다.

피학증 경향은 권력과 통제를 위해 긴급히 명령할 필요와도 결합할 수 있다. 피학증 경향의 사람이 통제력을 발휘하는 방식이 바로 자신의 괴로움과 무력감이라는 것은 누구나 아는 사실이다. 피학증 경향이 우세한 사람의 가족과 친구들은 당사자의 소망에 따르기도 하는데, 그렇지 않으면 일어날 어떤 종류의 격변(upheaval), 예컨대 절망감, 우울증, 무력감, 기능 장애 따위가 두렵기 때문이다. 하지만 관련자들이 피학증 경향의 행동을 으레 단순한 전략으로 여긴다는 점을 덧붙여야 한다. 무의식적인 전략상 술책의 중요성을 지적했던 것이 아들러[11]의 장점이지만, 이런 설명을 충분히 살피지 않은 것은 아들러의 여러 피상적인 점 가운데 하나다. 어떤 신경증 환자에게 왜 일정한 목표를 달성하는 것이 필요불가결한지, 신경증 환자는 왜 목표에 이르는 일정한 방식만을 따르기 쉬운지를 파악하려면, 누구든지 전체 성격 구조를 이해해야 한다.

여기서 마지막으로 언급할 것은 피학증 경향과 강제된 완벽해 보

---

11    알프레드 아들러, 『인간 본성 이해(*Understanding Human Nature*)』(1927).

여야 할 필요의 결합이다. 이런 필요와 연결된 자책들은 피학증 환자가 '초자아'의 가혹한 처벌권에 복종하는 데 뿌리를 내리고 있다고 프로이트는 주장한다. 내가 이미 보여주었듯 이 성향들은 그 자체로 피학증이 아니지만, 성격 구조의 다른 요인들로 결정된다.[12] 하지만 그 성향들은 피학증 경향이 우세한 사람에게 나타날 수도 있고, 그런 경우 단지 자책이 아니라 죄책감에 빠지고 속죄하기 위해 괴로움에 기대는 성향으로 나타난다. 신경증 환자가 아닌 사람이 죄책감을 처리하는 방식은 자신의 단점을 정면으로 직시하고 극복하려고 시도하는 것이다. 그렇지만 이런 방식은 피학증 유형에게 낯선 많은 내면 활동을 요구한다.

물론 괴로움으로 속죄를 시도할 때 피학증 유형의 사람은 문화 양식을 따른다. 제물을 바침으로써 신들을 진정시키는 것은 널리 퍼진 종교 관례다. 서양 문화에서 그리스도교도는 괴로움이나 고통이 속죄의 수단이라고 믿는다. 형법은 범죄에 대한 처벌로 고통을 준다. 교육은 최근에 비로소 이런 원리를 포기했다. 피학증 유형의 사람은 자신의 성격 구조와 들어맞기 때문에 이런 문화 양식을 이용한다. 이렇듯 처벌로서 고통을 받아들이거나 자책으로 자신을 채찍질할 준비를 하는 것은 헛된 짓이다. 왜냐하면 이렇게 처벌을 받아들일 준비가 되어 있다는 태도는 진정한 죄책감에 관련된 것이 아니고, 강제된 완벽해 보여야 할 필요에 쓸모가 있고, 최종적으로 완벽한 모습을 다

---

12    이 책의 14장 '신경증 환자의 죄책감'을 참고하라.

시 확립하려는 시도이기 때문이다.

끝으로 기본 피학증 성격 구조는 도달할 수 있는 만족의 종류도 결정한다. 만족스러운 피학증 경험들은 성과 관련된 것일 수도 있고 성과 무관할 수도 있다. 전자는 피학증 환상과 도착증에 있고, 후자는 비참한 고통과 무가치하다는 느낌에 빠지는 데 있다.

괴로움이나 고통이 만족을 함의할 수도 있다는 수수께끼 같은 사실을 이해하려면, 우리는 먼저 다른 경우라면 만족을 낳는 거의 모든 길이 피학증 유형에게 닫혀 있다는 점을 실감해야 한다. 피학증 유형은 으레 어떤 종류의 건설적인 자기주장이든 회피한다. 건설적 자기주장을 하게 되더라도, 다른 경우라면 얻을 만한 만족을 망쳐 놓고도 남을 불안이 생긴다. 이처럼 제거된 만족 경험의 가능성은 어떤 종류든 지도력과 개척하는 일뿐만 아니라 독립적인 일이나 목표를 달성하려는 계획에 따른 꾸준한 노력을 포함한다. 게다가 강제된 주제 넘게 나서지 않는 태도 탓에 인정이나 성공을 도무지 즐길 수 없다. 끝으로 피학증 유형의 사람은 모든 기력을 자발적으로 치료에 쏠 수 없다. 이런 사람은 스스로 설 수 없어서 어떤 '상대'나 어떤 집단에 매달려야 하지만, 너무 걱정이 많고 의심이 많고 자기중심적이어서 무엇에든 또는 누구에게든 자발적으로 온 마음을 다해 자신을 맡기지 못한다.

타인에게 능동적으로 자발적 애정을 줄 능력이 없음과 포기할 능력이 없음은 둘 다 피학증 유형의 애정 생활을 근본적으로 훼손할 수밖에 없다. 피학증 유형에게 타인은 어떤 필요의 충족을 위해 없어서는 안 되지만, 피학증 유형은 타인의 필요, 행복, 발전과 관련된 자발적 감정을 가질 여유가 없다. 그리고 이 유형의 사람은 타인에게 사랑을 줄 수 있지만, 대의에 헌신하는 것에 지나지 않는다. 따라서 다른 경우라면 사랑 및 성과 관련해 얻었을 만족이 왜곡된다.

그러므로 쉽게 얻을 수 있는 종류에 속한 만족은 대단히 제한된다. 사실 만족은 안전이 확보된 같은 길을 따라서만 얻을 수 있다. 우리가 보았듯 이런 길은 의존성과 주제넘게 나서지 않는 태도라는 특징을 나타낸다. 그러나 여기서 문제가 생긴다. 왜냐하면 의존성과 주제넘게 나서지 않는 태도만으로는 만족을 얻지 못하기 때문이다. 관찰해 보면 이런 태도가 극단에 치우칠 때 만족을 경험한다. 성과 관련된 피학증 환상이나 도착증에 걸려들 경우, 피학증 유형의 사람은 단순히 상대에게 의존하지 않고, 자기 손에 흙을 묻히고 강간당하고 노예 상태로 전락하고, 고문당한다. 마찬가지로 사랑이나 희생에 매몰되어 자신을 완전히 잃고 자신의 정체감과 존엄성을 잃고, 자기 비하에 빠져 개성을 감추는 것 같은 극단에 치우치면, 주제넘게 나서지 않는 태도는 피학증 유형의 사람에게 만족을 제공할 수도 있다.

만족을 구할 때 이렇게 극단으로 치닫는 것이 왜 필요한가? 상대에게 의존하는 성질은 피학증 유형에게 일종의 삶의 조건이지만, 갈등과 고통스러운 경험으로 가득해서 큰 만족을 낳을 수 없다. 일반적으로 퍼진 오해를 방지하기 위해 갈등과 고통스러운 경험이, 남몰래 원하거나 즐긴 것이 아니고 다른 누구와 마찬가지로 피학증 유형의 사람에게도 불가피하고 고통스러운 일이라고 분명히 다시 말해

보자. 피학증 관계를 불행하게 만들 수밖에 없는 경험의 종류는 기본 피학증 성격 구조에 대한 논의에서 언급했다. 그 가운데 몇 가지를 되풀이해 보자. 피학증 유형은 의존하는 자신을 경멸한다. 이 유형의 사람은 상대에게 지나치게 기대하기 때문에 실망하고 원망할 수밖에 없게 되고, 불공평하게 대우받는다고 빈번하게 느낀다.

그러므로 갈등을 제거하고 말려든 아픔을 마취하듯 진정시킴으로써만 이런 피학증 관계에서 만족을 끌어낼 수 있다. 갈등은 제거할 수 있고 마음의 고통은 몇 가지 방식으로 달랠 수 있다. 피학증 유형의 사람에게 의존성에 관련된 갈등은 일반적 용어로 말하면 취약성과 강한 힘, 녹아들기와 자기주장, 자기 비하와 자부심 사이에서 생긴다. 이런 갈등을 해결하는 특별한 방식은 도착증과 환상에 빠져서 강한 힘, 자부심, 존엄, 자기 존중을 향한 분투를 밀쳐 놓고, 취약성과 의존성에 자신을 완전히 내맡기는 것이다. 따라서 피학증 유형의 사람은 상대의 손아귀에 걸려든 무력한 도구가 될 때, 스스로 비참한 상태로 가라앉을 때, 만족스러운 성 경험을 할 수 있다. 피학증 유형이 마음의 아픔을 달래는 특수한 방식은 강도를 높여서 마음의 아픔에 완전히 굴복하는 것이다. 당사자가 굴욕감에 빠져듦으로써 자기 비하의 고통은 마취되듯 무뎌지고, 그때 만족 경험으로 바뀔 수도 있다.

견딜 수 없는 고통이 가벼워지고 자기를 비참한 기분에 젖어 들게 함으로써 쾌감을 얻을 수 있다는 점은 많은 관찰로 드러난다. 자기를 잘 관찰할 수 있는 환자는 이를 자발적으로 확인해 줄 것이다. 환자는 경시, 비난, 실패를 단지 고통스럽게 느낄 수도 있지만, 그때 비참하고 고통스러운 느낌에 빠져들기도 한다. 환자는 자신이 과장하고 비참한 고통에서 빠져나올 수 있다고 희미하게 의식하지만, 기본적으로 이렇게 비탄에 빠지는 상태에 저항할 수 없는 매력이 있어서 거기서 빠져나오기를 원치 않는다는 점도 인식한다. 피학증 경향이 강제된 완벽해 보여야 할 필요와 결합할 때, 완벽한 모습에서 벗어난 행동은 비슷한 방식으로 처리된다. 실수를 깨닫는 일은 단지 고통스러울 뿐이지만, 피학증 유형의 사람은 이런 느낌의 강도를 높이고 자책감과 무가치하다는 감정에 탐닉함으로써 마치 고통을 진정시키고 자기 격하(self-degradation)로 광란의 잔치를 벌여 만족을 끌어낸다. 그러면 이는 성과 무관한 피학증 만족일 것이다.

고통은 어떻게 강도를 높임으로써 경감될 수 있는가? 앞에서 이런 과정에 작동하는 원리를 기술했고 여기서 그대로 인용하겠다. 자발적인 것처럼 보이는 괴로움이나 고통의 증가에 대해 다음과 같이 말했다. "이런 괴로움이나 고통 속에 얻을 만한 분명한 아무 이점도 없고, 깊은 인상을 받게 될 청중도 없으며, 얻어낼 어떤 공감도 없고, 타인에게 자신의 의지를 내세우며 얻을 비밀스러운 승리도 없다. 그렇더라도 신경증 환자에게 어떤 이득은 있는데, 종류가 다를 뿐이다. 사랑에서 실패를 초래하고 경쟁에서 패배하고 명확한 약점이나 단점을 실감하는 것은, 자신의 유일성에 대해 고상한 상념을 품은 사람에게는 견딜 수 없는 일이다. 따라서 신경증 환자는 스스로 아무것도 아니게 될 만큼 작아질 때 성공과 실패, 우월함과 열등함의 범주도 사라진다. 자신의 아픔이나 고통을 과장하고 비참하거나 무가치하다는 일반적 느낌에 사로잡히면, 아프고 괴로운 경험은 현실성을 일부 잃고 특별한 고통의 쑤시는 느낌이 무뎌지고 마약 중독 효과가 나타난다. 이런 과정에 작동하는 원리는 변증법[13]에 따르고, 이 원리는 임계점에 이르러 양이 질로 바뀐다는 철학적 진리를 포함한다. 구체적으로 말해 괴로움은 아프고 고통스럽지만, 너무 괴로워서 자기를 포기하는 것은 아픔이나 고통에 듣는 아편제로서 쓸모가 있다고 해도 된다."[14]

이렇게 얻는 만족의 종류는 자기를 포기하고 무언가에 넋을 잃는 특징이 있다. 여기서 말한 종류의 만족이 추가 분석을 허용하는지는 잘 모르겠다. 하지만 우리는 성적 방종, 종교적 황홀감, 자연이든 음악이든 대의에 대한 열광이든 어떤 위대한 느낌에 넋을 잃는 태도 따위의 낯익은 경험과 연결해 그런 만족의 신비를 벗겨낼 수 있다. 니체는 이를 디오니소스적 경향이라고 불렀고, 그것이 인간이 만족을 얻을 기본 가능성 가운데 하나라고 믿었다. 루스 베네딕트[15] 및

---

13    (옮긴이) 변증법(dialectic)이라는 용어는 서양 철학사에서 시대별로 다양한 의미를 함축한다. 고대 그리스의 철학자 소크라테스와 플라톤, 아리스토텔레스에 따르면 진리와 모순을 드러내는 질의응답법을 의미하고, 근대 독일 철학자 헤겔과 마르크스에 따르면 존재를 설명하는 세 법칙의 체계를 의미한다. 세 법칙은 대립물의 통일 법칙, 양질 전환 법칙, 부정의 부정 법칙이다.

14    카렌 호나이, 『우리 시대의 신경증 인격』, 14장 '신경증 환자의 괴로움의 의미'(피학증의 문제).

15    루스 베네딕트, 『문화의 유형』(1934).

다른 인류학자들은 그런 종류의 만족이 많은 문화 양식에 작동하고 있음을 보여주었다. 이런 만족이 피학증 유형의 사람에게 의존성, 비참한 느낌, 자기 비하에 따른 자포자기의 형태로 나타나는 것은 피학증 유형의 기본 성격 구조고, 다른 형태의 어떤 만족도 허용하지 않는다.

처음에 제기한 문제로 돌아가자. 피학증은 특별한 종류의 성과 관련된 분투인가? 피학증은 일반적으로 만족을 얻거나 특수하게 괴로움 속에서 만족을 얻으려는 분투로 정의할 수 있는가? 나는 이런 모든 분투가 단지 피학증 현상의 일정한 측면들을 대표할 뿐이지 핵심이 아니라는 결론에 이르렀다. 피학증 현상의 핵심은 겁을 먹고 고립된 개인이 삶과 위험에 의존성과 주제넘게 나서지 않는 태도로 대처하려는 시도다. 이런 기본 분투에서 생겨난 성격 구조는 소망을 내세우고 적개심을 표현하고 실패의 정당성을 밝히고 신경증 환자의 다른 실존하는 분투를 처리하는 방식을 결정한다. 또한 이 성격 구조가 추구할 만족의 종류와 만족을 찾는 방식도 결정한다. 피학증 성도착과 환상의 특별한 성적 만족도 비슷하게 그런 기본 성격 구조로 결정된다. 논쟁적으로 말해 보면, 피학증 환자의 성도착이 피학증 성격을 설명하지 않고, 피학증 성격이 성도착을 설명한다. 피학증 유형의 사람은 다른 유형의 사람만큼이나 괴로움을 즐기지 않고, 피학증 유형의 사람이 느끼는 괴로움은 당사자의 성격 구조에 따른 결과다. 피학증 유형의 사람이 이따금 찾아내는 만족은 괴로움이 아니라 비참한 기분과 자기 비하에 따른 황홀한 자포자기에 있다.

그러므로 치료의 과제는 기본 피학증 성격 경향들을 드러내고 이런 경향들로 생긴 모든 결과를 따라가서, 대립하는 경향들이 빚어낸 갈등을 찾아내는 것이다.

# 16장 ▷▷  정신분석 치료
## Psychoanalytic Therapy

**정신분석 치료**는 직관에 기대지도 않고 알기 쉬운 상식에 따라 방향을 잡지도 않는 만큼 이론적 개념의 영향을 받는다. 이론적 개념은 어떤 요인이 관찰되는지, 그리고 신경증을 만들어내고 유지하고 치료할 때 어떤 요인이 중요하게 생각되는지를 대부분 결정하고, 치료의 목표도 결정한다. 이론의 새로운 길은 필연적으로 치료의 새로운 길을 낸다. 이 책의 틀은 이에 관한 상세한 논의를 허용하지 않고, 많은 관련 문제를 대부분 생략할 수밖에 없다. 나는 이 점을 다른 장보다 이번 장에서 더욱 안타깝게 생각한다. 논의할 문제는 정신분석에서 해야 할 작업, 다시 말해 치료의 요인과 목표, 환자와 정신분석가의 어려움, 환자가 자신의 장애를 극복하도록 충동하는 심리 요인에 국한될 것이다.

이런 요인을 이해하기 위해 신경증을 본질적으로 구성하는 것이 무엇인지 간략히 요약해 보자. 많은 불리한 환경 요인[1]이 결합되어 아이는 자기 및 타자와 맺는 관계에서 장애를 겪는다. 직접적 결과는 내가 근본 불안이라고 불렀던 것이고, 여기서 근본 불안이란 적의와 위험이 잠재한다고 지각되는 세상에 대해 본래 가진 약하고 무력하다는 느낌을 나타내는 집합 명사다. 근본 불안은 필연적으로 삶에 안전하게 대처할 방법을 찾도록 만든다. 선택한 방법은 주어진 조건에서 접근하기 쉬운 것이다. 내가 신경증 해결책이라고 부르는 이런 방법은 강제적 성격을 띤다. 왜냐하면 개인이 고집스레 따름으로써만 스스로 살아낼 수 있고 잠재 위험을 피할 수 있다고 느끼기 때문이다. 신경증 경향이 개인을 움켜잡는 힘은, 안전뿐 아니라 만족에 이르는 유일한 수단의 역할을 한다는 사실로 더욱 강해지고, 만족에 이르는 다른 가능성은 지나친 불안 탓에 닫혀 있다. 더군다나 신경증 경향은 개인이 세상에 품은 원망을 표현한 것이다.

따라서 신경증 경향은 개인에게 명확한 가치가 있지만, 또한 개인의 추가 발달에 광범위하고 불리한 결과를 끊임없이 낳는다.

신경증 경향이 제공하는 안전은 언제나 위태롭다. 개인은 신경증 경향이 작동하지 않게 되자마자 불안의 지배를 받기 쉽다. 신경증 경향은 개인을 경직되게 만들고, 불안을 누그러뜨리려고 추가 보호 수단을 마련해야 해서 불안이 더욱 커진다. 환자는 상반된 분투에 끊임없이 휘말린다. 상반된 분투는 신경증이 발달하는 처음부터 나타난

---

1  체질적 요인의 영향에 대해 논의하지 않는다. 일부는 체질적 요인이 정신분석 치료와 관련이 없기 때문이고, 대부분은 우리가 체질적 요인에 관해 아는 것이 너무 적기 때문이다.

다. 또는 한 방향으로 경직된 충동이 대립 충동을 불러온다. 혹은 어떤 신경증 경향은 자체로 갈등을 낳기도 한다.[2] 이렇게 양립할 수 없는 분투가 있다는 것은 불안 발생의 가능성을 증폭시킨다. 왜냐하면 양립할 수 없는 성질이 한쪽 분투가 다른 쪽 분투를 위태롭게 할 위험을 함축하기 때문이다. 따라서 전반적으로 신경증 경향은 당사자가 안전하지 않다는 느낌을 훨씬 더 많이 갖게 만든다.

더욱이 신경증 경향은 개인을 자신에게서 멀어지게 한다. 이 사실은 개인 성격 구조의 경직성과 함께 개인의 생산성을 본질적으로 훼손한다. 개인은 일을 할 수도 있지만, 진실한 자발적 자기(real spontaneous self)와 관련된 하나뿐인 창조성의 살아 있는 원천이 필연적으로 막혀버린다. 또한 신경증에 걸린 개인은 불만으로 가득하다. 왜냐하면 만족의 가능성이 제한되고 만족 그 자체가 으레 일시적일 뿐이고 한쪽에 치우치기 때문이다.

끝으로 신경증 경향의 기능은 다른 신경증 경향을 처리할 바탕을 마련하는 것이지만, 추가로 인간관계를 해친다. 이렇게 인간관계를 해치는 주요 이유는 신경증 경향이 타인에 대한 의존성을 늘리고 다양한 종류의 적대 반응을 촉발한다는 것이다.

이렇게 발달한 성격 구조는 신경증의 핵심이다. 변이 형태는 무한

---

2  첫째 종류의 전형적 예는 신경증 환자의 야망이 신경증 환자의 애정에 대한 필요와 동시에 발생한 경우다. 둘째 종류의 예는 피학증 환자의 주제넘게 나서지 않는 경향이 자기 팽창 경향을 불러일으키는 경우다. 셋째 종류의 예는 완벽해 보여야 할 필요에 뿌리를 내린 순응과 반항이 갈등을 빚는 경향이다.

하더라도, 신경증에 걸린 성격 구조는 일정한 일반적 특징을 지닌다. 강제되는 분투, 갈등을 빚는 경향, 발현한 불안(manifest anxiety)을 계발하는 성향, 자기 및 타인과 맺는 관계를 해침, 잠재력과 실제 성취의 뚜렷한 불균형이다.

으레 신경증 분류의 기준으로 여기는 이른바 신경증의 증상은 신경증의 본질적 구성 요소가 아니다. 공포증, 우울증, 피로감 같은 신경증의 증상은 발생하지 않을 수도 있다. 그러나 발생할 경우에 신경증의 증상은 신경증 환자의 성격 구조의 결과물이고 그런 구조를 바탕으로만 이해할 수 있다. 사실상 '증상'과 신경증 환자의 성격상 어려움을 구별하는 유일한 차이는 다음과 같다. 전자는 신경증 환자의 성격과 명백히 관련되지 않고 외부 영역에서 생겨난 것으로 보이지만, 후자는 명백하게 신경증 환자의 인격 구조와 관련된다. 이를테면 외부 영역에서 자라난 것처럼 보인다. 어떤 신경증 환자의 소심한 태도(timidity)는 환자의 성격 경향에서 나온 명백한 결과지만, 고소공포증은 성격 경향의 명백한 결과가 아니다. 그런데도 후자는 단지 전자의 표현일 뿐이다. 고소공포증에서 환자의 다양한 두려움이 단지 하나의 특별한 요인으로 옮아가서 거기에 집중된 것이기 때문이다.

신경증에 대한 이런 해석에 비추어 두 종류의 치료 접근법은 오류에 빠진 것 같다. 한 접근법은 특정 성격 구조를 먼저 파악하지 않고서 증상의 그림을 직접적으로 이해하려는 시도다. 단순한 상황의 신경증에서, 실제 갈등과 연결함으로써 떠오른 증상을 직접적으로 다루는 것은 때때로 가능하다. 그러나 만성 신경증의 경우 처음에 증상의 그림이 있더라도 우리는 그것에 대해 거의 이해하지 못한다. 왜냐하면 신경증 증상의 그림은 모든 기존 신경증의 얽히고설킨 특징의 최종 결과기 때문이다. 예컨대 왜 어떤 환자는 매독 공포증에 걸리고, 다른 환자는 한동안 먹기를 반복하고, 또 다른 환자는 건강염려증으로 두려워하는지를 우리는 모른다. 정신분석가는 신경증의 증상을 직접적으로 이해할 수 없는 이유를 알아야 한다. 일반적으로 신경증의 증상을 직접적으로 해석하려는 시도는 모두 실패하고, 적어도 시간 낭비라는 것을 의미한다. 신경증의 증상들은 마음속에 간직했다가 나중에 성격 경향에 대한 이해로 그런 증상들을 조명하게 될 때 꺼내서 해명하는 편이 낫다.

일반적으로 환자는 이와 같은 절차에 만족하지 않는다. 환자는 자연스럽게 자신의 증상을 한꺼번에 설명하기를 원하고, 불필요한 지연이라고 느낀 것에 대해 원망을 표현한다. 환자가 원망을 표현하는 더 깊은 이유는 인격의 비밀 공간으로 누구든 들어오기를 원치 않는 것인 경우가 자주 있다. 정신분석가는 환자가 밟는 절차의 이유를 솔직하게 설명하고 이에 따른 환자의 반응을 분석하는 것이 최선이다.

오류에 빠진 다른 접근법은 환자의 실제 특이한 점을 유년기의 경험과 직접적으로 연결하고, 요인들의 두 연속 사이에 인과 관계를 성급하게 확립하는 것이다. 치료할 때 프로이트는 일차로 실제 어려움(actual difficulties)을 본능의 원천과 유아기의 경험까지 거슬러 올라가서 밝혀내는 것에 관심이 있고, 이 절차는 프로이트 심리학의 본능주의 및 발생적 성격과 일관성을 유지한다.

이 원리에 따른 치료에는 두 가지 목적이 있다. 만약 우리가 관련된 부정확성을 허용하면서 프로이트의 본능적 충동과 '초자아'를 내가 제시한 신경증 경향과 같다고 여긴다면, 프로이트의 첫째 목적은 신경증 경향이 실제로 있음을 인지하는 것이다. 예를 들어 프로이트는 자책과 스스로 강요한 제한이 실제로 있다는 사실로부터 환자가 가혹한 '초자아'(완벽해 보여야 할 필요)를 가진다고 결론지었을 터다. 프로이트의 다음 목적은 이런 경향을 유아기의 원천과 연결하고 이점에 근거해 설명하는 것이다. '초자아'에 관해 프로이트는 일차로 환자에게 여전히 작동하는 부모의 금지가 어떤 종류인지 인지하고, 오이디푸스 콤플렉스에서 유래한 (성과 관련된 유대, 적개심, 동일시 같은) 관계를 찾아내려고 했을 것이다. 프로이트는 오이디푸스 콤플렉스 관계가 '초자아'와 관련된 현상에 최종적으로 책임이 있다고 믿는다.

신경증에 대한 나의 관점에 따르면, 주요 신경증 장애는 신경증 경향의 결과다. 따라서 치료의 주요 목적은 신경증 경향을 인지한 후에, 신경증 경향의 기능과 신경증 경향이 환자의 인격과 삶에 미친 결과를 낱낱이 발견하는 것이다. 다시 완벽해 보여야 할 필요를 예로 들어보자. 나는 일차로 완벽해 보여야 할 필요와 관련된 신경증 경향이 (타인과 빚는 갈등 제거하기, 타인보다 우월하다고 느끼기 같은) 개인을 위해 달성한 것과 그런 경향이 개인의 성격과 삶에 미친 결과도 이해하려고 관심을 기울이겠다. 후자의 탐구로 이런 유형의 사람이 어떻게 불안에 떨며 단순한 자동 기계가 될 정도로 기대에 부응하고 기준을 따르면서도 뒤엎으려고 반항하는지, 이런 이중 역할이 어떻게 무기력과 타성으로 이어지는지, 그런 사람이 어떻게 자신의 명백한 독립성을 자랑스러워하면서도 실제로는 타인의 기대와 의견에 전적으로 의존하는지, 어떻게 자신에게 기대하는 모든 것을 원망하면서도 자신을 안내할 기대가 없으면 길을 잃었다고 느끼는지, 누구든지 자신의 도덕적 분투의 얄팍함과 삶에 만연한 이중성을 찾아낼까 봐 얼마나 공포에 떠는지, 이런 공포심이 결국 당사자를 은둔하고 비판에 과민하게 만드는지를 이해할 수 있을 것이다.

신경증 경향을 인지한 후에 프로이트는 일차로 발생 기원을 탐구하지만, 나는 일차로 신경증 경향의 실제 기능과 결과를 탐구한다. 이 점에서 나는 프로이트와 다르다. 두 절차에서 의도는 같다. 신경증 경향이 환자를 붙잡고 흔드는 지배력을 줄이는 것이다. 신경증 경향의 유아기와 관련된 본성을 인지함으로써, 환자는 신경증 경향이 성인기의 인격과 어울리지 않음을 자동으로 실감할 테고, 그러므로 신경증 경향을 극복할 수 있으리라고 프로이트는 믿는다. 이 주장과 관련된 오류의 원천은 앞에서 논의했다. 프로이트가 치료 실패에 책임이 있다고 주장한 모든 장애물, 예컨대 무의식적 죄책감의 깊이와 자기도취에 빠진 사람의 접근 불가성, 생물이어서 갖는 충동의 불변성은 현실적으로 프로이트의 정신분석 치료법이 기댄 잘못된 전제에서 비롯한다.

신경증 경향에서 나온 결과를 꿰뚫어 분석 작업을 함으로써 환자의 불안이 그만큼 줄어들고, 환자가 자기 및 타자와 맺는 관계는 그

만큼 개선되어서 신경증 경향을 없앨 수 있다는 것이 나의 주장이다. 신경증 경향의 발달은 아이가 세상에 적의를 품고 염려하는 태도를 보임에 따라 일어날 수밖에 없다. 만약 신경증 경향의 결과에 대한 분석, 곧 실제 신경증 구조에 대한 분석이 무차별한 적의를 품지 않고 타인을 분별 있게 우호적으로 대하도록 개인을 돕는다면, 만약 개인의 불안이 상당히 줄어든다면, 만약 개인이 내면적 힘의 세기가 커지고 내면 활동을 늘린다면, 개인은 안전장치가 더는 필요치 않고 살면서 겪는 어려움을 자신의 판단에 따라 처리할 수 있다.

신경증 환자가 원인을 유년기에서 찾는다고 암시하는 사람이 언제나 정신분석가라는 법은 없다. 환자는 자발적으로 발생의 기원을 보여주는 자료를 자주 제공한다. 환자가 신경증 경향의 발달과 관련된 자료를 제공한다면, 신경증 경향은 건설적 방향으로 나아간다. 그러나 환자가 무의식적으로 이런 자료를 성급한 인과 관계를 확립하려고 사용한다면, 신경증 경향은 성격 측면에서 포착하기 어려워진다. 자주 일어나듯 환자는 그렇게 자신의 내부에 실존하는 경향들과 직면하지 않으려고 한다. 환자가 신경증 경향들의 양립 불가능성이나 자신이 그런 경향들에 대해 치러야 할 대가를 실감하지 않으려고 염려하는 것은 이해할 만하다. 정신을 분석할 때까지 환자의 안전과 만족에 대한 기대는 이런 분투에 달려 있었다. 환자는 자신의 충동이 긴급한 명령이 아니고 보이는 만큼 양립 불가능하지 않으며, 두 마리 토끼를 다 잡을 수 있고, 아무것도 바뀌지 않아야 한다는 뒤섞이고 헷갈리는 희망을 간직하고 싶었을 것이다. 그러므로 정신분석가가 실제로 함축된 결과를 꿰뚫어 분석 작업을 하자고 주장할 때 환자는 저항할 좋은 이유가 있다.

정신분석가는 환자가 스스로 발생 기원을 찾으려는 노력이 막다른 길에 이른 것을 실감할 수 있게 되자마자 능동적으로 개입해야 한다. 나아가 환자가 상기한 경험은 실제 경향과 관련이 있을지도 모르지만, 실제 경향이 왜 지금까지 유지되는지를 설명해 주지는 않는다고 지적하면 가장 좋다. 인과성에 대한 호기심을 뒤로 미루고 먼저 특정 경향이 환자의 성격과 삶에 대해 함의한 결과를 연구하는 것이 더 유익하다는 점을 환자에게 설명해야 한다.

내가 실제 성격 구조의 분석을 강조한다고 해서 유년기에 관한 자료를 소홀히 다룬다는 뜻은 아니다. 사실 내가 기술했던 절차, 다시 말해 인위적 재구성을 그만둔 절차는 심지어 유년기의 어려움에 대해 더 명료한 이해로 이어진다. 나의 경험상 오래된 기법으로 작업하든 수정된 기법으로 작업하든 완전히 잊힌 기억이 슬며시 떠오르는 일은 비교적 드물다. 위조된 가짜 기억을 고치는 일이 더 잦고, 무관하다고 여기던 작은 사건이 의의를 부여받는다. 환자는 자신의 특정 발달 과정을 서서히 이해한 결과로 자신을 회복한다. 더 나아가 자신을 이해함으로써 부모님이나 부모님에 대한 기억과 화해하게 된다. 환자는 부모님도 갈등에 휘말려 자신을 해칠 수밖에 없었음을 이해한다. 환자가 자신이 입은 피해로 더는 괴로워하지 않을 때나 적어도 상처를 극복할 방법을 알아보게 될 때, 오래된 원망이 줄어들고 가벼워진다는 점은 더욱 중요하다.

정신분석가가 이런 분석 절차를 밟는 동안 작동하는 도구는 대부분 프로이트가 사용하라고 우리에게 가르쳐준 것이다. 자유 연상과 해석은 무의식 과정을 의식으로 끌어올리는 수단이고, 환자와 정신분석가의 관계를 다룬 상세한 연구는 환자가 타인과 맺는 관계의 본성을 인지하는 수단이다. 이렇게 볼 때 프로이트와 나의 다른 점은 기본적으로 요인들의 두 무리와 관계가 있다.

한 무리는 주어진 해석의 종류다. 해석의 특성은 누구든지 본질적이라고 생각한 요인에 의존한다.[3] 이와 관련된 차이점은 이 책의 전반에 걸쳐 논의했으므로, 여기서는 언급만 하고 넘어가겠다.

다른 무리는 덜 구체적이어서 공식으로 표현하기가 더 어려운 요인과 관련된다. 이런 요인은 정신분석가가 분석 절차를 다룬 방법, 예컨대 분석가의 능동성이나 수동성, 환자를 대하는 태도, 가치 판단을 하거나 삼가기, 환자의 용기를 북돋우거나 단념하게 만들려는 태도에 암시되어 있다. 방금 언급한 일부 논점은 논의했고, 다른 일부는 앞선 장들에 함축되어 있다. 눈에 띄는 고려 사항을 여기서 간략

---

3    베르거 카프(Fey Berger Karpf), 「역동적 관계 치료(Dynamic Relationship Therapy)」, 『사회복지 기법 학술지(*Social Work Technique*)』(1937). (옮긴이) 베르거 카프(Fay Berger Karpf, 1891~1964)는 사회 심리학의 역사에 대한 분석으로 사회과학 분야에 공헌했다. 『미국의 사회 심리학(*American Social Psychology*)』(1932)에서 사회학과 심리학의 역사를 추적했다. 자신의 역동적 관계 이론을 오토 랑크의 이론과 연결했으며, 외상 사건이 유년기 이후에도 사람들에게 영향을 미칠 수 있다고 주장했다. 대표 저작은 『오토 랑크의 심리학과 심리치료』(1953)다.

히 요약하겠다.

프로이트에 따르면 정신분석가는 비교적 수동적 역할을 해야 한다. 프로이트의 조언은 '수평으로 공중을 맴돌 듯 주의를 기울이면서' 환자의 자유 연상을 경청해야 하고, 어떤 세부 사항에 의도적으로 주목하는 것과 의식적 경험을 피하라는 것이다.[4]

당연하게도 프로이트의 견해를 봐도 정신분석가는 완전히 수동적일 수 없다. 정신분석가는 환자의 자유 연상을 해석함으로써 능동적으로 영향을 미친다. 예컨대 정신분석가가 과거를 재구성하는 경향을 보일 때, 환자는 그에 따라 과거를 찾으라고 암암리에 지시받는다. 또한 모든 정신분석가는 환자가 어떤 주제를 고집스레 회피한다는 점에 주목할 때 능동적으로 개입할 것이다. 그런데도 프로이트의 견해에서 이상은 정신분석가가 환자의 안내를 받고 환자가 알맞다고 볼 때 자료를 단지 해석하는 것뿐이다. 말하자면 이런 절차에서 정신분석가도 환자에게 영향을 미친다는 점은 바람직할 수 있지만 마지못해 허용한 결과다.

다른 한편 나의 견해는 정신분석가가 신중하게 분석을 수행해야 한다는 것이다. 그렇지만 이 진술은 프로이트의 수동성 강조처럼 줄잡아 받아들여야 한다. 왜냐하면 자유 연상을 통해 자신의 마음속

---

4  "… 정신분석가는 수용 기관처럼 환자의 떠오르는 무의식에 마음을 쏟고, 전화 수화기처럼 있어야 한다. 수화기가 음파로 유도된 전기 진동을 다시 음파로 바꾸듯, 의사의 무의식적 정신은 환자의 무의식을 지도했던 환자의 무의식적 정신을 그것에서 유래한 통신 수단으로 재구성할 수 있다."(지그문트 프로이트, 「의사를 위한 정신분석 치료 방법 권고 사항」, 『논문집』, 2권, 1924)

에서 가장 중요한 문제를 보여줌으로써 일반 노선을 암시하는 사람은 언제나 환자 자신이기 때문이다. 또한 나의 견해에 따르면 정신분석가가 해석만 하게 되는 시간도 많을 것이다. 해석은 많은 것을 함축하기도 한다. 환자가 알아채지 못하고 관련이 있으나 위장된 형태로 제시하는 문제들을 명료하게 밝히기, 실존하는 모순 지적하기, 환자의 성격 구조와 관련해 이미 성취한 통찰에 근거해 문제의 가능한 해결책을 제언하기 따위다. 여기서 환자는 유익한 길로 접어든다. 그러나 환자가 막다른 골목으로 달려가고 있다고 믿게 되는 순간, 나는 주저 없이 능동적으로 개입해 다른 길을 제언할 터다. 물론 나는 환자가 왜 어떤 노선을 따라 나아가기를 선호하는지 분석할 테고, 환자가 다른 방향으로 탐색해 보기를 원하는 이유도 제시할 것이다.

예를 들어 어떤 환자가 자신이 옳다는 것이 긴급한 명령이라고 실감했다고 가정해보자. 환자는 이런 긴급한 명령에 의문을 제기하기 시작하고 명령이 왜 그렇게 중요한지 물을 만큼 충분히 실감했다. 나의 방법은 누구든 이유를 직접 찾는 방식으로 성공하지 못하며, 먼저 이런 태도가 환자에게 미친 모든 영향과 결과를 낱낱이 인지하고 어떤 기능을 하는지 이해하는 편이 더 유익하다고 신중하게 지적하는 것이다. 물론 정신분석가는 이 방법으로 더 많은 위험을 감수하고 책임도 더 많이 진다. 하지만 책임은 어쨌든 정신분석가의 몫이다. 그리고 경험상 암시를 잘못해서 시간을 낭비할 위험은 전혀 개입하지 않는 방법보다 훨씬 덜하다. 환자에게 암시했던 것에 관해 확신이 없다고 느낄 때, 나는 암시의 잠정적 특성을 지적한다. 그러면 나의 암시가 요점을 짚어내지 못하더라도, 정신분석가로서 내가 해결책을 찾고 있음을 환자가 느껴서 나의 암시를 교정하거나 제한할 때 환자의 능동적 협업을 끌어내기도 한다.

정신분석가는 환자의 자유 연상 방향뿐만 아니라 환자가 마침내 자신의 신경증을 극복하도록 도울 마음의 힘에도 더욱 신중하게 영향을 미쳐야 한다. 환자가 달성해야 할 과제는 힘이 많이 들고 아주 고통스럽다. 그것은 이제까지 우세했던 안전과 만족에 대한 분투를 모두 그만두거나 크게 수정함을 의미한다. 환자의 눈에 자신을 중요한 뭔가로 만들었던 환상을 버린다는 뜻이다. 타자 및 자신과 맺는 전반적 관계를 다른 바탕에 놓는다는 의미기도 한다. 무엇이 환자가 이 힘든 일을 하도록 충동하는가? 환자는 저마다 다른 동기로 다른 기대를 걸고 정신분석을 받으러 온다. 가장 빈번한 경우로 환자들은 발현한 신경증 장애(manifest neurotic disturbances)가 제거되기를 원한다. 때때로 환자들은 상황에 더 잘 대처할 수 있기를 소망한다. 이따금 환자들은 발달이 정지되었다고 느끼고 막다른 지점을 넘어서고 싶어 한다. 아주 드물게 환자들은 더 큰 행복에 대한 솔직한 희망을 품고 정신분석을 받으러 온다. 이런 동기가 갖는 힘의 크기와 건설적 가치는 환자에 따라 다양하지만, 모든 동기는 치료할 때 능동적으로 사용할 수 있다.

하지만 누구든 이런 충동하는 힘(driving forces)이 겉보기와 전혀 다르다는 점을 실감해야 한다.[5] 환자는 자신의 목적을 자기 방식대로 달성하고 싶어 한다. 환자는 자신의 인격을 건드리지 않으면서 괴로움이나 고통으로부터 자유로워지기를 소망할 수도 있다. 효율을 더 높이고 재능을 더 잘 계발하려는 환자의 소망은, 거의 언제나 정신분석이 자신의 틀리지 않고 우월한 겉모습을 더 완벽하게 유지하도록 도울 것이라는 기대로 대부분 결정된다. 모든 동기 가운데 그 자체로 가장 효과적인 환자의 행복 추구도 곧이곧대로 받아들일 수 없다. 왜냐하면 환자가 마음에 둔 행복은 모든 상반된 소망의 성취를 은밀하게 함의하기 때문이다. 그런데 정신분석이 진행되는 동안 이런 모든 동기 부여(motivations)는 강해진다. 이는 정신분석가가 특별한 주의를 기울이지 않아도 아주 성공적인 정신분석에서 발생하는 일이다. 그러나 동기 부여의 강화, 이렇게 말해도 된다면 동기의 동원(mobilization)은 치료를 위해 제일 중요하므로, 정신분석가는 어떤 요인들이 치료 효과가 있는지 알아내고 작용하도록 정신분석을 수행하는 것이 바람직하다.

정신분석을 받는 동안 괴로움이나 고통에서 자유로워지고 싶은 환자의 소망은 강해지는데, 왜냐하면 환자의 증상이 줄어들더라도 환자는 자신의 신경증이 얼마나 많은 무형의 괴로움과 악조건을 함의하는지를 점점 실감하기 때문이다. 신경증 경향의 모든 결과를 정교하게 설명하는 고된 작업에 참여하면서 환자는 이를 인지하고 스스로 건설적 불만을 제기한다.

---

5　헤르만 넌버그, 「회복 소망을 넘어서(Über Genesungenwunsch)」, 『국제 정신분석 학회지』(1925).

또한 인격을 개선하려는 환자의 욕구는 가식을 벗겨내자마자 바탕이 더 튼튼하게 마련된다. 예를 들어 완벽주의 경향의 충동은, 특별한 재능이든 인간의 일반적인 능력이든 우정과 사랑할 능력, 일을 잘 해내고 일 자체를 위해 즐기는 능력 같은 내재한 잠재력을 계발하려는 진정한 소망으로 대체된다.

무엇보다 행복 추구 경향이 더 강해진다. 신경증 환자는 대부분 불안으로 정해진 경계 안에서 얻을 수 있는 부분적 만족만을 알 뿐, 참된 행복을 체험하지도 못하고 참된 행복에 이르려고 감히 시도하지도 못했다. 이를 설명해 주는 한 이유는 신경증 환자가 안전을 추구하는데 몰두해서 단지 출몰하는 불안, 우울증, 편두통 따위에서 벗어날 때 만족을 느낀다는 것이다. 또한 많은 경우에 신경증 환자는 타인의 시각뿐 아니라 자신의 시각으로 오해한 '이기적이지 않은 태도(unselfishness)'의 외양을 유지할 수밖에 없다는 느낌에 사로잡혔다. 따라서 실제 자기중심성이 있는데도 신경증 환자는 자신을 위한 솔직한 소망을 감히 품지 못했다. 혹은 능동적으로 공헌하지 않더라도 하늘에서 쏟아지는 햇살처럼 자신에게 비추는 행복을 기대했을지도 모른다. 이런 모든 이유보다 더욱 개연성 있는 최종 원인을 말하자면, 개인은 부풀어 오른 풍선, 꼭두각시, 성공 사냥꾼, 무임승객이지 결코 자기 자신이 아니었다. 행복의 전제 조건은 자신 안에서 중심을 잡는 것인 듯하다.

정신분석이 행복해지려는 욕구를 강화하는 몇 가지 길이 있다. 정신분석은 환자의 불안을 없앰으로써 단지 위험이 없는 안전보다 삶에 더욱 긍정적인 무언가를 위해 기력과 소망을 자유롭게 펼치도록 돕는다. 또한 정신분석은 두려움 때문에, 그리고 구별 지음으로써 탁월해지려는 어떤 갈망 때문에 유지되는 가식, 바로 '이기적이지 않은 태도'의 가면을 벗긴다. 이런 겉모습에 대한 정신분석은 특히 여기서 행복해지려는 소망이 해방될 수도 있기 때문에 특별한 주목을 받을 만하다. 더 나아가 정신분석은 행복이 외부에서 온다고 기대할 때 환자가 길을 잘못 들어선 것이라는 점, 행복을 즐김은 내부에서 얻는 능력이라는 점을 환자가 서서히 실감하도록 돕는다. 이런 말은 환자에게 해봐야 아무 소용이 없다. 왜냐하면 환자는 어쨌든 그런 말을 아주 오래되고 논란의 여지가 없는 진리로 알고, 현실과 관련 없는 추상적 사실로 남겨두기 때문이다.

정신분석이라는 수단을 써야 그런 진리가 생명과 현실성을 얻게 된다. 예컨대 사랑과 동지애로 행복해지려는 어떤 환자는 정신분석을 통해 자신에게 '사랑'이 무의식적으로 상대에게서 원하는 모든 것을 얻고 상대를 마음대로 부리며, '무조건적 사랑'을 받으려고 기대하는 관계를 의미할 뿐이라고 실감하지만, 내면의 자기와 떨어진 채 여전히 자신에게 푹 빠져 있다. 환자는 자신이 내세우는 요구의 본성을 알아채고, 요구의 이행이 본래 불가능함을 알아채고, 특히 요구와 요구의 좌절에 따른 반응이 실제로 인간관계에서 어떤 결과로 이어지는지 알아챔으로써, 마침내 자신이 사랑으로 행복을 얻지 못하는 것에 절망할 필요가 없고 내면 활동을 늘리고 충분히 분석 작업을 하면 행복해질 수 있다고 깨닫는다. 끝으로 환자는 신경증 경향을 없앨수록 더욱 자발적인 자기가 됨으로써 행복해지기 위해 자신을 더욱 신뢰할 수 있다.

환자의 변화 욕구를 동원하고 강화할 다른 가능성이 아직 남아 있다. 정신분석에 익숙하더라도 환자는 거의 변함없이 정신분석을 받는 작업이 왠지 불쾌한 일, 특히 과거의 일을 의식하게 될 뿐이고, 이런 알아챔이 마치 마법처럼 자신을 세상과 어울리게 바로잡을 것이라는 환상을 품는다. 만약 환자가 정신분석이 인격의 변화를 겨냥한다는 사실을 적어도 고려한다면, 인격의 변화가 자동으로 일어날 것이라고 환자는 기대한다. 나는 어떤 바람직하지 않은 경향에 대한 통찰과 그런 경향을 바꾸려는 강한 의지 충동의 관계에 대한 철학적 질문을 제기하지 않겠다. 어쨌든 환자는 쉽게 이해할 만한 주관적 이유로 자신도 모르는 사이에 알아챔과 변화를 구별한다. 세부 사항에 이를 때 자연스럽게 환자는 이런 방향의 단계마다 맞서 싸우더라도, 원칙적으로 억압된 경향을 의식해야 할 필요성을 받아들이지만, 변화의 필요성을 받아들이는 것은 거부한다. 확실치 않지만 환자는, 정신분석가가 자신에게 최후의 변화 필요성에 직면하라고 요청할 때 충격을 아주 크게 받을지도 모른다.

일부 정신분석가들은 이런 변화 필요성을 환자에게 짚어 주지만, 다른 정신분석가들은 어떤 방식으로 환자의 태도를 공유한다. 내가 동료의 분석을 감독할 때 발생한 사건을 예로 들어도 좋겠다. 환자는 자신을 고치고 바꾸기를 원했다는 이유로 동료 정신분석가를 비난했고, 그때 동료 정신분석가는 그것이 환자의 의도가 아니고 환자는 단지 어떤 심리 사실을 드러내고 싶었을 뿐이라고 보고했다. 나는 동료에게 답변의 진실성을 확신하는지 물었다. 동료는 전적으로 참이라고 확신하지 않는다고 인정했지만, 환자를 바꾸려는 바람이 옳지 않다고 느꼈다.

방금 말한 문제는 겉으로만 모순을 포함한다. 모든 정신분석가는 자신의 환자가 아주 많이 바뀌었다는 말을 남들에게 들으면 자랑스러워하지만, 환자의 인격에 변화를 일으키려는 신중한 소망을 환자에게 실토하거나 표현하기를 주저할 것이다. 정신분석가는 자신이 행하거나 행하고 싶어 하는 모든 것이 무의식 과정을 의식으로 끌어올리는 것이고, 환자가 자신에 대해 더 잘 알게 됨으로써 행하는 것은 환자의 몫이라고 주장하기 쉽다. 여기서 모순은 이론적 이유로 설명된다. 먼저 정신분석가는 과학자고 과학자의 유일한 과제는 관찰해서 모은 자료를 발표하는 것이라는 일반적 이상이 있다. 더 나아가 '자아'의 기능을 제한하는 학설도 있다. 기껏해야 '자아'는 자신만의 의지력을 갖고 단지 자동으로 작동하면서 종합 기능[6]을 한다고 여긴다. 왜냐하면 모든 기력은 본능의 원천에서 생겨난다고 가정하기 때문이다. 이론적으로 정신분석가는 우리가 뭔가를 의지할 수 있다고 믿지 않는다. 왜냐하면 우리가 어떤 일을 이루려고 소망한다면, 판단력은 해야 할 옳거나 분별 있는 것을 우리에게 말해주기 때문이다.

---

6  헤르만 넌버그, 「자아의 종합 기능(Die synthetische Funktion des Ichs)」, 『국제 정신분석 학회지』(1930).

따라서 정신분석가는 의지력을 건설적 방향으로 동원하는 것을 신중하게 삼간다.[7]

하지만 심리 치료에서 환자의 의지력이 하는 역할을 프로이트가 인정하지 않는다고 말하는 것은 맞지 않을 터다. 프로이트는 억압이 판단으로 대체되어야 한다거나 정신분석가가 환자의 지력과 더불어 작업하고, 환자의 지적 판단이나 지력이 변화에 대한 의지의 약동(a will impulse)을 유발할 수 있음을 함축한다고 간접적으로 주장한다. 사실상 모든 정신분석가는 환자의 내면에서 작동하는 의지의 약동을 신뢰한다. 예컨대 탐욕이나 고집 센 성질 같은 '유아기' 경향이 실존하고 그것의 해로운 함축을 환자에게 증명할 때, 정신분석가는 확실히 이런 경향을 극복할 의지의 약동을 동원한다. 문제는 그렇게 의지력을 동원하는 행위를 의식하고 그런 일을 신중하게 하는 것이 선호할 만하냐는 것이다.

의지력을 동원하는 정신분석 방법은 일정한 연고나 동기를 환자의 의식에 떠오르게 함으로써 환자가 판단하고 결정할 힘을 준다. 이런 결과는 환자가 얻은 통찰의 깊이에 어느 정도 의존한다. 정신분석 문헌은 '단지' 지성만으로 통찰하는 것과 정서가 개입된 통찰을 구별한다. 지적 통찰은 너무 약해서 환자들에게 결정할 힘을 주지 못한

---

7 오토 랑크는 『의지 치료(Will Therapy)』(1936)에서 정신분석에서 이 능력을 고려하지 않았다고 옳게 비판한다. 그렇지만 의지력은 너무 형식적인 원리여서 치료의 이론적 바탕이 되지 못한다. 핵심 논점은 여전히 내용이다. 어떤 구속으로부터 그리고 어떤 목적으로 기력이 해방되냐는 것이다.

다고 프로이트는 명백히 진술한다.[8] 환자가 오로지 어릴 적 어떤 경험이 실제로 있다고 결론짓는 경우와 어릴 적 경험을 정서적으로 느끼는 경우, 환자가 단지 죽고 싶어 하는 소망에 대해 말하는 경우와 죽고 싶어 하는 소망을 현실적으로 느끼는 경우가 있다고 치자. 두 경우에 가치의 차이가 있다는 것은 참이다. 그런데 이런 구별은 장점이 있지만, 지적 통찰을 공정하게 충분히 다루지 못한다. 이런 맥락에서 '지적(intellectual)'이라는 용어는 부주의하게 '피상적'이라는 함축된 의미(connotation)를 지니게 되었다.

지적 통찰은 강력한 동력 장치로서 충분한 확신을 제공할 수 있다. 내가 마음에 둔 통찰의 성질은 모든 정신분석가가 했을 만한 경험으로 예시된다. 환자는 이따금 가학증 경향 같은 일정한 경향들이 있다고 의식하고 현실적으로 느낀다. 그러나 몇 주가 지난 후, 그런 경향들이 환자에게 완전히 새로 발견된 것처럼 나타난다. 무슨 일이 벌어졌는가? 부족했던 것은 정서적 성질이 아니었다. 오히려 가학증 경향에 대한 통찰이 분리된 상태로 남아서 아무 영향도 미치지 못했다고 말할 수 있다. 이를 다음 단계로 통합하려면 필요한 것은 다음과 같다. 첫째로 가학증 경향의 과장된 발현과 강한 정도에 대한 인

---

8   "만약 정신분석이 억압을 거슬러서 드러낸 정상적 갈등과 맞서 싸우려고 한다면, 환자는 건강을 회복하도록 이끌 바람직한 결정에 영향을 미치기 위해 엄청난 자극(a tremendous impetus)이 필요할 것이다. 그렇지 않으면 환자는 앞서 말한 쟁점에 결정을 내리고 의식이 억압 상태로 다시 돌아가게 하는 다른 요인을 허용할 수도 있다. 이런 갈등 상황에서 결정권은, 이런 성취에 도달할 만큼 강하지도 자유롭지도 않은 환자의 지적 통찰이 아니라 환자와 의사의 관계로만 행사된다."(지그문트 프로이트, 『일반 정신분석학 강의』(1920))

식이 필요하다. 둘째로 어떤 상황이 가학증 경향을 일으키는지와 불안과 억제, 죄책감, 타인과 관계를 맺을 때 생기는 장애 같은 가학증 경향의 결과를 인식할 필요가 있다. 이런 범위와 정밀성에 대한 통찰만이 환자가 이용할 수 있는 모든 기력을 변화할 결심에 쓸 만큼 강하다.

환자의 변하고 싶어 하는 소망을 끌어냄으로써 성취하는 것은, 의사가 당뇨병 환자에게 병을 극복하려면 일정한 식이요법을 지켜야 한다고 말함으로써 성취하는 것과 어느 정도 비슷하다. 의사도 역시 무차별한 식사가 가져올 결과와 체질에 대한 통찰을 환자에게 제공함으로써 기력을 동원한다. 차이는 정신분석가의 과제가 비교할 수 없을 만큼 더 어렵다는 점이다. 내과 전문의(internist)는 무엇이 환자를 아프게 하는지와 병을 고치기 위해 환자가 무엇을 피하거나 피해야 하는지 정확히 안다. 그러나 정신분석가도 분석을 받는 환자도 어떤 경향이 어떤 장애를 일으키는지를 처음부터 알지는 못한다. 환자의 두려움 및 예민함과 끊임없이 싸우면서, 정신분석가와 환자는 둘 다 드디어 길을 밝힐 어떤 연결점을 찾아내기 위해 합리화와 이상해 보이는 정서 반응으로 얽힌 당혹스러운 상황을 헤치고 나가야 한다.

변하겠다는 결심은 헤아릴 수 없을 만큼 가치가 있지만 변화를 실행할 능력과 같지 않다. 환자가 신경증 경향을 포기할 수 있으려면 그 경향이 생길 수밖에 없었던 성격 구조의 요인을 헤치고 나아가야 한다. 따라서 이처럼 새로 동원한 기력을 사용하는 정신분석 방법은 추가 분석으로 나아간다.

환자는 추가 단계를 자발적으로 밟을 수도 있다. 예컨대 환자는 가학증 자극(sadistic impulse)을 일으킨 조건에 관해 더 정확하게 관찰하고 이 조건을 열심히 분석하기도 한다. 그렇지만 여전히 불쾌한 경향을 한꺼번에 근절하려는 환자들은 가학증 자극을 직접적으로 통제하려고 노력하고, 실패할 때 실망하기도 한다. 이런 경우에 나는 환자에게 다음과 같이 설명하겠다. 환자가 내면적으로 약하며 짓밟히고 쉽게 굴욕당한다고 여전히 느끼는 한, 가학증 경향을 통제하려는 환자의 시도는 도저히 성공할 수 없으므로, 가학증 경향을 극복하고자 소망한다면 환자는 이를 발생시킨 마음의 원천을 분석해야 한다. 이런 추가 분석 작업을 여전히 해야 한다는 점을 더 많이 의식할수록, 정신분석가는 환자가 헛되이 실망하지 않도록 더 많이 돕고 환자의 노력을 보상에 더 가까워지도록 이끌 수 있다.

프로이트의 학설은 도덕 문제, 또는 가치 판단이 정신분석의 관심과 권한을 넘어선다는 것이다. 치료에 적용하면 이는 정신분석가가 관용을 실천해야 한다는 뜻이다. 이처럼 관용적 태도는, 정신분석이 과학이고 자유주의 시대의 일정 단계를 특징지었던 자유방임주의 원리(the principle of lassez-faire)를 또한 반영한다는 주장과 일치한다. 사실상 가치 판단을 삼가는 것, 가치 판단에 책임지지 않는 것은 근현대 자유주의자에게 널리 퍼진 특징이다.[9] 정신분석가의 쉽게 동요

---

9   정신분석과 관련된 관용 개념의 사회학적 근거는 에리히 프롬이 『사회연구 학술지』

하지 않는 관용적 태도는, 억압된 자극과 반응을 의식하고 마침내 표현할 힘을 환자에게 주는 조건 가운데 하나로 여겨진다.

이와 관련해 제기할 첫째 질문은 그런 종류의 관용에 도달하는 것이 가능하냐는 것이다. 정신분석가가 자신의 가치 평가를 배제하는 정도까지 일종의 거울이 되는 것은 가능한가? 신경증의 문화적 함축에 대해 논의하면서 이것이 현실적으로 달성할 수 없는 이상임을 우리는 보았다. 신경증은 인간적 행동과 인간적 동기의 문제를 포함하므로, 사회와 전통에 따른 가치 평가는 자기도 모르는 사이에 붙잡고 씨름할 문제와 겨냥할 목표를 결정한다. 프로이트는 자신의 이상을 엄밀하게 고수하지 않는다. 예컨대 프로이트는 현재 사회에 통용되는 성도덕의 가치에 관한 본인의 입장에 대해, 자신에게 성실함이 가치 있는 목표라는 본인의 믿음에 대해 환자의 마음속에 어떤 의심도 남기지 않는다. 사실상 정신분석을 재교육이라고 부를 때, 프로이트는 적어도 암시된 도덕 척도와 목표 없이 교육을 생각할 수 있다는 환상에 빠진 자신의 이상과 모순을 빚는다.

정신분석가는 알아채지 못할 수도 있지만 가치 판단을 하므로, 공언된 관용적 태도는 환자를 설득하지 못한다. 환자는 명백하게 진술되지 않은 정신분석가의 진짜 태도를 감지한다. 환자는 정신분석가가 무언가를 표현하는 방식, 바람직하다고 여기는 특징과 그렇지 않다고 여기는 특징에서 정신분석가의 가치가 포함된 태도를 알아낸

---

(1935)에 발표한 「정신분석 치료의 사회적 제약」에서 제시했다.

다. 예컨대 수음에 관한 죄책감이 분석되어야 한다고 주장할 때, 정신분석가는 자신이 수음을 '나쁘게' 생각하지 않고, 따라서 수음이 죄책감의 근거가 되지 않는다고 함축한다. 환자의 어떤 경향을 '수용적'이라고 단순하게 지칭하지 않고 '빌붙는' 경향이라고 말하는 정신분석가는 이에 관한 자신의 판단을 환자에게 은연중 전달한다.

따라서 관용은 근접할 뿐이고 완전히 실현할 수 없는 이상이다. 정신분석가가 낱말 선택에 주의를 더 기울일수록 관용의 이상에 더 가까워질 것이다. 그런데 가치 판단을 삼간다는 뜻에서 관용은 목표로 삼아야 할 이상인가? 답은 최종적으로 개인의 철학이고 개인이 결정할 문제다. 나의 견해로 가치 판단을 배제하는 것은 장려하기보다 오히려 극복해야 할 이상에 속한다. 신경증 환자가 도덕적 가식, 기생하고 싶은 욕구, 권력 충동 따위를 계발하고 유지하도록 강제하는 내면의 필요성을 무제한 기꺼이 이해하려는 마음은, 내가 이런 태도를 현실적인 진짜 행복에 방해되는 부정적 가치로 여기는 것을 막지 못한다. 나는 도리어 극복되어야 할 무엇이라는 확신이 이런 태도를 충분히 이해할 유인책(incentives) 가운데 하나가 아닐까 생각한다.

치료를 위한 이런 이상의 가치와 관련해, 거기에 걸었던 기대를 충족하는지에 대해 나는 의문을 제기한다.[10] 여기서 말하는 기대는 정신분석가의 관용적 태도가 비난에 대한 환자의 두려움을 누그러뜨림으로써 생각과 표현의 자유를 더 많이 누리게 하리라는 것이다.

---

10    에리히 프롬, 「정신분석 치료의 사회적 제약」, 『사회연구 학술지』(1935) 참고.

이런 기대가 겉으로 그럴듯해 보여도 정당하지 않은 까닭은 비난에 대해 환자가 갖는 두려움의 정확한 본성을 고려하지 않기 때문이다. 환자는 자신의 못마땅한 경향이 열등하게 여겨질까 봐 두려워하지 않고, 전체로서 인격이 이런 경향 탓에 비난받을까 봐 두려워한다. 또한 환자는 이런 비난이 무자비하고 자신의 바람직하지 않은 경향을 계발하게 만든 점을 고려하지 않을까 봐 두려워한다. 게다가 다양하고 특별한 특징에 대한 비난을 두려워할 수도 있지만, 환자의 전반적 두려움은 무차별하다. 자신이 행하는 모든 것에 대해 비난받으리라는 환자의 예상은 일부는 사람들에게 대한 두려움의 강도에서 기인하고, 일부는 가치관이 불균형하다는 사실에서 기인한다. 환자는 자신의 진짜 가치도 진짜 결함도 알지 못한다. 전자는 환자의 마음속에서 완벽하고 유일무이하다는 착각에 빠진 주장으로 나타나고, 후자는 억압된다.

따라서 환자는 자신이 비난받을 수도 있는 것에 대해 전혀 안전하지 않다. 예컨대 환자는 비판적 태도, 성적 환상이 자신에 관한 정당한 소망일 수도 있는지를 알지 못한다. 신경증 환자의 두려움이 이런 특성을 지닌다는 사실에 비추어 볼 때, 정신분석가가 객관성을 유지하는 척하는 가식이 환자의 두려움을 누그러뜨리지 못할 뿐만 아니라 반대로 증가시킨다는 점은 거의 의심할 여지가 없다. 환자가 정신분석가의 태도를 확신할 수 없을 때, 또 환자가 이따금 반론이 받아들여지지 않는다고 감지할 때, 잠재적 비난에 대한 환자의 두려움은 반드시 커진다.

당연히 이런 두려움을 없애야 한다면, 이를 분석해야 한다. 정신분석가는 일정한 특징을 바람직하지 않다고 여기지만 환자의 전체 인격을 비난하지 않는다는 점을 환자가 알면, 그런 두려움은 누그러진다. 관용적 태도, 정확히 말해 가짜 관용이 아니라 건설적 호의를 보여야 한다. 이때 일정한 결함을 인지하는 것이 좋은 자질과 잠재력을 칭찬할 역량까지 해치지는 않는다. 치료에서 이는 환자의 등을 토닥이며 격려한다는 뜻이 아니라 어떤 경향에 진정한 좋은 요소가 있다면 무엇이든 흔쾌히 신뢰하는 동시에 그 경향의 의심스러운 면을 기꺼이 지적한다는 뜻이다. 환자의 좋은 비판력과 그 능력을 파괴적으로 사용하는 것, 존엄하다는 의식과 오만함, 만약 있다면 진정한 호의나 친절과 특별히 다정하고 관대한 사람인 척하는 가식을 명백히 구별하는 것이 중요하다.

여기서 환자는 주어진 시간에 정서적으로 정신분석가를 보기 때문에, 이런 모든 것이 별로 중요하지 않다는 반론이 나올 수도 있다. 하지만 정신분석가를 위험한 괴물이나 우월한 존재로 보는 것은 환자의 일면일 뿐임을 잊어서는 안 된다. 확실히 이런 감정이 가끔 우세해질 수도 있지만, 늘 눈에 잘 띄지는 않아도 명료한 현실감을 지닌 다른 면이 나타나기 마련이다. 정신분석의 후반기에 접어들면 환자는 스스로 정신분석가를 두 방식으로 느낀다고 분명히 실감하게 된다. 예컨대 환자는 "선생님이 나를 좋아한다는 점은 확실히 알겠는데, 나를 아주 싫어하는 것처럼 느껴집니다"라고 말한다. 따라서 환자가 정신분석가의 태도에 익숙해지는 것은 비난에 대한 두려움을 누그러뜨릴 뿐만 아니라 투사를 그 자체로 인정하기 위해 중요하다.

정신 의학의 역사는 고대 이집트와 그리스까지 거슬러 올라가면 심리 장애의 두 개념, 의학적 개념과 도덕적 개념이 있었다. 넓게 보면 으레 도덕적 개념이 우세하다. 의학적 개념이 근절될 수 없을 만큼 대승을 거두었다는 점이 프로이트와 당대 정신분석가들의 장점인 것처럼 보인다.

그렇더라도 마음의 병을 일으킨 원인과 결과에 대한 지식이, 마음의 병은 도덕 문제를 포함한다는 사실까지 볼 수 없게 해서는 안 된다. 신경증 환자는 특히 타인의 괴로움에 대한 공감 능력, 타인의 갈등에 대한 이해력, 전통적 기준과 거리두기, 미적 가치와 도덕 가치에 대한 세련된 감수성 따위의 섬세한 자질을 계발하지만, 가치가 의심스러운 일정한 특징들도 계발한다. 신경증 과정의 밑바닥에 놓여 있으며 신경증 과정으로 강화되는 두려움, 적개심, 취약하다는 느낌의 결과로 신경증 환자는 불가피하게 어느 정도 불성실하고 거만하고 겁이 많고 자아 본위나 자기중심성에 빠진다. 신경증 환자가 이를 알아채지 못한다는 사실은 그런 경향이 실제로 있다는 것을 막지도 못하고, 심리치료사가 알아야 할 중요한 점으로서 환자가 그런 경향으로 고통받거나 괴로움을 겪지 않게 하지도 못한다.

현재 태도와 예전에 정신분석을 지배했던 태도의 차이는 우리가 이런 문제를 이제 다른 관점에서 고려한다는 점이다. 신경증 환자는 본래 다른 누구처럼 조금 게으르고 진실을 말하지 않고 이권을 챙기고 자만에 빠져 있으며, 유년기의 역경으로 어떤 불리한 경향을 계발해서 방어와 욕구 충족의 정교한 체계를 세울 수밖에 없었다는 점을 알게 되었다. 따라서 정신분석가들은 신경증 환자가 그런 불리한 경향에 책임이 있다고 여기지 않는다. 달리 말해 심리 장애에 대한 의학적 개념과 도덕적 개념의 모순은 보기와 달리 양립할 수 없는 것은 아닌 듯하다. 도덕 문제는 신경증 환자가 앓는 병에 통합된 부분이다. 결론적으로 우리는 도덕 문제의 명료화로 환자를 돕는 기능이 정신분석가의 의료 과제에 속한다고 본다.

도덕 문제가 사실상 신경증에서 하는 역할이 정신분석으로 명료하게 드러나지 않는 것은, 일정한 이론적 선제, 주로 리비도 이론과 '초자아' 이론이 함축한 선제의 결과다.

실제로 제시된 도덕 문제는 일반적으로 가짜 도덕과 관련이 있는데, 자기 눈에 완벽하고 우월해 보여야 할 환자의 필요에 속하는 까닭이다. 따라서 첫 단계는 도덕적 가식을 들춰내고 환자가 도덕적 가식의 기능을 인지하도록 돕는 것이다.

다른 한편 환자의 진짜 도덕 문제는 환자가 숨기려고 가장 노심초사하는 문제다. 이 말은 결코 과장이 아니다. 완벽하고 자기도취에 빠진 겉모습은 진짜 도덕 문제를 감추는 영사막의 역할을 한다는 이유로 필수불가결하다. 그러나 환자는 진짜 도덕 문제의 특성을 뚜렷이 알아볼 힘을 분명히 갖추고 있다. 그렇지 않으면 환자가 자기 삶의 아주 고통스러운 이중성에서 벗어날 수도 없고 이중성의 결과로 생긴 불안과 억제에서 벗어날 수도 없다. 이 때문에 정신분석가는 성적 일탈과 마찬가지로 도덕 문제도 솔직하게 다루어야 한다. 환자는 진짜 도덕 문제에 직면한 후에 비로소 태도를 정할 수 있다.

프로이트는 기본 신경증 갈등이 마침내 환자의 결정으로 해결되어야 한다고 실감한다. 여기서도 의문은 이런 과정을 신중하게 격려해서는 안 되느냐는 것이다. 많은 환자는 어떤 문제를 알아본 후에 자발적으로 태도를 정한다. 자신의 특이한 종류의 자부심에 뒤따른 재앙을 인지할 때, 어떤 환자는 자발적으로 이를 가짜 자부심이라고 부르기도 한다. 그렇지만 다른 환자들은 이런 판단을 하려다가 갈등에 휘말리기도 한다. 이런 경우 드디어 결정해야 할 필요성을 지적하는 것이 유용해 보인다. 예를 들어 만약 어떤 환자가 어느 시간에 성공을 위해 어떤 수단이든 비양심적으로 사용하는 사람들을 찬미하고, 다른 시간에 성공에 신경 쓰지 않고 분석 작업의 주제에만 관심이 있다고 주장한다면, 정신분석가는 함축된 모순을 지적할 뿐만 아니라 마침내 환자가 현실적으로 무엇을 원하는지 결심할 필요가 있다고 말해주어야 한다. 하지만 나는 빠르고 피상적인 결정을 하지 말라고 덧붙일 것이다. 중요한 논점은 환자가 자신을 어느 방향으로 충동하고, 어떤 경우에 얻고 버려야 할지 분석하도록 촉구하는 것이다.

만약 정신분석가가 분석할 때 이런 태도를 채택한다면, 환자를 만나는 정신분석가의 태도가 본래 호의적이고 정신분석가는 자신의 문제를 명료하게 밝혔다는 점이 필수 전제다. 정신분석가는 일정한 가식을 스스로 숨기는 한, 환자의 그런 가식도 보호해야 한다. 정신분석가는 자신의 '교육용 분석(didactic analysis)'에 대해 광범위하고 철저할 뿐만 아니라 끝없는 자기 분석을 스스로 해야 한다. 만약 정신분석의 과제가 일차로 환자의 실제 문제를 푸는 것이라면, 정신분석가의 자기 이해는 이전보다 더욱 타인을 분석하기 위한 필수 전제다.

나는 위에서 정신분석 치료에 대해 논평했고, 제언한 정신분석의 새로운 길이 분석의 기간과 관계가 있는지 살펴보면서 마무리하고 싶다.

분석의 기간은 (성공할 기회와 마찬가지로) 기저 불안의 양, 실존하는 파괴 경향의 양, 환자가 공상에 빠져 사는 정도, 체념의 범위와 깊이 같은 여러 요인의 결합에 의존한다. 개연성 있는 분석 기간에 대한 예비 평가를 위해 다양한 기준을 사용할 수 있다. 이 가운데 과거나 현재를 구성하는 쪽으로 사용할 만한 기력의 양, 삶에 대한 적극적이고 현실적인 소망의 정도, 상부구조에 깃든 힘의 세기에 집중한다. 만약 방금 언급한 요인들이 알맞다면, 실제 문제를 능동적이고 직접적으로 다룰 때 많이 도울 수 있다. 나는 흔히 가정하는 것보다 더 많은 사람들이 체계적 분석 없이 도움을 받을 수 있다고 생각한다.

만성 신경증과 관련해 나는 해야 할 작업의 범위와 종류를 일반적으로 보여주려고 시도했다. 아주 세부적으로 들어가지 않으면서 복잡한 사항에 대한 그림을 보여주는 것은 불가능하다. 정신분석 작업의 양과 일의 어려움은 둘 다 빠른 작업을 불가능하게 만든다. 따라서 신경증을 빨리 치료할 가능성은 병의 심각성을 기준으로 삼아 잴 수 있다고 프로이트가 반복한 진술은 여전히 참이다.

분석을 끝낼 시점을 길든 짧든 임의로 정하기, 또는 간격을 두고서 분석을 진행하기 같은 다양한 제언이 분석 과정을 줄이기 위해 나왔다. 이런 시도가 때때로 효과가 있었지만, 기대를 충족하지 못하거나 도저히 충족할 수 없는 까닭은 실제로 완수해야 할 분석 작업에 대한 고려를 함의하지 않기 때문이다. 나의 의견을 말하자면 분석 과정을 줄이는 분별 있는 수단은 한 가지밖에 없다. 시간 낭비를 피하는 것이다.

나는 이 목표를 이루기 위한 간단하고 쉬운 비법이 없다고 믿는다. 기계 정비사에게 기계의 숨은 결함을 어떻게 즉각 탐지하느냐고 물을 때, 정비사는 기계를 속속들이 알아서 가능하고, 실제 고장을 관찰함으로써 고장의 개연성 있는 근원을 찾는 방법을 써서 잘못된 방향으로 탐색하느라 시간을 낭비하지 않는다고 대답한다. 과거 수십 년에 걸쳐 대업을 이루었는데도, 인간의 영혼에 대한 우리의 지식은 유능한 기계 정비사가 기계에 대해 가진 지식에 비해 비전문가처럼 서투른 수준에 머물러 있음을 우리는 실감해야 한다. 아마도 인간의 영혼에 대한 우리의 지식은 이렇듯 정밀하지 않을 것이다. 그러나 나는 정신분석을 진행하고 감독한 경험에 비추어 우리가 심리 문제를 더 많이 이해할수록 해결책에 이르는 과정에서 시간을 덜 낭비한다고 믿게 되었다. 따라서 우리의 지식이 진보하는 만큼 우리가 정신분석으로 다루는 문제의 범위를 넓힐 수 있을 뿐만 아니라 합리적인 제한 시간 내에 문제를 해결할 수 있을 것이다.

정신분석은 언제 끝내야 하는가? 심각한 증상이 사라짐, 성을 즐기는 능력, 꿈의 구조에 생긴 변화 따위 같은 바깥에 드러난 징조나 분리된 기준에 기대서 쉬운 해결책을 찾지 말라고 나는 다시 한번 경고한다.

근본적으로 이 문제는 다시 개인의 인생철학을 건드린다. 우리는 모든 문제를 영구적으로 해결하면서 완제품을 내놓으려고 하는가? 만약 이것이 가능하다고 여긴다면, 우리는 그것이 바람직하다고 믿는가? 또는 우리는 인생을 끝이 없으며 생존하는 마지막까지 끝내서는 안 되는 발달 과정으로 생각하는가? 이 책의 전반에 걸쳐 보여주었듯, 신경증은 개인의 추구와 반응을 경직되게 만들어서 발달을 막고, 스스로 해결할 수 없는 갈등에 빠뜨린다고 나는 믿는다. 따라서 정신분석의 목표는 인생을 위험과 갈등이 전혀 없게 만드는 것이 아니라, 개인에게 마침내 자신의 문제를 스스로 해결할 힘을 주는 것이다.

그런데 환자는 언제 스스로 발달할 수 있는가? 이 질문은 정신분석 치료의 최종 목표를 묻는 것이나 마찬가지다. 나의 판단에 따르면 환자를 불안에서 벗어나게 하는 것은 목적을 위한 수단일 뿐이다. 환자가 자발성을 회복하고 가치의 척도를 스스로 찾게 돕는 것, 요컨대 스스로 살아갈 용기를 환자에게 주는 것이 정신분석 치료의 최종 목적이다.

# 참고문헌

Abraham, K. (1919) "Über eine besondere Form des neurotischen Widerstandes gegen die psychoanalytische Methodik." *Internationale Zeitschrift für ärztliche Psychoanalyse.*

Abraham, K. (1921) "Äusserungsformen des weiblichen Kastrationskomplexes." *Internationale Zeitschrift für Psychoanalyse.*

Abraham, K. (1924) *Versuch einer Entwicklungs-geschichte der libido.*

Adler, A. (1927) *Understanding Human Nature.*

Alexander, F. (1933) "The Relation of Structural and Instinctual Conflicts." *Psychoanalytic Quarterly.*

Alexander, F. (1934) "The Influence of Psychologic Fators upon Gastro-Intestinal Disturbances." *Psychoanalytic Quarterly.*

Alexander, F. (1935) *Psychoanalysis of the Total Personality.*

Balint, M. (1937) "Frühe Entwicklungsstadien des Ichs." *Imago.*

Benedict, R. (1934) *Patterns of Culture.*

Blitzsten, N. L. (1936) "Amphithymia." *Archives of Neurology and Psychiatry.*

Breuer, J. and Freud, S. (1909) *Studien über Hysterie.*

Carroll, P. V. *Shadow and Substance.*

Deutsch, H. (1930) "The Significance of Masochism in the Mental Life of Women." Part I, "Feminine Masochism in Its Relation to Frigidity." *International Journal of Psychoanalysis.*

Fenichel, O. (1937) "The Scopophilic Instinct and Identification." *International Journal of Psychoanalysis.*

Frank, L. K. (1937) "Facing Reality in Family Life." *Mental Hygiene.*

Frank, L. K. (1937) "Mental Security." *Implications of Social Economic Goals for Education.*

Freud, A. (1936) *Das Ich und die Abwehrmechanismen.*

Freud, S. (1913) *Totem and Taboo: Resemblances between the Psychic Lives of Savages and Neurotics.*

Freud S. (1914) "Narcissism: An Introduction." *Collected Papers*, Vol. IV.

Freud, S. (1915) "Triebe und Triebschicksale." *Internationale Zeitschrift für Psychoanalyse.*

Freud, S. (1917) "Mourning and Melancholia." *Collected Papers*, Vol. IV.

Freud, S. (1920) *Beyond the Pleasure Principle.*

Freud, S. (1916) *Einführung in die Psychoanalyse* / (1920) *A General Introduction to Psychoanalysis.*

Freud, S. (1922) *Group Psychology and the Ego.*

Freud, S. (1924) "The Economic Problem in Masochism." *Collected Papers*, Vol. II.

Freud, S. (1924) "Recommendations for Physicians on the Psycho-analytic Method of Treatment." *Collected Papers*, Vol. II.

Freud, S. (1927) "Some Psychological Consequences of the Anatomical Distinction Between the Sexes." *International Journal of Psychoanalysis.*

Freud, S. (1929) *Civilization and Its Discontents.*

Freud, S. (1933) *New Introductory Lectures on Psychoanalysis.*

Freud, S. (1935) *The Ego and the Id.*

Freud, S. (1937) "Analysis Terminable and Interminable." *International Journal of Psychoanalysis.*

Fromm, E. (1935) "Die gesellschaftliche Bedingtheit der psychoanalitischen Therapie." *Zeitschrift für Sozialforschung.*

Goldstein, K. "Zum Problem der Angst." *Allgemeine ärzliche Zeitschrift für Psychotherapie*, Vol. II.

Hartmann, H. (1927) *Die Grundlagen der Psychoanalyse.*

Horkheimer, M. (1936) *Studien über Autorität und Familie.*

Horney, K. (1937) *The Neurotic Personality of Our Time.*

James, W. (1891) *The Principles of Psychology.*

Jastrow, J. (1932) *The House That Freud built.*

Jones, A. E. (1913) "Der Gottmensch-Komplex." *Internationale Zeitschrift für ärztliche Psychoanalyse.*

Jones, A. E. (1937) "Love and Morality: A Study in Character Types." *International Journal of Psycholanalysis.*

Karpf, F. B. (1937) "Dynamic Relationship Therapy." *Social Work Technique.*

Lasswell, H. D. (1935) *World Politics and Personal Insecurity.*

McDougall, W. (1936) *Psychoanalysis and Social Psychology.*

Nietzsche, F. *The Dawn of Day.*

Nietzsche, F. *Die Geburt der Tragädie.*

Nunberg, H. (1925) "Über Genesungenwunsch." *Internationale Zeitschrift für Psychoanalyse.*

Nunberg, H. (1926) "The Sense of Guilt and the Need for Punishment." *International Journal of Psychoanalysis.*

Nunberg, H. (1930) "Die synthetische Funktion des Ichs." *Internationale Zeitschrift für Psychoanalyse.*

Oberndorf, C. P. (1935) "The Psychogenetic Factors in Asthma." *New York State Journal of Medicine.*

Rado, S. (1933) "Fear of Castration in Women." *Psychoanalytic Quarterly.*

Rank, O. (1936) *Will Therapy.*

Sapir, E. (1932) "Cultural Anthropology and Psychiatry." *Journal of Abnormal and Social Psychology.*

Schultz-Henke, H. (1931) *Schicksal und Neurose.*

Strindberg, A. (1920) *Märchen und Fabeln.*

Thomson, C. (1938) "Notes on the Psychoanalytic Significance of the Choice of an Analyst." *Psychiatry.*

Trotter, W. (1915) *Instincts of the Herd in Peace and War.*

Wittels, F. (1937) "The Mystery of Masochism." *Psychoanalytic Review.*

Woolley, L. F. (1937) "The Effect of Erratic Discipline in Childhood on Emotional Tensions." *Psychiatric Quarterly.*

Zilboorg, G. (1938) "Loneliness." *The Atlantic Monthly.*

# 찾아보기